KB174379

왜 지금
한국인가

한류경영과 K-리더십

왜 지금 한국인가
한류경영과 K-리더십

© 가재산·김기진, 2022

1판 1쇄 인쇄__2022년 07월 20일
1판 1쇄 발행__2022년 07월 30일

지은이__가재산·김기진
펴낸이__홍정표
펴낸곳__글로벌콘텐츠
　　　　등록__제25100-2008-000024호

공급처__(주)글로벌콘텐츠출판그룹
　　　　대표_홍정표 이사_김미미 편집_하선연 권군오 이정선 문방희 기획·마케팅_김수경 이종훈 홍민지
　　　　주소__서울특별시 강동구 풍성로 87-6
　　　　전화__02) 488-3280 팩스__02) 488-3281
　　　　홈페이지__http://www.gcbook.co.kr
　　　　이메일__edit@gcbook.co.kr

값 17,000원
ISBN 979-11-5852-376-3 03320

왜 지금
한국인가

한류경영과 K-리더십

가재산·김기진 지음

글로벌콘텐츠

Prologue
한류노믹스Hallyu-nomics의 돛을 올리자

왜 지금 한국형 리더십 모델인가?

한국인의 경영에 한국이 없다. 경영 현장에 도입하고 있는 인사조직이나 리더십에 한국인의 정체성에 대한 연구와 한국적인 것을 탐구한 흔적이 거의 드러나지 않는다. 한국형 리더십 모델K-Leadership Model에 대한 고민은 여기서 출발했다. 본서는 '한국형 인사조직 연구회'를 이끌어 온 한류경영연구원 가재산 원장과 20년간 HR 분야에서 3,000여 개의 기업과 기관의 교육 및 컨설팅을 수행해 온 한국HR포럼 김기진 대표의 경험과 고민을 녹여 낸 책이다.

가재산 원장은 삼성그룹 비서실과 계열사의 경영 관리와 인사, 교육 업무를 수행했으며, 40여 년이 넘게 현장 실무 경험을 바탕으로 교육과 컨설팅을 해왔다. 2012년 1월에 출범한 '한국형 인사조직 연구회'는 한국 고유의 경영 관리와 한국인 특성을 감안한 '한국형K-Style 인사조직 모델 구축과 발전 방안'을 연구하는 데 주력해 왔다. 그간 연구회 활동으로 한국형 GWPGreat Work Place(조직 내 신뢰가 높고, 업무에 대한 자부심이 강하며, 즐겁고 보람 있게 일하는 회사)를 발굴하며, 사람 중심과 행복 경영을 현장에서 실천하고 있는 기업 30개를 방문하면서 GWP 대명사인 구글이나 일본의 미라이공업과 비교해도 손색이 없다는 것을 보여 주었다.

김기진 대표는 2008년 8월에 '한국HR포럼'을 시작했다. 이 포럼은 '각 기업의 HR 이슈는 무엇인지, 왜 그렇게 하고 있는지, 어떻게 이해하고 도입해야 하는지' 등을 이슈로 삼아 발표하고 토의하는 방식으로 진행되고 있으며, 14년간 1,300여 명의 현직 HR 담당자와 인사조직 전문가들이 함께 참여하고 있다.

K-리더십 모델 구축이 필요한 이유는 바로 방탄소년단(이하 BTS)의 활약에서 볼 수 있듯 한류 속에 '가장 한국적인 것이 가장 세계적이다' 라는 데서 찾을 수 있다. 이제 K-팝을 넘어 K-콘텐츠, K-뷰티, K-푸드, K-의상 등 여러 분야에서 한류 문화가 서서히 비즈니스와 서비스 산업으로 확산되고 있다. 한국은 그동안 발 빠른 추격자Fast Follower의 위치에 있었으나, 앞으로는 미래의 선도자First Mover가 되기 위한 준비가 필요하다. 글로벌 리더로서의 책임감과 의무감을 가질 때가 되었다. 그러기 위해서는 세계가 주목할 만한 수준의 한국형 리더십 모델의 구축이 필요하다.

한국적인 경영 기법이 시급하다

우리 국민들은 세계에서 유일하게 자신을 비하하고 무시하는 민족이다. 한국인의 정체성에 대해 생각해 본 경험이 적고, 우리의 정신을 연구하고 탐구한 경험이 부족하기 때문이다. 한국인은 빨리빨리 서두르는 냄비 근성과 끈기 있게 지속하는 뚝배기 기질을 동시에 가지고 있는 독특한 양면성을 갖고 있다. 또한 슬픔의 정서인 한恨과 기쁨의 정서인 흥興의 기질 역시 함께 공존한다. 서로 대척점에 있는 반대 성향을 모두 가졌다는 점이 우리의 기질이자 특징이다. 양극단적 성향을 가지면서도 수용하고 융합하면서 새로운 정신을 이해하고 받아들이는 한국인의 기질은 매우 특별하다. 문제 해결 능력과 창조 능력은 이러한 한국 정신의 융합에서 나오는 것이라 할 수 있다.

한국인은 공감하지 않으면 움직이지 않는다. 하지만 한마음이 되어 공감하면 벽을 넘어 무섭게 결집한다. IMF 외환 위기 당시의 금 모으기 운동이나 월드컵 붉은 악마의 응원 등이 그 예이다.

한국인의 정신을 이해하면 한국적인 경영 기법이 필요한 이유를 알 수 있다. 우리에게는 '나'가 아닌 '우리'가 이미 마음속에 자리 잡고 있다. '내 엄마'가 아니라 '우리 엄마'고, '내 학교'가 아니라 '우리 학교'다. 개인으로서 나도 공동체 속의 나로 인식하는 근원적인 성향을 가졌다. 한국 특유의 선비 정신과 한과 흥의 정신, 냄비와 뚝배기 근성을 가진 우리의 기질을 분석하고 응용해서 한국적인 경영 기법을 만들어 나가야 한다. 그러기 위해서는 한국인의 독특한 존재 양식인 '흔'의 정서를 잘 이해하고 계승해야 한다. '흔'이란 한국인의 독특한 존재 양식을 표현하는 언어로, '크다', '한겨레', 통일', '일체', '동쪽' 등 다양한 의미로 정의된다. 본서에서는 이러한 우리만의 고유 정서를 반영한 마음이나 문화를 통칭 '흔마음'이라 하고, 이와 같은 정신이나 경영 철학을 반영한 K-경영 방식을 '흔경영'이라 부르고자 한다. 한국인 특유의 '흔마음' 기질에서 우러나오는 존재 양식은 사라지지 않고 지금까지 이어져 내려왔다. 21세기에 이르러 다시금 대한민국이 세계 무대에서 승승장구할 수 있었던 건, 우리 고유의 '흔마음' 정신을 되찾고 발현시킨 결과라고 할 수 있다. 한국적인 정신과 기질을 토대로 한 경영 방식이 우리에게 진정 필요하다.

이젠 한류경영, K-리더십을 발휘할 때다

수년 전, 대기업 연수원에서 강의를 한 적이 있다. 교육을 중시하는 그 회사는 5,000여 명이 넘는 모든 직원이 리더십 과정 10개 코스를 의무적으로 이수해야만 했다. 놀랍게도 10개 과정이 코비 리더십이나 코칭 리더십 같은 미국에서 들여온 모델이었고, 한국에서 개발한 것은 없었다. 경제 규모는 물론 스포츠까지도 10대 강국이 되었고, BTS를 주축으로 한 K-팝이 세계를 흔들고 한류가 이렇게나 주목받고 있는데 말이다. 게다가 K-팝이나 영화, 드라마 같은 K-콘텐츠가 동남아를 뛰어넘어 남미 유럽에까지 꽃 피울 수 있었던 것은 남의 것을 흉내 내서가 아니라 '한국다움'이 숨어 있기 때문이다.

한국형 리더십 모델은 한국인의 정신과 기질을 모태로 하며, 한국인의 전통 정신인 홍익인간에 기반한 인본주의를 결합해서 만든 리더십 모델이다. 가장 한국적인 것이 한국 기업이나 단체, 학교 등의 경영 기법으로 잘 맞는다. 그래서 '가장 한국적인 것이 가장 세계적인 것이다'라는 말까지 나왔다. 그렇다면 이 모든 것을 관통하는 진짜 이유는 무엇일까? 단연코 '한국다움'이다. 한 국가의 국민성이나 문화가 그들만이 가지는 특수성이나 고유성만으로 세계화를 이룬다는 것은 불가능하다. 거기에는 누구나 공감할 수 있는 보편성과 뻗어 나갈 수 있는 확장성擴張性이 꼭 필요하다. 우리 고유의 정신과 문화 그리고 홍익인간 정신에는 그러한 요소가 포함되어 있기 때문에 포용을 통한 세계화가 가능하다.

현재의 조직 문화나 해외에서 수입된 리더십의 방법으론 한계가 있다. 코로나 위기 속에서도 K-팝을 필두로 한 한류가 재점화되고 있음은 퍽 다행이지만, 디지털 혁명과 온택트Ontact 시대에 걸맞은 한국형 리더십 발휘는 더욱 절실하다. 또한 한류경영은 지나치게 된장 냄새만을 풍기는 한국화된 경영 기법을 고집하지는 않는다. 보편적 가치를 지닌 새로운 경영 기법으로 자리 잡아, 국내는 물론 동남아를 거쳐 서구까지 보급할 수 있게 한다는 의미가 크다.

글로벌 확장성과 지속성을 담고 있는 한류경영은, 글로벌 위기를 기회로 만드는 한국인의 저력으로 한국호의 돛을 높이 올려 한류를 타고 푸른 바다를 향해 힘찬 항해를 할 것이다.

차
례

제Ⅱ장 한류에 담긴 흔마음 리더십

제Ⅲ장 한국형 리더십 모델과 훈마음 경영

제Ⅳ장 **성과를 부르는 K-리더십 구축 3단계**

I

21세기
변화를 주도하는
한류 파워

1

한류가 이끌어 가는 세상

위기를 새로운 기회로 바꾸는 기질

위기危機에는 위험 요소와 기회 요인이 공존한다. 결국 무엇을 선택하여 얼마만큼 집중하고, 버티어 내고, 몰입해 내느냐에 따라서 결과는 달라진다. 한국인은 무엇이 위기인지 기회인지를 감지하는 데 뛰어난 기질이 있다. 역사적인 흐름만 보더라도 사계절이 주는 자연의 혜택 안에서 자연스럽게 때를 인지하고 무엇을 어떻게 해야 하는지, 그때를 놓치면 어떠한 문제가 생기는지를 경험으로 알고 있다. 주변 강대국에 치이고 비극적인 전쟁을 겪으면서도 기회를 찾아내고 이를 극복해 왔다. 그래서 쉽사리 포기하지 않는다. 여러 세대를 거치며 수십 년간 나라를 빼앗긴 상황에서도 이례적으로 자신의 것을 되찾은 유일한 나라가 바로 '대한민국'이다. 원조를 받던 국가에서 이제는 세계의 중심에 서서 인류가 어떠한 방향으로 나아가야 할지를 아는, 그걸 이끌어 가는 영향력 있는 국가의 모습을 갖춘 나라가 바로 '대한민국'이다. 모두가 한마음으로 세계인의 가슴속에 무언가를 심어 주었던 붉은 악마의 외침, 그 자체가 바로 '대한민국'이다.

변화 자체는 진화의 필수 요소지만, 어쩔 수 없이 고통을 수반한다. 자연의 법칙으로 보면 당연하다. 출산의 고통은 종족을 유지하게 한다. 곤충이 탈피 과정을 거부한다면 그 껍질 안에서 죽고 만다. 환경의 변화는 이를 견뎌 내는 고통과 또 다른 기회를 제공해 왔다. 21세기를 전후로 인류는 이전과는 상상할 수도 없는 속도로 변화하고 있다. 더욱 심각한 것은 다양한 분야에서 동시다발적으로 변화하기 때문에 과거의 대응 방식만으로는 한계가 있다는 점이다.

코로나19로 직면하게 된 심각한 위기에도 한국인은 발 빠른 움직임으로 다양한 분야에서 위기에 대처했을 뿐만 아니라 새로운 기회를 찾아 나섰다. 위기를 이겨 낼 방법을 어떻게든 찾아내고, 함께 감내하며 극복했다. 이는 우연히 대처한 일이 아니다. 우리에게는 당연한 모습이다. 우리는 국가가 심각한 위기에 처할 때마다 민중이 나서서 전쟁을 막아 내고, 촛불을 밝히며 바람직한 국가의 모습을 갖추어 나가도록 하는 데 탁월함을 발휘하는 민족이다.

한국인은 언제, 어느 곳에서든 최선을 다하려고 노력하는 독특한 기질을 타고난 민족이다. 생활 속에서 타인을 배려하며 함께 무언가를 이루어 내야만 하는 동질성이 생기면, 스스로 그 역할을 찾아 반드시 무언가를 이루어 내는 기질 또한 가지고 있다. 어떠한 환경이든 극복해 내기 위한 최선의 방법을 찾아내며, 절대 포기하지 않는 기질이 있기에 지금의 '대한민국'이 만들어진 것이다. 광화문에 나설 때마다 굳건히 지키고 계시는 세종대왕과 이순신 장군의 동상을 바라보고 있는 것만으로도 우리는 벅찬 감동에 빠져든다. 그 위대함에 왠지 모를 자부심이 밀려오는 건, 우리끼리는 서로 공감하는 무언가가 있기 때문이다. 생존을 위해 버티어 낸 고통과 끝까지 포기하지 않고 이루어 낸 업적들이 있기에 지금의 우리가 있음을 우리는 너무나도 잘 알고 있다.

1955년 당시 1인당 국민총소득GNI은 65달러에 불과했다. 이는 아프리카의 가나나 가봉보다 낮은 수준이었지만, 2021년 한국의 무역 규모는 세계 8위로 올라섰다. 과거 '한강의 기적'이라는 말이 회자된 적 있는데, 사실 자세히 살펴보면 그 기적은 지금도 우리나라 곳곳에서 일어나고 있다. 이쯤 되면 이는 기적이 아니라 그저 당연한 일인 듯싶다. 인디언들은 말을 타고 한참을 달리다 잠시 멈춰 서서 자신들이 달려온 길을 뒤돌아본다고 한다. 이는 자신들의 영혼이 같이 쫓아오는지 확인하기 위해서다. 한국인에게는 때를 기다리며 포기하지 않는 저력이 있기에 여기까지 달려올 수 있었다. 우리 고유의 정서와 함께 어우러질 수 있는 힘이 있기에 그러한 특질을 지금까지 유지해 온 것이다.

1995년 노벨 경제학상을 받은 미국 시카고대학교 로버트 루카스Robert Lucas 교수의 논문 「기적 만들기Making a Miracle」는 한국을 매우 흥미롭게 다루었다. 그 어떤 경제 이론으로도 1960년대 이후 초라하던 한국의 경제 성장을 설명하기는 어렵다는 결론이 인상적이다. 그는 한국이 국가적 시스템만으로 유지되는 나라가 아니며, 어떠한 경제 이론으로도 설명하기 어려운 이유가 '한국인'이기 때문임을 강조했다.

21세기를 달리고 있는 지금, 이렇게 단시일에 후진국에서 선진국 수준까지 오른 나라는 인류 역사상 한국이 유일하기 때문이다.

한국 무역 규모 세계 8위로 도약
(단위: 달러, 2021년 1~8월 기준. 괄호는 순위 변동)

순위	국가	금액
1위	중국	3조 8,278억
2	미국	3조 162억
3	독일	1조 9,920억
4	네덜란드(+1)	1조 61억
5	일본(-1)	9,861억
6	홍콩	8,742억
7	프랑스	8,379억
8	한국(+1)	8,026억
9	이탈리아(+1)	7,489억
10	영국(-2)	7,358억

자료: 세계무역기구

한국인은 나라가 망해 가는 모습을 용납하지 않는다. 어떻게든 나라를 살리려고 각자의 역할을 수행한다. IMF 당시, 어린아이부터 노인에 이르기까지 전 국민이 '금 모으기 운동'을 통해 무너져 가는 나라를 바로 세웠다. 2007년 태안 앞바다 기름 유출 때도 자연을 되찾기 위해 어린아이부터 노인에 이르기까지 자원봉사자 123만여 명이 나섰다. 코로나19 대응에서 보여 준 국민들의 의식 수준은 어떠한가? 국민 각자의 적극적 참여와 인내심을 보여 준 자발적인 방역 대응은, 우리가 평소 알지 못했던 높은 수준의 국민 의식을 다시금 인식하게 했다. 세계인들도 한국인은 어려울 때마다 힘을 발휘하여 스스로 기적을 만들어 내는 국민임을 인식하고 있다. 우리는 공감만 이루어지면 '우리는 하나'라는 특유의 힘이 작동하여 엄청난 괴력을 발산하는 민족이다.

현재 한국은 다양한 분야에서 글로벌 경쟁을 비축해 두고 있다. 글로벌 경쟁력은 전 세계 1위이며, 상위 레벨에 해당되는 초고속 인터넷 품질과 정보통신 활용도, 정보화 지수는 상위권을 유지하고 있다. 또한 광대역 인터넷 가입자 수와 높은 교육열은 세계 최고의 수준을 유지하며 리더를 육성하고 있다. 국제 특허 출원 건수도 상위권을 유지하며 제조업의 경쟁력을 탄탄하게 갖추고 있다.

이제는 정치 민주화와 경제 발전의 성공 모델을 동시에 이루어 낸 한국이 급변하는 21세기를 이끌어 갈 리더로 나설 때가 되었다. 러시아-우크라이나 전쟁으로 에너지 위기 등 세계 질서가 심각한 상황에 직면해 있지만, 한국은 국제 사회 속에서 그 위상과 긍정적인 영향력을 갖추는 데 집중하고 있다. 이는 인류가 우리에게 기대하는 사명이라 생각한다. 이제는 선진국의 국격에 맞는 시민 의식도 재정립해야만한다. 특히 가치를 중시하는 2030세대가 중심이 되어 이끌어 가는 대한민국은 그 과정에 많은 갈등과 위태로움이 함께 공존하지만, 이를 슬기롭게 극복해 나가는 과정에서 더 강한 나라로 만들어 가고 있다. 이들 세대는 분명 한국인의 내면적 기질을 충분히 발휘하여 국제 사회에서 한국형 리더십을 재정립하고, 이를 통해 세계 질서와 평화를 유지하는 데 그 역할을 다할 것이다.

이미 시작된 스마트워크 혁명의 파워

'주 52시간 근무제'가 2021년부터 50인 이상 사업장에 본격 시행되면서, 근로 시간 단축과 함께 일과 삶의 균형을 위한 워라밸Work-Life Balance의 관심도가 높아지고 있다. 코로나19로 인해 국내외의 경영 여건이 악화되었고, 기업은 불황의 늪에서 '어떻게 적응할 것인가?'에 대한 해답을 스스로 찾아야만 했다. 갑작스러운 위기에 주춤하기는 했지만 빠른 변화를 시도해 기회를 잡는 기업이 있는 반면, 코로나19 상황이 종식될 때까지 마냥 기다리다 결국 뒤늦게 변화를 시도하며 어려움을 겪고 있는 기업도 많다.

스마트워크는 이미 15년 전에 붐이 있었지만, CEO를 비롯해 직원들마저 강하게 거부해 실패한 기업이 대다수다. 하지만 이제는 조직과 기업이 경쟁력을 갖고 생산성을 향상하는 필수 요건이 되었다. 생존과 직결되기 때문에 선택이 아닌 필수로서, 반드시 도입해야 하는 디지털 시대가 도래한 것이다. 코로나19로 인해 급하게 도입하고 있는 스마트워크는 기존 10명이 하던 일을 2~3명이 여유롭게 대응할 수준으로 만들어 버렸다. 8시간이 걸렸던 업무를 불과 1시간도 안 되어 처리하는 일이 직장 내 곳곳에서 발생한다. 이것이 바로 일하는 방식의 혁신이 가져온 결과다.

코로나19가 기업 성과의 갈림길을 만들면서 매출이 반토막 나거나 폐업을 한 기업, 반대로 매출이 2~3배 증가한 기업의 차이는 결국 환경 변화를 얼마나 빠르게 감지하고 적응했느냐에서 드러난다. 위기의 갈

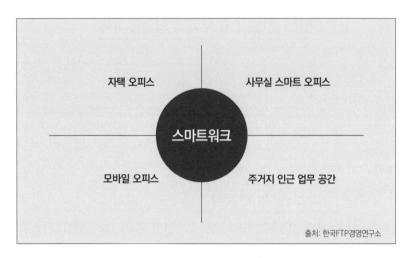

자택 오피스   사무실 스마트 오피스

스마트워크

모바일 오피스   주거지 인근 업무 공간

출처: 한국FTP경영연구소

스마트워크와 오피스의 다양성

림길에서 선택권을 갖는 경우는 대부분 '조직 내 IT 역량과 변화 마인드'에 있었다. 그동안 보류하거나 미루어 왔던 '일하는 방식의 혁명New Ways of Work'을 빠르게 전파한 기업들의 신규 인력 채용은 30~50% 증가했다. 또한 대기업은 물론 중소기업도 조직 문화에 혁신의 바람을 일으키며 인재 영입에 집중하고 있다. 디지털 기술 발전과 디지털 혁명에 적응하는 회사들은 일하는 방식을 근본적으로 바꾸었다. 최적의 업무 환경 구축으로 효율성을 극대화하기 위해 재택근무 등 지역별 거점 오피스를 도입하는 사례도 늘고 있다.

코로나 이후 급격하게 도입되기 시작한 스마트워크는, 불필요하게 사용되는 시간을 없애고 협업 체계를 구축하고 업무 시간을 탄력적으로 만들어 효율성을 높이고 있다. 무엇보다 업무 수행의 확대성을 기대할 수 있기 때문에 상상 이상의 성과를 창출해 내고 있다. 이것이 가능한 이유는 클라우드 서비스의 발 빠른 도입에 있다. 클라우드를 통한 협업 서비스 구축으로 불필요한 회의나 서류 처리 등을 간소화하고, 시간과 장소 등에 구애받지 않고 일에 몰입할 수 있기 때문이다.

디지털 활용에 익숙한 MZ세대에 맞추어 조직 문화와 인사 제도의 혁신을 가속화하고 있는 기업은 성과 창출에 집중하며 코로나19에도 성장세를 유지하고 있다. 기존 세대와 MZ세대가 상호 조직에 적응하고 성과를 창출해 낼 수 있도록 근무 환경을 디지털화하고, 조직 문화를 획기적으로 바꾼 것이다. 업종과 기업 규모에 따라 차이는 있지만, MZ세대는 전체 직원의 30~60%에 이른다. 디지털 시대에서 성장한 MZ세대는 변화의 적응력과 일 처리 속도가 빠르다. 그렇기 때문에 급변하는 시대에 살고 있는 지금, 이들이 조직 내에서 얼마나 잘 적응하느냐에 미래가 달려 있다. 따라서 대기업과 중소기업 모두 인사 제도의 혁신과 조직 문화 재구축에 힘을 쏟으면서 다양한 근무 형태의 혁신과 복지에 신경을 쓰지 않으면 안 된다.

배달·배송 열풍으로 인한 플랫폼 산업의 인력 쏠림 현상과 더불어 대기업에만 지나치게 지원자가 몰리다 보니 중소기업을 비롯한 중견 기업의 구인난은 사상 최악이다. 코로나19 이후 인력 채용이 늘어나고는 있지만, 힘들게 채용한 신규 인력의 30~60%는 2년도 안 되어 퇴사한다. 이는 MZ세대가 조직에 몰입할 수 있는 환경을 제시하지 못했기 때문이라고 볼 수 있다.

지금 당장 기업이 갖추어야 할 것은 스마트워크의 도입과 운영의 정착이다. 일하는 방식의 혁명을 통해 인사 제도적 측면과 조직 문화를 바꿔 몰입을 위한 환경을 구체적으로 제시해 주어야 한다. 코로나19가 어느 정도 정리되었다고 하지만, 재택근무에 대한 이슈는 여전하다. 기존 사무실을 없애고 가상 공간에 있는 사무실에 출근하는 회사도 증가하고 있다. 마이크로소프트사가 블리자드를 82조 원에 인수하고 페이스북이 회사명을 '메타'로 바꾼 사례는 앞으로 세상이 어떻게 변화해 갈지를 예상하게 한다. 한국은 디지털 강국으로서 현실 세계와 가상 공간의 전략적 활용으로 이전과는 전혀 다른 상상 이상의 성과를 지속적으로 창출하면서 또 다른 2030년을 맞이하게 될 것이다.

가속화된 디지털 워크플레이스

디지털 워크플레이스Digital Workplace, 이하 DW는 디지털 기술을 활용한 일하는 방식의 혁신을 통해 사용자 중심의 최적화된 업무 환경 구현이 가능하도록 했다. 기업은 DW를 통해 기존의 물리적 공간 기반의 일하는 방식에서 벗어나, 직원이 어디에 있든 상관없이 가상 공간이나 다른 공간에서 언제든지 동일한 작업이 가능한 환경을 제공할 수 있게 된 것이다. 일하는 방식의 변화와 혁신의 바람을 어떻게 일으키고 유지하느냐에 따라 지속 가능한 조직으로의 성장을 기대할 수 있게 되었다.

직원들은 DW 환경에서 협업할 수 있는 애플리케이션을 활용해 더욱 빠른 업무 처리 방식으로 보다 높은 수준의 성과를 창출해 내고 있다. 새로운 것은 반복 사용을 통해 숙달되어야만 이전보다 더 높은 성과를 낼 수 있기 때문에 기존에 익숙해진 업무 처리 방식을 바꾸기란 쉽지 않다. 하지만 최근 사용되고 있는 모빌리티 서비스 및 디지털 기술의 활용은, 그 접근성과 사용이 용이하기 때문에 손쉽게 직원의 관심을 끌어낼 수 있게 되었다. 이를 통해 높은 참여도와 자유로운 업무 소통으로 만족도를 높이며 보다 빠르게 일하는 방식의 혁신을 정착시킬 수 있게 된 것이다. 언제 어디서나 쉽고 효과적으로 업무를 수행할 수 있는 고도로 개인화된 스마트 업무 환경을 접하면서 개인의 잠재력을 최대한 발휘하여 성과를 내고 있다. 코로나19는 디지털 혁명과 디지털 트랜스포메이션을 가속화시키는 계기가 된 것이다.

코로나 이전에는 모바일, 클라우드, IoT, 인공지능AI, 로봇, 드론, 스마트팩토리, 스마트워킹 등은 우리의 주변 생활과 사회생활 속에서 이미 익숙해진 단어들이지만 그다지 실감하지 못했다. 그러나 코로나19로 인해 어떻게든 적응하며 생존을 위한 선택을 할 수밖에 없는 상황에 놓이면서, 빠르게 변화를 시도하는 기업들은 일하는 방식을 스마트화하는 데 집중했다. 이러한 혁신의 빠른 선택은 고객 관리의 혁신과 비즈니스 모델 및 운영 프로세스 등에 디지털 트랜스포메이션을 적용하면서 혁신을 이루어 낸 것이다. 다양한 형태로 급변하는 요즘과 같은 상황에서는 변화를 감지하는 것도 중요하지만 얼마나 빠르게 대응하는지도 중요하다. 변화에 신속하게 대응하지 못하고 늦장을 부리다가 결국 기업의 지속 경영에 실패한 사례는 글로벌 기업은 물론 국내에서도 쉽게 찾아볼 수 있다. 변화하는 것이 문제가 아니라 얼마나 빠르게 변화할 것인지가 핵심이다.

한국정보통신기술협회에서는 디지털 트랜스포메이션을 "디지털 기술을 사회 전반에 적용하여 전통적인 사회 구조를 혁신시키는 것" 으로 정의하고 있다. 이는 기업에서 IoT, 클라우드 컴퓨팅, 인공지능, 빅데이터 솔루션 등 정보통신기술ICT을 플랫폼으로 구축·활용하여 기존 전통적인 운영 방식과 서비스 등을 혁신해 가는 것을 의미한다. 다시 말해 코로나19는 디지털 기술을 기반으로 한 '디지털 트랜스포메이션'의 가속화로 기업들이 디지털 워크플레이스 시대에 빠르게 진입하도록 하는 방아쇠 역할을 해주고 있는 것이다.

이제 스마트폰과 노트북만 있으면 바로 그곳이 사무실이 되는 시대가 되었다. 스마트폰으로 언제 어디에서든 손쉽게 인터넷을 연결할 수 있기 때문에 주변의 모든 공간이 사무실로 활용 가능하다. 일터의 경계가 점점 모호해지면서 한적한 여행지를 찾아 낮에는 일을 하고, 일과 후엔 여가를 즐기는 '워케이션workcation'이 등장한 것이다. 일work과 휴가vacation의 합성어인 워케이션은 코로나로 인해 재택근무, 원격근무가 늘어나면서 생긴 새로운 근무 형태로 자리 잡아 가고 있다. 기존에 업무 성과 창출을 위해 그 많은 시간과 비용을 투자했음에도 대부분 실패했던 혁신이 이제는 보다 손쉽게 새로운 업무 트렌드로 빠르게 확산하고 있다.

집이 아닌 다른 곳에서 업무와 휴가를 동시에 누리는 워케이션족이 늘어나고 있다는 것은, 그러한 형태가 오히려 업무의 효율성을 가져오기 때문이다. 사실 회사에 출근하지 않고 집에서 일하는 재택근무자나 해외 또는 국내를 떠돌며 일을 하는 디지털노마드는 예전부터 있었지만, 이러한 업무 형태는 특정 직업에 한해서만 가능했었다. 그러나 무조건 출근을 원칙으로 했던 근무 형태가 코로나19에 대응하면서 바뀌어 갔고, 이러한 과정을 통해 업무 프로세스에 대한 사고 개념에도 큰 변화가 일어났다.

그러나 2020년 코로나 시대, 전 세계는 락다운Lockdown, 셧다운Shutdown 등 코로나 확산 방지를 위한 추가 대응 조치나 방침으로 재택근무나 격주 출근 등으로 근무 방침을 변경하기 시작했다. 그 결과 원격근무 형태로 집에서 근무하는 재택근무 직장인들이 늘어나는 '리모트워크 Remote Work'라는 새로운 변화의 바람이 불었다. 여기서 주목할 것은 어쩔 수 없이 선택한 변화임에도 조직의 성과 창출에 긍정적인 결과를 보여 줬다는 것이다. 이미 해외에서는 워케이션 제도를 적용하고 있으며 워케이션은 이제 새로운 근무 형태로 자리 잡고 있다. 코로나19가 풀리면서 글로벌 기업 등 일부 기업들이 직원들을 다시 출근시키고 있지만 다수의 직원은 여전히 재택근무를 선호하고 있고, 기업들은 이를 받아들여 적절한 수준에서 절충점을 찾아가고 있다.

국내 여러 호텔이나 리조트에서도 워케이션 상품으로 룸 업그레이드, 식음료 바우처를 제공하는 장기 투숙 패키지를 내놓고 있다. 호텔 한 달 살기, 국내 소도시 한 달 살기 형태로 워케이션을 즐기고 싶은 워케이션족들은 제주도나 남해, 속초 등 국내 소도시로 떠나 본인만의 스타일로 워케이션을 즐긴다. 디지털 혁명과 언택트 시대의 도래는 일하는 근무 환경은 물론, 이를 관리하는 인사 제도의 근본적인 변화를 유도하며 이에 수반하는 새로운 리더십도 요구되고 있다. 특히 MZ세대가 기업의 중심이 되어 가면서 기업들은 이들이 선호하는 형태의 조직 분위기를 만들어 가고 있으며, 그러한 과정에서 기업의 핵심 가치를 재정의하고 새로운 조직 문화를 재구축하는 데 주력하고 있다.

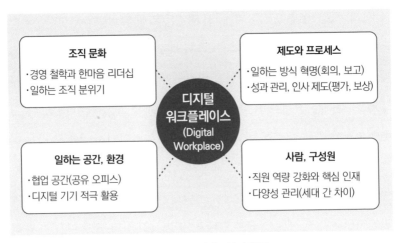

디지털 워크플레이스의 순환도

비대면 초연결 사회 공동체

역사적으로 전염병은 세계사적 변화와 위기를 동반하면서 국가와 기업 그리고 개인의 경쟁력과 운명을 바꾸어 놓았다. 코로나19가 전 세계를 휩쓸면서 코로나 공존 시대를 만들어 가는 과정에서 그동안 멈칫했던 변화들이 빠르게 속도를 내고 있다. 코로나19는 일상은 물론 사회 및 정치, 경제 등 각 영역에서 커다란 변화를 일으켰다. 코로나 충격이 몰고 온 비대면 사회는 디지털 사회로의 빠른 전환과 디지털 가속화에 '접촉 포비아' 현상을 만들었다. 누군가와의 만남과 관계에서 이전에 볼 수 없던 새로운 거리가 만들어진 것이다. 경제 활동의 거리에서부터 일과 노동 방식의 거리는 물론, 생산과 소비, 유통 등 경제 전반에서 자동화와 지능화에도 가속화 현상이 일어났다. 이러한 현상은 기존에 접하고 있던 정보와 데이터 그리고 사람과의 관계 형성과 방법에 있어서도 새로운 변화를 일으켰다.

코로나19로 인해 비대면과 비접촉 거리를 유지해야만 하는 가운데, 무인화와 온라인화가 강화되면서 디지털 기술은 기존 생산 방식과 서비스 제공에 혁신의 바람을 일으켰다. 과거 혁신을 위한 노력에 투자했던 시간과 비용을 생각하면, 상상할 수 없는 일들이 자연스럽게 일어나고 있는 것이다. 생산과 소비, 유통의 모든 영역에서 디지털화가 진행되는 것 자체가 이전에는 도저히 상상도 할 수 없었던 일이다. 비대면·비접촉의 새로운 경제 활동 증가는 생활 방식에도 큰 변화를 주면서 산업 전반에 혁신의 바람을 일으켰다.

원격근무나 재택근무 등 임시 도입된 형태로 일하는 방식의 변화가 지속되면서 기업들은 이를 일상의 근무 형태로 고착화시키거나 절충안을 선택하고 있다. 이러한 업무의 원격화는 AI의 발전에 따른 지식 노동의 무인화와 알고리즘화가 맞물려 새로운 일자리와 노동 구조에도 급격한 변화를 가져왔다. 디지털 도구 활용의 일상화로 인해 초연결화되어 가는 사회 공동체는, 이전과는 전혀 다른 모습으로 진화하고 있다. 세계는 코로나로 인해 빠르게 '완전한 디지털 사회'로 전환되었고, IT 강국인 대한민국은 오히려 위기를 기회로 포착하여 발 빠르게 대응했다. 모든 일상이 디지털화된다는 것은, 세상이 프로그래밍되어 과거와는 비교할 수 없을 만큼 사회 시스템이 자율화되고 최적화되어 간다는 것을 의미한다. 또한 최적화되어 간다는 것은 시간이 갈수록 그쪽 방향을 향해 달려갈 수밖에 없음을 의미한다. 이전과는 전혀 다른 상황에 적응해 가는 것이다. 대한민국은 이미 디지털 전환을 주도할 기술영역을 일정 수준 확보하고 있으며, 일상생활에서도 익숙하게 접하던 터였기에 보다 빠르게 적응할 수 있었다.

대한민국의 디지털화는 인공지능과 개인 그리고 모든 일상이 유기적으로 연결되어 시간이 지날수록 더욱 빠르게 변할 것이다. 경제·사회 시스템은 디지털 전환을 통해 코로나 이전과는 비교할 수 없을 정도로 효율성이 높아질 것이다. 자연스럽게 비대면·비접촉 사회가 디지털 혁명과 디지털 전환Digital Transformation을 촉진하는 상황으로 전개되어 갈 것이다. 새롭게 주목하는 메타버스만 보더라도 앞으로 펼쳐질 미래가 어떠한 방향으로 어떻게 탈바꿈할지 상상이 되지 않을 정도다. 우리의 현실 세계인 사회·경제·문화 등 모든 활동은 결국 3차원 가상 세계에서 이루어질 수 있기 때문이다.

IT 강국인 한국은 코로나19 상황에서 위기를 기회로 바꾸는 저력으로 빠르게 일상의 패턴을 바꾸며 더욱더 빠른 속도로 세계에서의 위상을 높이고 있다. 초연결 사회 공동체의 중심에는 디지털 기술 혁명이 있다. MZ세대는 일상생활에서 자연스럽게 이러한 변화에 적응해

왔다. 조직의 주축이 되어 가는 MZ세대가 이끌어 갈 조직은, 이전과는 또 다른 모습으로 새로운 조직 문화를 창출해 나갈 것이다.

MZ세대 중심의 한류 파워

2021년 기준, MZ세대는 대한민국 국민의 33.7%(1,700만여 명)에 이른다. 업종과 기업에 따라 차이는 있으나 이들이 차지하는 기업 구성원의 비율은 대체로 30~60%에 달한다. 일부 기업은 MZ세대 비율이 전체의 80%에 달하는 경우도 있다. 이 정도 수준이면 이제는 MZ세대가 기업의 성과를 창출하는 주축이 되고 있다고 볼 수 있다.

2022년 12월, 한국HR포럼에서는 MZ세대의 강점에 대한 설문 조사를 실시한 바 있다. 기업 인사 담당자들을 대상으로 한 설문 조사였는데, 이 조사 결과 그들의 강점 중 하나로 '디지털 리터러시 역량'이 제시되었다. 기성세대보다 다양한 경험을 추구하며, 조직 내에서도 자신의 관심사에 적극성을 발휘하여 조직에 활력을 불어넣고 있다. MZ세대는 변화 정책에 대한 신속한 대응과 능숙한 모바일 기기 사용 등 디지털 도구의 활용이 능숙하기 때문에 업무 처리 속도가 매우 빠르다. 실제로 함께 업무를 수행해 보면, 참신한 아이디어와 발 빠른 시대 트렌드의 민감성을 업무에 반영하는 역량이 뛰어나다는 걸 알 수 있다. 또한 이들은 필요하다면 시간과 비용의 과감한 투자를 통해 스스로 업무 역량을 향상시켜 나가는 특성을 지닌다.

조직 내에서도 기존의 관습에 얽매이지 않고 유연함을 발휘하여 주도적인 업무 수행을 통해 스스로 학습하며 성과를 내는 경우도 많다. 새로운 기술이나 프로그램에 쉽게 적응하며, 관계에 있어서도 서로 다름을 이해하고 존중하는 태도가 좋다. 각자의 개성을 표출하는 것을 선호하기 때문에 타인에 대한 이해와 공감도 빠른 편이다. 다양한 매체를 통해 아날로그부터 디지털까지 스스로 섭렵하는 데 집중하기 때문에 그만큼 생각의 폭도 넓다.

MZ세대의 한류 파워

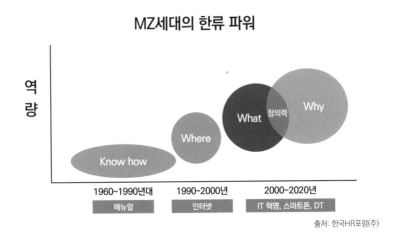

출처: 한국HR포럼(주)

한류 파워는 MZ세대의 특성이 반영된 결과이기도 하다. 여기서 매우 중요한 사실은, MZ세대의 주체성과 다양한 네트워크 중심의 관계성을 한국인 고유의 특징인 '한'과 '흥'으로 연결해 볼 수 있다는 점이다. MZ세대의 특성을 분석해 보면 다음과 같다.

어떠한 문제가 벌어졌을 때 선입견 없이 문제에 접근하고 다양성을 포용하는 자세를 취하는 성향을 보인다. 자신이 하고자 하는 방식으로 업무를 처리할 때는 굉장히 높은 집중도를 발휘하기도 한다. 특히 일에 있어서 스스로 흥미를 느끼면 강력한 몰입으로 기대 이상의 결과를 만들어 낸다. 스스로 가치가 있다고 판단하거나 공동의 관심사에 대해 공감하면, 자발적인 활동이 중심이 되어 집단행동을 한다. 이러한 기질은 한국인이 갖는 특징과 매우 유사하다.

한국인의 특성 중 하나를 꼽는다면 당연히 '공감 능력'이다. 공감이 되면 우리는 다른 나라에서는 이해할 수 없는 수준의 집단 파워를 발휘하기 때문이다. 이러한 힘의 기저에는 바로 '가치 중심의 사고방식과 실행'이 존재한다. 그러한 측면에서 MZ세대는 스스로 의미 있다고 판단하는 일에는 시간과 비용을 투자하는 것을 고민하지 않는다. 그들이 갖는 주체성과 폭넓은 관계성을 통해 더욱 빠르게 집중하며 전문적 수준의 결과를 만들어 내기도 한다. MZ세대는 이러한 과정을 통해 스스로 성장하는 데 주력하는 성향이 강하다.

물론 이러한 성향으로 인해 조직 내에서의 갈등이 심화되는 경우도 있고, 기업의 인사 제도 수준이나 조직 문화의 정도에 따라 이직률이 심각한 경우도 종종 볼 수 있다. 또한 코로나19 이후 이직률의 증가로 인해 인사 담당자들이 당황스러워하고 있는 것도 사실이다. 심지어 2년 미만의 퇴사율이 30~60%에 이르는 상황을 보면, 인사 제도와 조직 문화 혁신의 시급성에 대해 보다 심각하게 고려해 볼 필요가 있다. 국내 10% 미만에 불과한 1차 노동 시장의 불균형과 1차 노동 시장의 63%에 불과한 2차 노동 시장의 급여 차이에 대한 비현실성은 향후 반드시 풀어야 할 과제다. 이러한 국내 노동 시장의 양극화 현상에 대한 해결점을 모색해야 하는 것 역시 기업이 감당해야 하는 일이지만, 남을 탓하기 전에 우선 우리 스스로 통제할 수 있는 영역에 초점을 맞춰 하나씩 해결할 수 있는 것에 집중해야 할 것이다.

MZ세대의 이탈을 막기 위해서는 새로운 조직 문화를 구축하는 것이 무엇보다 중요하다. 다수의 기업이 인사 제도와 조직 문화의 재구축을 통해 빠르게 변화를 시도하는 이유는 기성세대와 MZ세대가 함께 어우러지도록 하기 위함이다. 기업의 지속 경영에 있어서 MZ세대의 역할이 그만큼 중요하기 때문이다. MZ세대가 중심이 되어 이끌어 가는 한류는 우연히 만들어진 게 아니다. 21세기 디지털 혁명의 속도와 맞물려 한국인의 특수성이 세계 흐름의 '디지털 실크로드'를 만들어 가고 있다.

이미 우리는 BTS를 통해서 MZ세대와 방시혁의 리더십으로 이룬 결실을 엿보았다. 기업 경영에 있어서도 한류의 특수성에서 보편성의 핵심을 찾아내고, 그 중심에 MZ세대의 강점이 자리하고 있다는 것에 주목해야 한다. MZ세대 중심의 한류 파워에서 기업이 나아가야 할 방향 정립과 조직 문화 혁신을 위한 구체적인 방법을 찾아낼 수 있기 때문이다.

2

위기 속에서 더욱 빛나는 한국인의 DNA

세계인이 주목하는 코리안 파워, 한류 열풍

한국은 신생 독립국 중 유일하게 민주화와 경제 성장을 동시에 이루어 낸 나라다. 과거 식민지 국가 중에서 유일하게 경제협력개발기구 OECD에 가입한 나라이며, 대외 원조를 받던 나라에서 세계 질서에 긍정적인 영향을 미치는 수준에 이른 나라이기도 하다. 또한 1인당 국민소득이 2만 달러에 달하고, 인구가 5,000만 명을 넘는 나라들의 모임인 '20-50클럽'에 일곱 번째로 가입했다. 현재 우리나라의 GDP는 세계 10위, 수출은 6위이며, 핸드폰과 반도체는 세계 1위를 지키고 있다. 인터넷 인프라 구축은 전 세계 1위다. 불과 1인당 국민소득이 2만 달러에 불과했던 나라가 이렇게나 급성장할 수 있었던 저력은 대체 무엇일까?

세계를 강타하고 있는 한류 열풍인 K-팝과 K-CON(K-팝 콘서트)의 영향력은 상상을 초월한다. 유럽과 중동에 이어 쿠바까지 엄청난 인기를 끌고 있다. '한류'라는 단어는 1997년 드라마 〈사랑이 뭐길래〉가

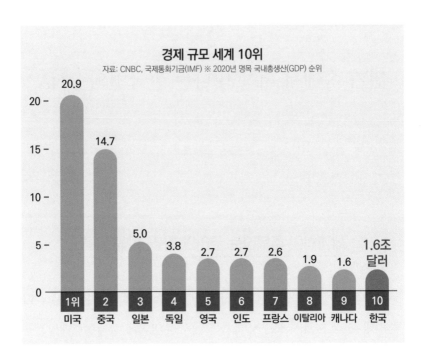

경제 규모 세계 10위

자료: CNBC, 국제통화기금(IMF) ※ 2020년 명목 국내총생산(GDP) 순위

중국에서 히트하면서 1999년 중국의 일간지 《북경청년보北京靑年報》에서 '한국의 유행이 밀려온다'는 뜻으로 처음 사용되었다. 한류 붐은 일본에서 유행한 드라마 〈겨울연가〉에서부터 공식화되기 시작했다. 한류에 대한 세계인들의 지속적인 관심과 흥미는 한국 대중문화 및 순수문화가 전 세계의 사회, 경제, 문화에 긍정적인 영향을 주고 있음을 뜻한다.

넷플릭스 오리지널 드라마 〈오징어 게임〉, 〈D.P.〉, 〈지옥〉 등이 OTT^{Over The Top}(인터넷을 통해 볼 수 있는 TV 서비스) 시장의 1위를 석권하며 한국 문화의 공감을 끌어냈는데, 특히 〈오징어 게임〉은 전 세계적인 대유행을 일으켰다. 한국국제교류재단이 발간한 「2020 지구촌 한류현황」에 따르면, 전 세계 98개국 한류 팬의 수는 1억 477만 명이 넘는 것으로 집계되었다. 이는 98개국 재외공관을 통해 현지 한류 동호회 데이터를 합산한 수치로, 동호회에 가입하지 않은 개별 팬은 집계되지 않아 사실상 한류 인구는 현재 조사된 통계의 수준을 훌쩍 뛰어넘는다는 이야기다.

한류가 확장성을 가지고 뜨는 이유는 한류 콘텐츠의 높은 완성도에도 있지만, 궁극적으로 기획사의 기획력과 인재 발굴 그리고 글로벌 전략에 있다. 특히 SNSSocial Network Service의 적극적인 활용과 더불어 한국 문화의 특수성과 '한국다움'을 절묘하게 드러내고 있다.

〈사랑이 뭐길래〉는 중국인들의 가족 관계에서 유교적 향수를 불러일으키며 이목을 집중시켰고, 〈겨울연가〉는 한국적이면서도 순수한 사랑 이야기를 담아 일본 주부들에게 신선한 재미를 선사했다. 기존 오리지널 팝은 가무歌舞가 분리되어 있는 경우가 많다. J-팝은 가무가 일체형으로 구성되어 있는 데 반해, K-팝은 다이내믹한 가무와 군무의 일체형이 특징이다. 엄청난 연습으로 만들어진 완벽한 군무가 주는 전율이 세계인의 마음을 뒤흔들어 놓은 것이다. 수많은 연습으로 만들어진 그들은 매우 높은 수준의 노래와 춤 등을 소화해 내며 흥미로운 볼거리를 계속해서 창출해 내고, 보는 이들로 하여금 눈을 뗄 수 없을 만큼의 몰입감을 선사한다.

결국 BTS는 비틀스 이후 최고의 그룹으로 불리며 전 세계 팬들의 마음을 강타했다. BTS의 음악을 들으면 마치 한국의 한恨을 신바람興

으로 승화한 듯한 느낌이 전해진다. 이것이 세계인들의 마음을 흔들고 있다. 기대했던 것 이상의 무언가를 볼 때 우리는 순간 충격을 느끼기도 하지만 이내 빠져들고 만다. BTS가 한국의 한을 신바람으로 승화시켜 내는 과정과 공연은, 놀라움과 감동 그 자체가 되어 버렸다.

2021년, BTS의 〈Butter(버터)〉는 미국 빌보드 메인 싱글 차트 HOT 100에서 10주째 1위를 유지했다. 이는 아시아 가수 최초로 일구어 낸 기록이다. 음원 판매 7만 9,200건으로 HOT 100 최다 1위곡 타이틀을 거머쥐었다. BTS의 〈Permission to Dance(퍼미션 투 댄스)〉는 미국 빌보드 메인 차트에 진입하자마자 1위를 기록했다. 〈Permission to Dance〉는 BTS가 영국의 싱어송라이터 에드 시런 Ed Sheeran과 공동 작업해 발표한 곡으로, '누구나 허락 없이 마음껏 춤을 출 수 있다'는 메시지를 담고 있다. 뮤직비디오에는 수어手語를 활용한 안무와 마스크를 벗어 던지는 장면을 담아, 지금 우리가 무엇을 고민해야 하는지에 대해 이야기하고 있다. 차트 1위에 올라갈 수 있었던 것은 바로 이러한 희망과 긍정의 메시지가 작용했을 것으로 본다. 이처럼 〈Permission to Dance〉는 BTS의 통산 다섯 번째 차트 1위곡이 되었고, BTS는 이전까지 7주간 차트 1위곡이던 〈Butter〉의 자리에 다시 자신들의 곡을 올리는 이례적인 상황을 연출하기도 했다.

우리는 여기서 다시 한번 고민하지 않을 수 없다. BTS의 차별화는 과연 무엇일까? 기존 K-팝 가수들과는 다르게 작곡, 작사, 콘텐츠, 프로듀싱 등 다양한 분야에서 독특함을 보여 주었다. 또한 멤버들의 자발적인 마케팅에서도 차별성이 드러난다. 유튜브YouTube, SNS 등의 소셜미디어를 최대한 활용하고, 팬들과의 공감대 형성과 신뢰를 통해 강력한 팬덤을 형성했다. 우리는 이러한 결과를 만들어 가는 한국인의 기질에 주목할 필요가 있다.

한국인의 유전자 속에는 문화 유전자의 기질이 담겨 있다. 원래 한민족은 춤추고 노래하며 노는 것에 타고난 민족이다. 내면 가득 품은 문화적 호기심과 순발력에 유튜브 등의 IT와 첨단 산업화가 맞물려 강력한 세계인의 문화를 창조해 내고 있다. 고대 기록에도 음주가무飲酒歌舞의 특성이 잘 나타나 있다. 특히 주야무휴晝夜無休로 넘쳐나는 에너지는 밤낮을 가리지 않고 쉼 없이 술과 음식을 즐기며, 노래와 춤을 즐기는 독특한 민족이다.

떼창과 떼춤을 동시에 구현해 낼 수 있는 한국인의 기질은, 다른 나라들은 쉽게 흉내 낼 수 없는 고난도의 문화적 특징이다. 노래와 춤을 진정으로 즐겨야 함은 물론이고 지독한 연습이 수반되지 않으면 만들어 낼 수 없다. 한민족의 전쟁사에서 드러나듯 뛰어난 머리와 순발력 그리고 참고 견디는 능력이 결국 탁월함으로 이어져 만들어 내는 것이다. 떼창과 떼춤을 통해 서로를 위하는 마음이 하나가 되었기에, 지독한 훈련을 잘 버텨 낸 것이다. 지금 BTS는 세계인을 놀라게 하고 세계가 공감할 수 있는 문화를 창출하는 주역이 되고 있다. 한국인의 감성이 세계인들이 공감할 수 있는 그 무엇으로 인식된다는 점이 매우 자랑스럽다. 세계인들은 문화 아바타 BTS를 통해 한국인의 감성에 더욱 깊이 빠져들고 있다.

한류의 진화 과정과 '한류 5.0' 시대

K-팝의 성공처럼 한류 역시 어느 날 하늘에서 뚝 떨어진 것은 아니다. 한류는 그동안 여러 위기를 겪어야 했다. 일본과의 독도 영유권 분쟁, 중국과의 사드 분쟁 등 정치적 상황에 휘말릴 때마다 위축될 수밖에 없었다. 한류의 급격한 성장을 견제하는 반反한류 정서도 넘어야 하는 산이었다. 해외는 물론 국내에서도 한류가 불꽃처럼 타올랐다가 곧 사라질 것이라는 우려도 컸다.

하지만 한류는 K-팝을 비롯해 드라마, 영화, 웹툰, 게임, 출판 등에서 한 걸음씩 세계인과 가까워졌다. 한류를 이끌며 세계 무대를 석권하는 BTS 사례에서 확인된 바와 같이, 최근 20여 년 동안 한류는 전 세계적으로 영화, 드라마 등의 다양한 영역에서 주목받았다. 또한 전문가들은 대한민국이 향후 아시아의 중심이자 세계의 중심이 될 수 있다는 가능성을 예측하고 있다. 하지만 아쉽게도 지난 20년간 한류의 발자취에 대한 정확한 정의가 없다. 사람마다 그것을 규정하는 기간이 조금씩 다르다. 따라서 여기에서는 그 흐름과 특징에 대해 '한류 1.0'부터 '한류 5.0'까지로 나누어 정리해 보고, 앞으로 이러한 한류에 걸맞은 리더십은 과연 무엇일까 모색해 보고자 한다.

한류 1.0 - 1997년 외환 위기로 제조업이 흔들릴 때 중국에서 태동

1997년 중국 CCTV에 방영된 MBC 드라마 〈사랑이 뭐길래〉는 최고 시청자 수 3,900만 명, 역대 수입 외화 시청률 2위(4.3%)를 기록했다. 이를 계기로 〈별은 내 가슴에〉, 〈목욕탕집 남자들〉 등의 한국 드라마가 중국 지상파를 점령했다. 또한 1998년, 당대 최고 아이돌이던 H.O.T.의 음반이 중국에서 정식 발매되었다. 흥겨운 춤과 리듬의 〈꿍따리 샤바라〉를 앞세운 가수 클론은 1998~99년 대만과 중국 공연을 성황리에 마쳤다. 《북경청년보》는 1999년 11월 "한바탕 한류가 로보캅 같은 클론을 보내고 두 손 가득 H.O.T. 홍보 전단을 들게 했다."라고 보도했다. '한류'라는 단어가 정식으로 쓰인 것은 바로 이때부터다.

2000년, H.O.T.의 베이징 단독 공연은 한류의 중국 진출을 본격적으로 알리는 신호탄이 되었다. 그 당시 《중국예술보中國藝術報》는 "한류가 중국을 습격했다."라고 표현했다. 동남아에서의 한류 열풍도 이때 시작되었다. 베트남 호찌민TV는 1997년 황금시간대에 드라마 〈금잔화〉를 편성하며 K-드라마를 본격적으로 소개했다. 보아, 비, H.O.T., 신화, 핑클 등의 가수들도 2000년대 초 베트남에 진출했다. 당시는 CD, VOD, 지상파를 통해 한류가 전달되었다.

한류 2.0 - 드라마 〈대장금〉, 〈겨울연가〉 열풍, 동남아·중동으로 무대 넓히기

급속하게 보급된 인터넷과 케이블·위성 방송은 한류를 아시아 무대로 확산시켰다. 국내 연예 기획사와 방송사는 해외 진출을 염두에 두고 기획을 준비했다. 일본의 '욘사마' 열풍을 불러온 〈겨울연가〉와 중동과 동남아시아를 들뜨게 한 〈대장금〉 등의 드라마가 앞장섰다.

2002년 한·일 월드컵으로 고조된 한·일 교류 분위기는 한류 열풍에 날개를 달게 했다. 가수 보아는 100만 장의 앨범을 팔며 한국 가수로서는 처음으로 오리콘 차트 앨범 부문 1위에 올랐다. 인도네시아도 한류에 큰 관심을 가졌다. 2002년 인도네시아 최초로 방송된 한국 드라마 〈가을동화〉는 원빈과 송혜교를 스타로 만들었고, 〈대장금〉의 시청률은 30%에 육박했다.

한류는 소수 마니아층에서부터 10대에서 20대로, 중국·일본에서 동남아·중동으로 무대를 넓혀 갔다. 2009년 동방신기는 일본 도쿄돔에서 한국 그룹 사상 최초로 단독 공연을 성사시키며 K-팝 열풍을 예고했다.

한류 3.0 – SNS가 만들어 낸 기적의 〈강남스타일〉

2010년대 들어 연예 기획사와 콘텐츠 기업의 해외 진출은 더욱 정교하고 다양해졌다. 한류 대신 K-팝, K-드라마, K-뷰티 등 'K'가 귀에 익기 시작한 게 바로 이때부터다. 싸이의 〈강남스타일〉은 K-팝을 전 세계에 알리는 최대 사건이었다. 한류가 대중문화 변방에서 중심지인 북미로, 소수 마니아에서 대중의 문화로 얼굴을 알리는 계기가 되었다.

〈강남스타일〉은 영국, 독일, 프랑스, 오스트레일리아, 캐나다 등 30개국 이상의 공식 차트에서 1위를 차지했다. 미국 대선 때는 '오바마 스타일', '롬니 스타일'이라는 패러디물이 나왔다. 2013년 오바마 대통령은 한·미 정상회담 공동기자회견 모두 발언에서 "전 세계 수많은 사람이 한국 문화, 한류에 매료당하고 있다. 제 아이들이 〈강남스타일〉을 가르쳐 줬다."라고 말했다.

〈강남스타일〉을 세계 무대에 퍼뜨린 것은 동영상 공유 플랫폼 '유튜브'였다. 유튜브에서 〈강남스타일〉의 뮤직비디오 조회 수는 32억 회를 기록했고, '좋아요'는 845만 건을 기록해 기네스북에 올랐다. 〈강남스타일〉은 글로벌 기획이나 홍보 없이 세계 디지털 음악 역사상 가장 많이 팔린 싱글이 되었다. 이를 계기로 한류 콘텐츠 제작 시스템도 급변했다. 그리고 드라마 〈별에서 온 그대〉와 〈태양의 후예〉는 글로벌 신드롬을 불러왔다. 2013년 중국 동영상 사이트 아이치이 iQIYI에서 방영된 〈별에서 온 그대〉는 첫 방영 당시 조회 수 1억 뷰, 1일 검색 횟수 200만 회를 기록하며 중국 전역을 한류 열풍으로 몰아넣었다.

한류 4.0 – 세계를 휘어잡은 BTS의 한류 문화 확산

사드배치로 인한 중국의 한한령限韓令(한류 콘텐츠 금지령)은, 한류 무대를 남미와 북미 등의 세계 시장으로 빠르게 돌리는 계기가 되었다. 2017년 BTS는 한국 아이돌 그룹 최초로 '아메리칸 뮤직어워드'에 초청을 받아 미국에서 데뷔하며 한국의 대중문화사를 새로 썼다. 이후 미국 ABC방송의 3대 토크쇼인 〈지미 키멀 라이브!Jimmy Kimmel Live!〉에 출연하는 등 활발히 활동을 하며 얼굴을 알렸다.

리메이크된 KBS 드라마 〈굿닥터〉 또한 ABC방송에서 방영돼 높은 시청률을 기록했다. 콘텐츠 기업인 CJ ENM이 주최하는 'KCON 2018 LA' 행사에는 사흘간 9만 명이 참여하는 등 북미에서는 한류에 대한 관심이 갈수록 커졌다. 넷플릭스, 애플TV, 훌루Hulu, 드라마피버 DramaFever 등 새롭게 등장한 플랫폼들은 한류의 북미 확산에 크게 기여하고 있다.

전문가들은 과거 소수 마니아층의 관심을 받던 한류가 지금은 북미에서 한 장르로 주목받기 시작했다는 점에 주목하고 있다. BTS가 전 세계 음악 시장을 호령하면서 K-팝의 위상은 달라졌다. 여기에 봉준호 감독이 연출한 영화 〈기생충〉이 미국 아카데미 시상식에서 작품상, 감독상을 포함해 4관왕에 오르며 영화 시장에서도 한국을 바라보는 시선에 변화가 생겼다.

한류 5.0 - 현지화를 통한 세계화의 거센 바람, 한류 시대

K-팝은 일본, 미국, 중국, 동남아 등과의 협업을 통해 또 다른 비상을 준비하고 있다. 한류를 현지화해 세계화를 모색하는 방식으로 말이다. 한류를 진두지휘하고 있는 유명 크리에이터Creator들이 '탈脫한국'을 외치고 있다. 해외 크리에이터들과 손을 잡거나 아예 해외를 주요 활동 무대로 삼으며, 새로운 형태의 한류 콘텐츠를 일구는 모양새다. 반드시 한국에서 만들어 수출해야 한다는 '메이드 인 코리아Made in Korea' 개념을 탈피하면서 현지화를 통해 세계화로 향하는, 소위 새로운 세계화 방식으로 한류 시장이 열리고 있다.

K-팝이 세계 주류 음악이 되면서, 일본과 동남아시아 등에 아이돌 육성 시스템이 수출되고 있다. '한국에서 만든 음악'이라는 개념을 넘어 하나의 장르로 인식되면서 K-팝의 핵심인 인재 발굴 방식을 이식하려는 국가가 늘고 있는데, 이 시스템을 가장 먼저 도입한 나라는 일본이다. 트와이스, 에스파 등 일본인 멤버가 소속된 아이돌 그룹이 세

계적으로 인기를 끌면서 K-팝 아이돌을 장래 희망으로 꼽는 MZ세대가 늘고 있다. 2018년부터 2년간 일본에서 진행한 K-팝 아이돌 공개 오디션 프로그램에 3만여 명이 몰려왔을 정도다.

특히 JYP엔터테인먼트가 일본에서 만든 걸 그룹 니쥬NiziU는 K-팝 육성 시스템 수출의 성공 사례로 꼽힌다. 니쥬는 일본 8개 도시와 미국 등 총 10개 지역에서 진행한 오디션 지원자 1만여 명 중 9명을 발탁해 체계적으로 훈련시킨 그룹이다. JYP엔터테인먼트의 수장인 박진영은 일본의 최대 음반사인 소니뮤직과 손을 잡고 현지에서 '니지 프로젝트Nizi Project'로 9인조 걸 그룹 만들었는데, 박진영이 멤버 선발부터 트레이닝, 앨범 제작 전반을 책임지고 일본에 K-팝 유전자를 심은 것이다. 9명의 멤버가 전부 일본인이고 주요 무대가 일본이라는 걸 빼고는 한국의 걸 그룹이라고 할 수 있다. 니쥬는 곧바로 일본 오리콘 차트를 석권했다. 주로 일본을 거점으로 활동하지만 세계 무대를 목표로 발돋움하고 있다. 이는 '한류 5.0' 단계라 할 수 있다. 이와 비슷한 맥락으로 BTS가 속한 하이브는 미국을 공략하고 있다. 하이브는 이미 미국 유니버설 뮤직그룹Universal Music Group Recordings, UMG과 협업해 현지 오디션을 준비 중이다.

이처럼 한국 크리에이터에 대한 신뢰가 쌓이며 K-팝과 영화를 접목시킨 〈케이팝: 로스트 인 아메리카K-Pop: Lost in America〉 프로젝트가 가동된 셈이다. 넷플릭스는 일찍이 아시아를 중심으로 '한류'를 불러일으킨 한국 콘텐츠의 저력을 눈여겨보고, 2016년부터 5년간 총 7,700억 원을 투자했다. 연간 1,540억 원꼴이다. 전 세계 190여 개국

에 2억 명의 시청자를 보유한 넷플릭스 덕분에 국내 드라마·영화 등
의 콘텐츠 제작사들은 막대한 투자를 받을 기회를 갖게 된 것이다.

한류의 발전 과정

구 분	키워드	기간	주요 지역	대표 콘텐츠
한류 1.0	한류의 생성	1997년~ 2000년대 초	중국, 대만, 베트남	• 〈사랑이 뭐길래〉 • H.O.T. • NRG
한류 2.0	한류의 심화	2000년대 중반	일본, 중국, 동남아	• 〈겨울연가〉(배용준) • 〈대장금〉 • 보아
한류 3.0	한류의 다양화	2010년대 중반	중동, 유럽, 남미, 미국	• K-POP(싸이) • 〈별에서 온 그대〉 • 〈태양의 후예〉 • K-뷰티
한류 4.0	한류의 세계화	2010년대 후반	지구촌 전 세계	• BTS • K-CON • K-게임 • K-컬처
한류 5.0	한류의 현지화	2020년 이후~	미국, 일본, 중국	• 니쥬 • 〈오징어 게임〉 • BTS 합작 • 〈미나리〉

K-콘텐츠가 이끌어 가는 한류

한국인의 기질 속에는 빨리빨리 서두르는 냄비 근성과 끈기 있게 지속하려는 뚝배기 기질이 있다. 여기에 더하여 슬픔의 정서인 한과 기쁨의 정서인 흥의 기질이 공존한다. 다시 말해 서로 대척점에 있는 반대 성향이 혼재되어 있다. 이러한 점은 한국인의 고대 정신 속에 있는 웅혼하고 대담한 대인의 기질과 분석적이고 논리적이며 전통적으로 학문과 풍류를 즐기는 선비 정신에도 잘 나타나 있다. 또한 한국인은 공감하지 않으면 쉽게 움직이지 않지만 공감하는 순간 엄청난 에너지를 발산한다.

이러한 사례는 전쟁의 역사에서 흔히 볼 수 있다. IMF 당시 금 모으기 운동이나 2002 월드컵 당시 세계가 주목한 붉은 악마의 응원을 사례로 들 수 있다. 이는 다른 나라에서는 찾아볼 수 없을 뿐 아니라, 그들에게는 이러한 한국인들의 성향을 이해하는 것조차 쉽지 않다. 그렇기에 세계 음악계에서 또 다른 장르를 만들어 가고 있는 BTS가 주목받고 있는 것은 우연이 아니다.

#공감과 발산의 에너지

한국인의 한과 흥 사이에는 생각 이상의 것이 담겨 있다. 그 중심에는 '나'가 아닌 '우리'라는 마음이 자리 잡고 있기 때문이다. 이는 개인으로서 나마저도 '공동체 속에서의 나'로 인식하는 근원적인 성향을 갖고 있는 한국인만의 고유한 기질에 있다. 냄비 근성이 강한 민족이지만 한편으론 뚝배기 기질 또한 가지고 있다. 소름 끼칠 정도의 한을 품고 있지만, 다른 한편으론 떼창과 떼춤을 즐기며 한을 흥으로 승화시켜 내기도 한다.

한국 기업의 근간에는 이러한 조직 문화가 깔려 있다. 서양의 경영 기법을 도입하느라 한국인 고유의 특성을 반영하는 데 시간이 걸리긴 했지만, 그럼에도 우리는 한강의 기적을 만들어 냈다. 수많은 국가와 기업이 서양식 경영 기법을 도입하고 있지만, 한국처럼 기적을 만들어 낸 나라는 없다. 현재의 상황으로 보면, 한국인 특유의 기질이 만들어 가는 당연한 결과라고 생각된다. 21세기를 이끌어 가는 대한민국이 되기 위해서는 우리 고유의 한국적인 경영 기법을 발휘해야 한다. 한국적인 고유의 정신과 기질을 토대로 한 경영 기법을 체계화하고 보편화할 때가 왔다. 한국에만 존재하는 '우리 정신'과 특유의 기질을 발휘하여 글로벌 중심에 설 채비를 할 때가 도래한 것이다.

홍익인간의 근간은 한국인의 이러한 정신과 기질을 모태로 한다. 우리 민족은 떼창과 떼춤을 추며 슬픔의 한을 달래고, 흥으로 승화시켜 고난과 역경을 이겨 낸 슬기로운 민족이다. 일에 대한 두려움이 아니라 그 경계에 서서 험난한 삶을 이겨 내고, 성취의 결과를 만들어 내고야 마는 신명을 가지고 있다. 일이 주어지면 마무리될 때까지 농악을 동원해서 함께 즐기며 결과를 만들어 낸다. 4차 산업혁명을 기회로 만드는 한국인의 기질은 일에 대한 두려움이 아니라 고난을 극복할 수 있는 전환점으로 삼고, 고도의 집중력을 발휘하여 또 다른 도약을 위한 기회로 삼아야 할 것이다.

집중함에 있어서도 놓치지 않는 것은 그 과정에서 밀려오는 즐거움이다. 우리는 현재 세계 인류가 처한 코로나 위기 상황을 겸허하게 받아들이고, 이를 어떻게 하면 슬기롭게 버티어 낼 것인지에 집중하면서도 긍정적인 마음은 잃지 않는다. 그렇기 때문에 모두가 한마음이 되어 불편함을 감내하고, 모두가 한마음이 되어 어려움을 극복하고, 모두가 한마음이 되어 서로를 위하고 도움의 손길을 마다하지 않는다.

〈미나리〉는 2020년 개봉한 미국 영화로, 2020년 1월 26일에 선댄스영화제 미국 극영화 경쟁 부문 심사위원 대상과 관객상을 받았다. 영화 평론가는 물론, 많은 사람이 2020년 최고의 영화라고 평가했고, 윤여정은 여우조연상을 받았다. 한국은 이미 봉준호 감독의 〈기생충〉이 칸영화제 황금종려상에 이어 골든글로브 외국어영화상 그리고 아카데미 최우수작품상을 비롯해 4개 부문을 석권했다. BTS와 〈미나리〉, 〈기생충〉 등의 K-콘텐츠가 영화 전문가나 특정 마니아 집단이 좋아하는 차원을 넘어 글로벌 대중도 좋아하는 단계로 들어선 것이다. 2022년, 배우 송강호가 영화 〈브로커〉로 칸영화제에서 한국 배우 최초로 남우주연상을 받은 것은 또 다른 시작을 예고한다.

그동안 20년간의 비약적인 성장을 거듭한 K-콘텐츠는 이제 글로벌 시장에서 확고한 지분을 가질 정도로 성장했다. 이것이 가능했던 것은 디지털 환경이 빠른 속도로 진화하면서 대중들의 참여를 끌어냈기 때문이다. 미래 먹거리 산업으로 지목되는 K-콘텐츠의 성장은 인류가 나아가고자 하는 방향에 가이드 역할을 충분히 하고 있다. 한국인은 세계가 부러워하는 역사와 한국 고유의 위대한 민족정신을 지니고 있다. 일부 사람들은 자신이 한국인임에도 불구하고 스스로를 깎아내리며 비아냥거리는 경우가 있다. 이렇게까지 발전해 온 모습을 보고도 '한국인은 원래 그렇다', '한국이니까 안 된다'는 식의 발언을 심심치 않게 듣는다. 한국인만의 강인함과 민족정신이 세계 선진 문화를 이끌어 가고 있음에도 부정적인 사고에서 벗어나지 못하고 있는 것이다.

우리는 부지런함과 근면함으로 늘 스스로를 지켜 왔다. 우리는 가족과 나라를 위해서라면 발 벗고 나설 수 있는 민족이다. 한국인의 놀라운 정신과 기질은 한국적인 경영 기법의 근간을 이루며 경영 성과에도 한몫했다. 앞으로 다룰 한류경영은 단순히 한국에만 그치는 것이 아니라 새로운 경영 기법으로서 세계 시장에도 영향을 주고 있다. 세계인들은 BTS를 분석하면서 어떻게 대한민국이 문화 강국의 위상을 이루었는지 학문적 의미를 찾아내는 데 주력하고 있다.

위기 속에서 더욱 몰입하는 한국인의 DNA

위기에 강한 한국인의 기질은 이미 해외에서도 인정받고 있다. 뜨거운 사막에서도 건설 붐을 만들어 갔고, 낯선 이국땅에서 간호사와 광부로 밤낮없이 일하면서 자신의 가족과 나라를 빈곤에서 벗어나도록 도왔다. 1950년대 한국의 공식적인 1인당 GDP 수치는 존재하지 않는다. GDP 통계는 1970년부터 집계됐기 때문이다. 다만 1953년의 1인당 GNP는 67달러로 기록돼 있다. 그 당시에는 살아가기 위해 일 말고는 아무것도 할 수 없었으며 외국의 원조 물자로 연명했다.

세계 경제는 1960년부터 2016년까지 평균 7.5배 성장했는데 한국 경제는 39.9배나 성장했다. 하지만 글로벌 금융 위기를 겪으면서 2009년 다시 2만 달러 밑으로 떨어졌다. 2만 달러 돌파 이후 3만 달러 시대를 열기까지 12년이 걸렸지만, IMF를 조기에 벗어나고 일에 몰두한 결과 개발도상국으로서는 유일하게 30-50클럽 국가에 가입해 선진국 반열에 올라섰다.

세계적 석학인 새뮤얼 헌팅턴Samuel Huntington은 한국의 눈부신 발전의 결정적 요인은 '문화'라고 진단했다. "한국인들의 검약, 투자, 근면, 교육, 조직, 기강, 극기克己 정신 등이 하나의 가치로 시너지 효과를 발휘했다."는 것이다. 궁극의 한국인은 원대한 꿈을 품고 있다. 이를 이루어 내기 위해 어떠한 어려움이든 극복해 내는 게 습관화되어 있다. 갑작스럽게 눈앞에 닥치는 어려움일지라도 참고 견디어 이를 극복하는 데 온 힘을 다한다.

1960년대 당시 한국과 아프리카 가나와의 경제 상황은 비슷했다. 1차 제품(농산물), 2차 제품(공산품), 서비스의 경제 점유 분포도 비슷했다. 당시 한국은 1차 제품인 농산물을 겨우 생산하는 정도였고, 제대로 만들어 내는 2차 제품이 별로 없었다. 하지만 1960년대 이후 과감한 수출 지향 산업화 정책을 편 덕분에 고속 성장을 내달렸다. 1인당 국민 소득 3만 달러를 달성한 요인은 꾸준한 성장과 원화 가치 상승에 있다. 1996년부터 2015년까지 한국 경제는 연평균 4.2% 성장했다. 이는

OECD 회원국 평균의 2배 수준이다. 여기에 국제금융시장에서 원화 가치가 지속적으로 오르면서 달러로 환산한 국민 소득이 높아졌다.

코로나19는 우리 일상에 있어 정치·사회·경제 등 모든 분야에서 큰 변화가 일어나고 있다. 무엇보다 글로벌 경제의 급격한 경기 침체에 어떻게 대응할 것인지가 중요한 관건이다. 실업률 급등과 경제 성장률 둔화는 대공항 시기에 버금가는 최악의 주가 하락세를 기록하며 전 세계의 경기가 침체되고 있다. 미국, 유럽, 일본 등의 주요국들은 금리 인하와 같은 글로벌 경제 사상 유례없는 풍부한 유동성으로 불황에 대처하고 있다.

한국은 어떠한가? 크게 동요하거나 지나치게 흔들리지 않았다. 매우 침착하고 차분하게 대응하고 있다. 무엇보다 눈에 띄는 건 정부의 대처와 국민의 시민 의식이다. 어느 순간 최빈국이 되고, 개발도상국에서 선진국 반열에 들어선 한국의 저력은 이미 그 결과를 예견하고 있는 듯하다. 주변국의 산발적인 침략으로 인해 인류의 가장 뛰어난 민족성을 가진 한국은 여전히 그 '한'의 기운을 간직하고 있다. 중국 역사의 흥망성쇠興亡盛衰의 결정적인 역할을 했던 것도 한민족이고, 마루타를 즐기는 일본 역사의 방향타 역할을 했던 것도 한국이다. 지금은 단 12척의 배로 300척의 배를 물리친 이순신 장군의 기개가 필요한 시기다.

#K-속도

21세기는 이전에 상상했던 수준을 넘어 급격하고 다양한 변화가 진행되고 있다. 여기에 더하여 코로나19 상황과 우크라이나 전쟁은 심각한 위기를 초래했다. 이러한 상황에도 불구하고 한국은 그 존재감을 드러내고 있다. 이전부터 강력한 민족성을 보유하고 있는 한국은 그 존재감이 말살될 수 있는 상황에 직면해도 소멸하지 않는다. 그 자존심과 민족의 위대함을 절대 포기하지 않고 38년간의 세대를 거쳐가며 일본의 침략을 털어냈다. 현재 한국의 존재감은 어떠한가? 중국이나 일본처럼 그들의 존재를 드러내며 위협을 가하는 국가가 아니라 인류를 포용하고 이롭게 하는 한국에 세계인들이 주목하고 있다.

세계대전을 방불케 할 정도로 코로나19로 인해 수많은 사람이 죽어 가고 있다. 한국은 지금 미래의 인류가 어떠한 모습으로 존재해야 하는가에 대해 해법을 제시하고 있다. 여전히 세계를 위협하는 국가들이 그 힘을 더욱 과시하고 있지만, 인류를 바람직한 방향으로 이끌어 갈 수 있는 유일한 국가인 한국은 옅은 미소를 머금고 있다. 경제와 정치 그리고 문화 선진국인 한국의 위상이 더욱 굳건해지고, 그 역할로 인해 세계 인류가 보다 안정되고 행복을 추구하는 리더십 발휘가 더욱 절실하다.

코로나19로 인한 팬데믹 상황은 21세기 디지털 혁명을 보다 가속화하여 '스마트 르네상스'를 이루고 있다. 짧은 기간 개인의 의식 변화와 함께 급속한 삶의 방식 변화는 물론, 기업 경영과 정치, 경제 등 다양한 분야에 걸쳐서 비대면 초연결 사회Untacting Hyper Connectivity가 정착되고 있다. 코로나 팬데믹이 끝나 가지만 이전의 삶의 방식과는 다른 양상으로 움직이고 있다. 2년간의 힘든 싸움에서 변화에 적응하는 동안 디지털 혁명은 조직에 자연스럽게 녹아들어 가 변화의 가속화를 만들어 냈다.

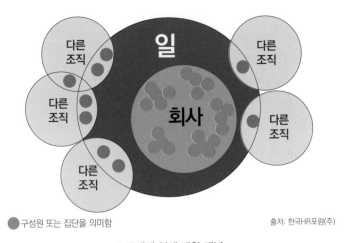

● 구성원 또는 집단을 의미함

출처: 한국HR포럼(주)

MZ세대 일에 대한 개념

코로나 사태로 인한 재택근무나 비대면 서비스의 급격한 환경 변화에 보다 빠르게 대처한 회사들의 공통점은, 기존의 조직 운영을 과감하게 변경하고 새로운 시스템을 도입했다는 점이다. 제조와 유통, 서비스 등 다양한 업종에서 일으킨 혁신의 바람은 코로나19 상황에도 오히려 좋은 실적을 만들어 냈다. 반면 위기 상황이 지나갈 때까지 그저 기다리고 있던 기업들은 결국 조직을 급격하게 축소하거나 폐업을 했다. 결국 기업은 환경 변화에 의해 도태되는 것이 아니라 주도적인 변화를 시도했느냐 하지 않았느냐에 달려 있는 것이다. 이는 조직 문화를 빠르게 바꾼 결과라고 할 수 있다. 일의 재정의를 통해 기존에 방치하고 있던 낭비 요소를 줄이고, 효율성을 중심으로 재편되면서 젊은 세대들이 보다 성과를 낼 수 있도록 한 것이다. 주체성이 강한 MZ세대가 더욱더 창의적으로 몰입할 수 있는 조직 문화를 새롭게 구축하고, 기존 세대의 리더십 변화를 통해 위기의 상황을 오히려 성공의 기회로 만들어 낸 것이다.

그동안 우리는 찬란한 역사와 고유한 민족의식을 지켜내고, 민주화와 경제 발전을 동시에 이루어 낸 세계 유일의 나라로 대국이라는 자존심을 되찾을 때가 되었다. 한국인의 근면과 성실 그리고 창조적인 발상으로 산업화와 정보화 시대를 열어 가는 지금, MZ세대의 강점이 개인과 조직에 더욱더 긍정적인 영향력을 발휘하며 한국의 문화 강국 면모를 아낌없이 세계인에게 전달할 때가 도래했다.

3

디지털 시대에 맞는 리더십의 출현

디지털 시대와 코리안 파워

'언택트Untact'라는 단어는 접촉을 뜻하는 콘택트Contact에 부정을 나타내는 'Un'을 붙여 만든 단어다. 비대면 계좌 개설, 챗봇chatbot, 무인 키오스크kiosk처럼 실제 사람을 만나는 일을 피하는 기술을 '언택트 기술'이라 부른다. 코로나19가 앞당긴 언택트 시대에 디지털 기반 영상 콘텐츠의 확산 속도는 빨라지고 있으며 그 영향력도 매우 크다. 요즘처럼 세분된 취향이 중시되는 시대에는 디지털 영상의 영향력이 점점 더 커질 수밖에 없다.

'초개인화 시대'의 진입에 발맞추어 인공지능을 적용한 '타겟팅 테크놀로지' 기술도 점차 고도화되고 있다. 유튜브는 보는 사람에 따라 광고에 표시되는 자막이 다르다. 구글 검색 광고의 문구도 사용자에 따라 다르게 적용되는 등 초개인화된 메시지를 마케팅에 활용하는 시대가 되었다. 디지털 혁명의 핵심인 디지털 대전환은, 코로나19로 인해 급속하게 그 변화가 일어나 버렸다. 산업 간 경계의 단단하고 높은 벽을 순식간에 허물어 버린 것이다.

손쉽게 넘나드는 과정에서 한국인들은 이상하리 만치 즐거움을 찾는다. 넘어가려면 일정 수준의 기술이 필요하다. 그러나 이를 넘어 보려고 안간힘을 쓰며 노력하는 과정에서 어느 순간 넘을 수 있다는 자신감에 몰입하며 이곳저곳을 넘나든다. 유목민의 기질을 타고난 것인가? 한국 경제의 근간인 제조업은 정보통신과 서비스 그리고 에너지 등 관련 산업을 상호 융합하는 데 집중했다. 그러다 보니 제조업에도 신新제조업의 거대한 빅뱅 현상이 일어나고 있는 것이다. 이러한 대변화의 물결에 기업이 어떻게 대처하느냐에 따라 지속 경영과 성과 창출 수준이 결정된다.

글로벌 제조업의 지형은 미·중 무역전쟁과 코로나19로 인해 빠르게 변화하고 있다. 코로나19 팬데믹은 이제 엔데믹(어떤 감염병이 특정한 지역에서 주기적으로 발생하는 현상)으로 접어들고 있지만, 완전히 종식될지 아니면 재발할지는 아직 모른다. 또한 시간이 지날수록 그 리스크가 발생할 여지가 있다. 이 때문에 생산 기지를 해외로 옮기려는 오프쇼어링Offshoring 현상이 늘어나고 있고, 자국으로 귀환시키는 리쇼어링Reshoring을 하거나 우방국가나 인접국으로 옮기는 니어쇼어링Nearshoring을 통해 글로벌 공급망 체계가 전면 개편되고 있다.

거대한 신제조업의 글로벌 패권을 놓고 격돌하는 이유는 당연히 생존 때문이다. 현재 미국, 유럽연합, 중국을 칭하는 세계 경제 3강은 제조업의 재무장을 넘어 제조업과 정보통신, 에너지, 서비스 등 연관 산업의 융합을 통해 새로운 가치 창출에 주력하고 있다. 디지털 트랜스포메이션은 업의 경계를 없애면서 융합 및 통합 현상을 빠르게 전개하고 있고, 플랫폼화를 통한 비즈니스 모델 혁명인 신제조업으로 발 빠르게 진화하고 있다.

한국HR포럼은 2021년 8월, 제150회 KHR포럼 개최를 통해 '신新제조업 빅뱅'이라는 주제를 다룬 바 있다. 4차 산업혁명의 핵심인 디지털 트랜스포메이션의 진전으로 산업 간 경계가 무너지는 과정에서 심각한 위기와 기회가 공존하고 있다. 제조업은 서비스, 정보통신, 에너지, 콘텐츠 등 연관 산업과 융합·통합·플랫폼화를 통해 거대한 신제조업으로 빅뱅하고 있다. KHR포럼 발표자인 주영섭 교수는 국가적 신제조업 육성 전략 수립의 시급성을 다음과 같이 강조했다.

"신제조업의 패권을 건 글로벌 경쟁이 세계 경제 패권을 좌우할 것으로 보인다. 미국과 중국G2의 무역전쟁과 코로나19 팬데믹을 겪으며 전 세계적으로 과거 중국을 중심으로 구축됐던 글로벌공급망GVC의 전면적 개편이 이뤄지고, 제조업은 물론 신제조업의 중요성에 대한 재조명이 가속되고 있다. 즉 강력한 제조업의 기반 없이는 G2 무역전쟁과 같은 보호무역주의나 코로나19 팬데믹 여파에 효과적 대응이 어려운 것은 물론이고, 급부상하고 있는 거대한 신산업으로서 신제조업 육성도 어렵다는 것을 절감하게 된 것이다."

신제조업 육성의 시작은 우리 산업의 핵심인 제조업의 비즈니스 모

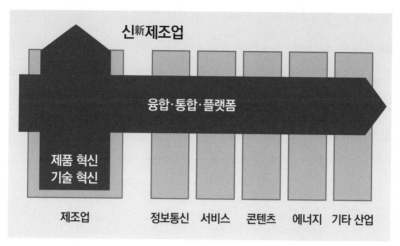

신新제조업

융합·통합·플랫폼

제품 혁신
기술 혁신

제조업   정보통신 서비스 콘텐츠 에너지 기타 산업

출처: Prof. Young-Sup Joo

델 혁신에 있음을 강조하고 있다. 기업은 4차 산업혁명에 따른 개인화 및 맞춤화 추세에 대응하고, 친환경, 사회적 가치 등 소비자 중심의 경영 방식의 전환은 이제 필수가 되었다. MZ세대의 취향에 맞는 제품 및 서비스 혁신의 디지털화도 빠르게 진행되어야 한다. 4차 산업혁명의 디지털 트랜스포메이션에 따른 온라인 디지털 플랫폼화가 코로나19 팬데믹으로 더욱 빨라진 것이다.

#온라인 디지털 플랫폼

신제조업 시대에는 AI 등 데이터 기반의 디지털 트랜스포메이션을 통해 특정 소수의 고객 또는 개인 고객별로 맞춤형 제품 및 서비스를 제공할 수 있다. 환경 및 사회 문제에 민감한 MZ세대가 소비자 및 고객의 중심으로 진입하면서 기업들은 이들을 만족시킬 수 있는 제품 및 서비스 혁신에 주력하고 있다. 이미 배달 로봇, 소독 로봇, 물류 자동화 로봇 등 다양한 서비스 로봇이 등장하는 포스트 코로나 세상을 마주하고 있다. 대한민국은 지금 코로나19 팬데믹으로 가속화된 온라인 경제나 가정 중심의 '홈코노미'에 빠르게 대응하면서 급속하게 변화하고 성장해 가는 디지털 경제에 빠르게 적응 중이다.

디택트Digital contact 시대의 가속화 경쟁

디지털 기술은 사람들이 일하고, 소비하고, 의사소통하는 방식을 단기간에 급격히 변화시켰다. 언택트가 온택트로 진화하면서 IT 강국인 대한민국은 매우 빠르게 디택트 시대로 진입하고 있다. 스타벅스의 '사이렌오더'는 2014년 5월 론칭 이후 누적 주문 건수 2억 건 돌파했으며 전체 주문량의 27%를 차지한다. 마켓컬리는 '샛별배송'이라는 새 영역을 개척하며 2014년 12월 혜성처럼 등장했는데, 사업 첫해인 2015년 29억 원이던 매출이 불과 5년 만에 9, 530억 원으로 불어 328배 성장했다.

배달의민족, 요기요와 같은 배달 앱도 코로나19 상황에 매우 빠르게 성장하고 있다. OTT 서비스 기업인 넷플릭스는 가파른 성장세를 유지하다가 코로나19 상황이 일부 종료되면서 주춤하고 있지만, 다양한 마케팅에 도전하며 그 저력을 보여 주고 있다. 언택트 관련 시장은 첨단 IT 기술과 결합하면서 대면을 최소화하며 온라인을 통해 한층 빠르고 다양한 소통 방식으로 진화할 것으로 전망하고 있다. 인공지능 기술을 적용한 챗봇은 ARS 수준을 뛰어넘은 각종 상담을 이미 구현하고 있다. 실제로 대표적 비대면 서비스인 챗봇과 인공지능 콜센터에서 활용 중이다.

회의와 행사도 온라인으로 대체되고 오프라인 모임은 화상회의나 웨비나Webinar(웹(Web)과 세미나(seminar)의 합성어)로 진행하는 것은 물론이고, 전시회나 공연마저도 온라인으로 관람하는 실정이다. 코로나 19 상황에 따라 오프라인과 온라인을 반복하고 있는 학교 수업을 비롯해 기업과 기관의 채용 면접도 온라인 화상으로 진행했다. 직원 교육은 오히려 오프라인보다 온라인 라이브Live로 진행하는 것이 효율이며, 효과적인 면에서 비교가 되지 않을 정도로 변화하고 있다. 코로나 상황이 풀리면서 오프라인 교육이 조금씩 활기를 띠고 있지만, 여전히 온라인 라이브로 국내를 넘어 글로벌 수준의 교육 과정들이 운영되고 있다. 베트남 등 외국에 나가 있는 지사장들과 국내 전문가들이 정기적으로 화상 도구를 활용하여 온라인 라이브를 통해 소통하고 있는 것이다.

언택트는 기본적으로 IT에 기반을 둔다. 그렇기 때문에 스마트폰 앱 및 키오스크 등에 익숙한 세대 및 계층과 그렇지 않은 계층 사이에는 격차가 생길 수밖에 없다. 하지만 저소득층, 장애인, 농어민, 고령층 등 정보 취약 계층의 디지털 정보화 수준은 일반 국민의 70% 정도다. 직장인들은 어떨까? 소위 직무 역량은 이제 IT 활용 능력과도 맞물려 있다. 기성세대들의 업무 수행 역량이 MZ세대들에게 밀리고 있는 것이다. MZ세대의 강점은 우리가 일반적으로 아는 것 이상이다. 업무 분야에 따라서는 기성세대의 업무 처리 속도보다 최소한 3~4배 빠르다. 서울에서 직접 운전에서 부산으로 가 미팅을 하느라 1박 2일의 일정을 잡았던 과거와는 달리, 새벽에 KTX를 타고 출발하여 오찬 미팅을 하고 오후에 서울역에 도착하여 사내 팀 미팅을 하는 수준의 속도 차이와도 같다. 심지어 화상 미팅을 통해 1박 2일이 아니고 단 1시간 만에 모든 브리핑과 의사 결정까지 이루어지는 것이 지금의 회사 업무 상황이다.

2021년 정부는 대규모 데이터 축적·개방과 전방위적 인공지능 활용을 뒷받침할 '데이터 댐'을 구축하여 인공지능 학습용 데이터(10개 분야, 170종) 및 빅데이터 플랫폼 등을 확충하고, 공공 데이터 4만 9,000개를 개방했다. 중소·벤처기업 등을 대상으로 인공지능 솔루션과 서비스 구매 바우처 지원은 물론, 제조 현장 스마트화를 위해 2만여 개 스마트 공장의 구축·고도화를 지원한 것이다. 대학 온라인 강의의 질 개선을 위해 노후 서버·장비를 교체하고, 스마트 직업 훈련을 위해 교수와 강사의 보수 교육도 시행했다.

국민 교통안전을 위해 일반 국도에 ITS(지능형교통시스템) 4,361km를 구축하고, 일반·고속 철도 전 구간의 선로 원격 감시 시스템 설치에 착수하고, 김포공항에 비대면 생체 인식 시스템을 시범 구축했다. 스마트 시티 통합 플랫폼을 108개 도시에 보급하여 전 국민의 60%(3,200만 명)에 스마트 도시 안전망 혜택을 부여했다. 실시간 안전·교통·방범 관리 등을 위한 스마트 산단 통합관제센터(구미·남동)와 중소기업 공동물류센터 구축에도 시동을 걸었다. 국가와 민간 기업의 노력으로 어느 나라보다 발 빠르게 디지털 시대를 준비하고 있다. 더욱 놀라운 것은 일반 국민들의 적응력이다. 급격한 변화에도 불구하고 우리 국민들은 창의적인 방법을 동원하며 더욱더 빠르게 적응하고 있다. 외국인들은 가히 상상할 수도 없는 일들이 벌어지고 있는 것이다.

세계 무대 주름잡는 한국인들의 낭보

2022년 5월에 접어들면서 지구촌을 강타했던 코로나19는 서서히 엔데믹을 향해 가고 있다. 2년간의 코로나 위기 속에서도 한국인들은 기죽지 않고 오히려 끼와 능력을 마음껏 발휘해 왔다. 깊은 땅속에 묻혀 있었던 마그마가 용솟음치며 솟구쳐 나오듯이 한국인의 기저에 숨어 있던 에너지가 계속 분출되고 있다.

2022년 5월 18일 BTS는 빌보드뮤직 어워즈 3개 부문에서 수상을 했다. 2017년 '톱 소셜 아티스트' 부문을 수상한 이래 6년 연속 수상 기록을 세우며 세계적인 아티스트임을 증명했다. 같은 해 5월 31일 바이든 미국 대통령의 초청을 받아 백악관을 방문했다. 지은희 선수가 최고령으로 LPGA(미국여자프로골프) 6승을 올렸는데도 국내 골프대회에서 우승한 정도로만 다루어지며 큰 화제를 불러일으키지 못할 정도로 대한민국은 지금 수많은 이슈를 세계 무대에서 만들어 내고 있다.

2022년 5월 말 프랑스 제75회 칸영화제에서 〈헤어질 결심〉의 박찬욱 감독과 〈브로커〉의 송강호 배우가 각각 감독상과 남우주연상을 휩쓸었다. 막을 내린 2021~2022 시즌 잉글랜드 프리미어리그 득점왕에 오른 손흥민 선수는 아시아 최초의 득점왕이 되는 금자탑을 쌓아 한국인의 자긍심을 높였다. 또한 한국 육상선수 최초로 세계육상연맹 WA 다이아몬드리그 대회에서 우승을 차지한 높이뛰기 '간판' 우상혁 선수의 젊은 기개와 긍정의 힘에 박수를 보내지 않을 수 없다.

2022년 3월엔 이수지 작가가 '아동문학의 노벨상'으로 불리는 안데르센상을 받았다. 그리고 비록 수상에는 실패했지만 『저주토끼』로 영국 부커상 본선에 진출한 정보라 작가도 젊은 한국인이다. 변방에 지나지 않았던 K-웹툰은 날로 인기가 높아지고 있다.

음악 분야에서도 K-클래식이 세계를 제패하는 낭보가 잇따라 날라들었다. 2022년 5월 29일 바이올리니스트 양인모가 핀란드 헬싱키에서 열린 장 시벨리우스 국제 바이올린 콩쿠르에서 한국인 최초로 우승했다. 이어 6월 5일에는 세계 3대 클래식 음악 콩쿠르 중 하나로 벨기에 왕실이 직접 후원하는 '퀸 엘리자베스 콩쿠르' 첼로 부문 최종 결선에서 최하영이 우승을 차지했다. 이 콩쿠르에서 한국인 우승자가 나온 건 2015년(바이올린 부문 임지영) 이후 7년 만이다. 이어 6월 19일에는 북미 최고 권위를 자랑하는 반 클라이번 국제 콩쿠르에서 임윤찬이 17세 나이로 60년 역사상 최연소 우승자로 이름을 올렸다. 다른 우승자들과 달리 외국 유학파가 아닌 국내파라는 데 주목을 하고 있다.

K-팝부터 영화, 클래식, 웹툰, 문학, 한식, 스포츠 등에 이르기까지

한국은 이제 변방의 비주류에서 벗어나 세계의 본류로 자리 잡고 있다. 이는 좁은 국내 시장에서 벗어나 끊임없이 세계 시장을 두드리고 도전한 결과다. 한국인의 숨어 있던 저력이 나오면서 한국적이면서도 세계 어디서나 통하는 보편적 경쟁력을 갖췄다는 평가가 나온다. 〈기생충〉과 〈오징어 게임〉에 이어 〈헤어질 결심〉, 〈브로커〉 등이 잇달아 호평받은 것은 스토리, 연기, 영상 등의 종합적 완성도가 글로벌 수준으로 높아졌기 때문이다.

여기에는 한류의 힘도 한몫한다. 박찬욱 감독은 기자들 앞에서 "한국 관객들은 웬만한 영화에는 만족하지 못한다. 장르 영화 안에도 웃음, 공포, 감동이 다 있기를 바란다."며 "관객들에게 많이 시달리다 보니 한국 영화가 이렇게 발전한 것 같다."라고 말했다. 손흥민은 잉글랜드 프리미어리그EPL 최종전에서 경기 종반 두 골을 터뜨리는 그야말로 극적인 장면을 연출하며 아시아 최초로 EPL 득점왕에 올랐다. 어려서부터 기본기만 7년을 다졌고, 부친의 감독하에 하루 슈팅 연습을 1,000여 번씩 했다고 한다.

치열한 경쟁과 노력 없이 나오는 스타와 히트작은 없다. 설령 있어도 오래 가지 못한다. 경쟁 속에서 창의적 혁신이 싹트고 힘이 길러진다. 스크린쿼터제의 보호막에 안주했다면 오늘날 한국 영화의 힘은 길러지지 못했을 것이다.

디지털과 융합된 떼창과 떼춤

범이 내려오니 절로 어깨가 들썩인다. 봐도 봐도 생소한 느낌인데 이상하리만큼 흥겨움과 익숙함에, 심지어 왠지 모를 감동까지 밀려온다. 7인조 밴드 '이날치'는 판소리와 대중음악을 결합한 1집 〈수궁가〉를 선보이며 주목받았다. 한국관광공사 홍보 영상으로 유명한 〈범 내려온다〉는 중독성 있는 선율과 독특하게 펼쳐내는 춤사위로 세계인들을 주목시켰다.

서울, 부산, 전주 등을 배경으로 댄서들의 빨간 슈트와 투구 그리고 색동옷과 다양한 모자와 어우러지는 선글라스 차림이 돋보인 홍보 영상은 유튜브 조회 수 3억 명을 돌파했고, 아날치 밴드는 '21세기 도깨비'라는 별명까지 얻었다. 이날치는 조선 후기 판소리 명창으로 서편제의 대표 소리꾼이다. 본명은 이경숙이지만 날쌔게 줄을 잘 탄다는 의미에서 예명으로 붙여진 것이 '날치'이다. 이날치 밴드는 반복되는 가사와 중독성 있는 멜로디로 세계인들까지 매료시켰다. 그야말로 '조선의 힙합'이 세계인들에게 주목받게 된 것이다.

#어깨가 들썩이는 범

현대 무용단인 앰비규어스댄스컴퍼니는 〈수궁가〉의 타이틀곡 〈범 내려온다〉 영상에서 독특한 춤을 선보이며 대중에게 각인되었다. '앰비규어스ambiguous(애매모호한)'라는 이름처럼 춤과 노래에 전통적인 느낌과 현대의 경계에 몽환적인 느낌을 잘 살렸다. 산에서 범이 내려오듯 '흥'과 '힙'으로 몰아가는, 느리면서도 빠른 템포를 오가는 동안 자연스럽게 몰입하게 만들었다. 4명의 소리꾼이 독창과 듀엣을 번갈아 가고 때론 중창으로 현대 악기의 리듬과 반주를 경쾌하게 넘나드는 모습은 신선한 문화적 충격을 주었다.

어느 순간 판소리가 랩이 되고, 자진모리장단은 댄스 비트가 되어 절로 흥이 난다. 얼핏 생각하면 어울리지 않을 듯한데, 판소리 고수의 추임새를 대신하는 베이스와 드럼은 어색하다고 느끼는 그 순간에 더욱 몰입하게 만들었다. 〈범 내려온다〉의 소리는 예측을 넘어서려는 순간마저도 기다려 주질 않고 순식간에 춤이 되어 빠져들게 한다. 현대무용의 춤사위와 촌스러움을 넘어선 힙한 의상으로 그들만의 독특한 매력을 발산했다. 대한민국 고유의 판소리를 한국 무용과 셔플과 힙합 그리고 스트리트댄스가 어우러져 하나가 되도록 연출했다.

떼창과 떼춤이 함께 어우러지는 공연에서 밀려오는 충격과 신선함은, 시간이 갈수록 그 강도가 더해지면서 자연스럽게 가슴에 파고드는 느낌을 주었다. 〈범 내려온다〉의 춤 자체가 노래를 이끌어 가고 그 노래는 자연스럽게 다시금 춤과 이어지며 어우러졌다. 갓과 선글라스를 쓴 의상이 시선을 끌어주고, 전통 양복바지에 고무신은 시간의 경계를 허물고, 한데 어우러지는 춤사위는 보는 이로 하여금 과거와 미래를 넘나들며 생각에 깊게 잠기게 한다.

2021년 도쿄올림픽 개최 당시 한국 선수단 숙소동에 '신에게는 아직 5,000만 국민들의 응원과 지지가 남아 있사옵니다'라고 적힌 현수막을 내걸었다. 이는 이순신 장군이 선조에게 올린 장계 중 '신에게는 아직 열두 척의 배가 있사옵니다'라는 문구를 응용한 것이었다. 이에 일본 극우 단체의 심한 반발로 인해 기존 현수막을 내리고 '범 내려온다' 현수막을 대신 걸었다. 결국 일본 극우 단체에 의해 도쿄올림픽에 한국의 범이 내려간 셈이 된 것이다.

문화 강국은 그 뿌리가 매우 튼튼하다. 당연히 그 기둥은 더욱더 튼튼할 수밖에 없다. 도쿄올림픽의 한국 선수단에 내걸린 범은 그 의미가 깊다. 일제 치하 '말살'을 위해 한국인과 한국의 정신과 혼에 겁을 먹어 산맥에 수천 개의 말뚝을 박고 한국의 호랑이마저 말살시켰던 그 역사적 사실을 뒤로하고 한국의 범이 일본에 내려간 것이다. 이는 매우 중요한 사건이다. 일본인들은 자신들이 과거에 저질렀던 만행을 트라우마처럼 떠올리게 될 것이기 때문이다.

Z세대가 이끌어 갈 세상

2021년 도쿄올림픽의 첫 금메달은 17세 김제덕의 차지가 되었다. 양궁 혼성단체전에서 김제덕과 안산, 두 선수가 예선 랭킹 라운드에서 각각 1위를 차지해 출전권을 획득한 것이다. 두 선수의 올림픽 출전은 의미가 깊다. 나이와 경력과 무관하게 오로지 실력만으로 본선에 올라 금메달을 안겨 주었다는 점에서 대한민국의 성숙도를 엿볼 수 있다. 무엇보다 인상 깊었던 것은 거침없이 도전하는 당찬 모습이다.

특히 경기 때마다 포효를 하며 긴장감을 조절하는 김제덕 선수의 모습에서 Z세대(1990년대~2010년대생)의 대범함을 엿볼 수 있었다. 탁구 선수인 17세 신유빈은 도쿄체육관에서 전형적인 한국인의 기질을 보여 주었다. '변칙 탁구'를 구사하는 룩셈부르크의 58세 니시아리안 倪夏蓮을 4대3으로 제압했다. 니시아리안은 중국 대표팀 출신으로, 2000년 시드니 대회부터 이번 대회까지 다섯 번째 출전하는 '백전노장'이다. 통상적으로 빠른 스피드의 상대에 익숙했던 신유빈은 니시아리안의 변칙 탁구에 당황했고 첫 세트를 2대11로 내주었다.

당시 안재형 해설위원은 "상대가 워낙 노련한 선수다. 많이 움직이지 않으면서 여우처럼 경기를 하고 있다. 공을 좀 더 끝까지 잡아 두고 쳤으면 좋겠다."라고 분석했다. 추교성 감독도 "상대 선수가 노련하고 변칙성 플레이를 하는 선수라 처음에 적응하기가 힘들었다."라고 말하며, 게임을 하면서 상대 구질에 적응하면서 자기 플레이에 자신감을 얻었다는 것이다. 신유빈 선수는 매 경기 집중력과 자신감을 잃지 않고, 니시아리안의 변칙 탁구를 분석하며 위기의 상황을 자신의 플레이로 만들어 버렸다.

도쿄올림픽의 이슈가 되었던 Z세대는 2000년대 후반부터 10대 시절을 보낸 세대로, 어려서부터 인터넷 이용이 가능한 이동식 기기(스마트폰, 태블릿 PC)를 접한 세대다. 즉, 인터넷이 언제 어디서든 접목되는 환경에서 자라면서 IT 기술에 익숙하고, SNS를 통해 자유롭게 소통하는 세대인 것이다. 컴퓨터 웹사이트나 스마트폰 애플리케이션에 익숙하기 때문에 소비 성향이나 성장 배경 등 많은 방면에서 이전 세대와 차이를 보이기에 기업들의 마케팅도 그 전략을 다르게 구사하고 있다.

대략 800만 명 정도의 Z세대는 '디지털 네이티브(디지털 원주민)' 세대로도 불리며, 상호 간에 관심사를 공유하고 콘텐츠를 스스로 생산하는 데 익숙하기 때문에 문화의 소비자이자 생산자 역할을 함께하고 있다. 이들 세대는 경제 호황기에 자란 탓에 구매력이 높고, 유행에도 민감하다. 부모들이 승용차나 가전제품을 살 때도 의사 결정에 영향을 주는 만큼 기업 입장에서는 소비 시장에 막대한 영향을 끼치는 세대로 인식하기에 Z마케팅 전략에 신경을 쓰고 있다. 애니메이션 영화 〈개미Antz〉를 제작했던 드림웍스사 관계자는 "Z야말로 새롭게 사고하고 독립적으로 행동하는 신세대를 대표하는 글자"라고 말하기도 했다.

《뉴욕타임스》는 Z세대가 주로 이용하는 제품에 알파벳 'Z'를 붙이는 새로운 마케팅 기법이 각광받고 있다고 보도하기도 했다.

#Z-속도

Z세대의 특징은 '편안함'과 '개성' 그리고 '현실성'이다. 의류의 경우 여유롭고 편안한 옷을 선호한다. 편안하게 대충 입은 듯하지만 개성이 있어야 하고, 서로 매치가 되지 않으며 지나치게 커 보이는 옷을 입고 아침부터 저녁까지 생활하는 것은 기본이다. 옷을 살 때도 광고가 아닌 친구나 동료 또는 친근감을 느낄 수 있는 인플루언서Influencer들의 말에 더 관심을 보인다. 태어나면서부터 늘 손에 들려 있던 것이 스마트폰이었기 때문에 마치 신체의 일부인 양 취급하며 세상의 정보를 넘나드는 것이다. 소위 '포노사피엔스'라고 불리는 세대가 바로 Z세대다. 이들의 특징은 한마디로 '9와1'이다. 기성세대가 9시간에 걸쳐 할 일을 이들은 불과 1시간에 해치우는 일이 빈번하며 자연스럽다. 그들은 도구 활용에 능하며, 다양한 정보의 접근 방식과 적절한 네트워크의 활용으로 보다 쉽고 빠르면서도 전문가 수준의 결과물을 창출해 낸다.

이들이 생각하는 좋은 직장이란, 단순히 급여만을 많이 주는 곳이 아니다. 무엇보다 중요시하는 것은 근로 장소와 근무 시간이다. 자유로우면서도 몰입해서 일할 수 있는 회사를 선호한다. 그다음으로 급여 수준과 조직 문화가 어느 정도 자신의 성향과 부합되어야 한다. 이전 직장보다 급여는 적은데 일은 더 많다. 그럼에도 일에 대한 만족도가 높다. 자신이 하는 일에 대한 가치를 중시하기 때문에 자신의 관심 분야에 대해서는 일을 더 하고, 밤을 새야 하는 것쯤은 오히려 즐거움으로 여기는 것이다. Z세대는 '워라블Work-Life Blending'을 중시한다. 일과 삶의 균형을 중시하는 워라밸과 다르게 일과 일상이 서로 어우러짐에 주목하는 것이다.

필자는 개인적으로 처음 '워라밸'이라는 말이 등장했을 때 공감이 되지 않았다. 일과 삶 자체를 분리하는 사고 자체가 한국인의 특징에는 맞지 않기 때문이었다. 그럼에도 일반화된 용어로 사용되다 보니 별다른 반론을 제기하지 않았지만, 드디어 '워라블'이 등장하기 시작한 것이다. 내가 좋아하는 일에 시간을 투자하고 결과를 만들어 가는 재미로 삶의 가치를 하나하나 쌓아 가는 과정에서 기업은 급여의 형태로 보상해 준다. 연봉 협상 자체를 거부하며 회사에서 줄 수 있는 역량이 되는 만큼 알아서 연봉을 결정하라고 했던 기억이 난다. 직장이 아닌 직업을 선택하는 MZ세대의 특성은 시대의 흐름이라고 치부하기보다는 그들의 가치관이 한국인의 본질에 맞게 진화하고 있다고 할 수 있다.

'회사 중심의 사고'란 반대로 보면 개인의 가치관과 사고를 그 안에 담아 두는 것을 의미한다. 반대로 '일 중심의 사고'란 개인의 가치관 안에 회사의 일부가 존재하고 있는 것이다. 매우 바람직한 방향으로 변화하고 있다. 그만큼 회사는 이러한 개인의 가치관을 존중해 주고, 이들과 함께하기 위해 보다 더 원대한 미션과 비전을 설정하고, 이를 함께 이루어 내는 데 주목해야 한다. Z-속도에 관심을 두고 따라가려 노력하는 것만으로도 조직의 방향 설정과 이를 탄탄하게 만드는 조직 문화는 시간이 지날수록 더욱더 정교하게 다져질 것이다.

왜 지금
한국인가
한류경영과 K-리더십

II

한류에 담긴
혼마음 리더십

1

홍익인간 이념과 방탄소년단BTS

홍익인간 이념과 BTS

'방탄 현상'은 앞으로 세상이 어떤 방향으로 나아가야 하는지에 대한 메시지를 분명하게 전달하고 있다. BTS의 전 세계적인 인기는 우연이 아니다. 그들은 2017년에 처음 미국 무대에 서서 새로운 역사를 써 내려가며, 궁극적으로 무엇이 중요한지에 대한 이야기를 들려주고 있다. 여전히 그 정점이 어디까지 도달할지 예측조차 하지 못할 만큼 매 순간 감동의 드라마와 역사를 스스로 만들어 가며 성장하고 있다.

BTS가 빌보드 싱글차트인 HOT 100에 1위로 이름을 올리게 되자, 그저 외국에서 인기 많은 아이돌 그룹 정도로만 알고 있던 사람들의 인식이 바뀌기 시작했다. 인종과 국가, 성별과 세대에 국한하지 않고 전 세계에 거대한 팬덤을 형성한 것이다. BTS에 관한 연구는 국내외를 막론하고 점차 그 범위와 규모가 커지고 있다. 석박사 학위 논문을 비롯하여 연구 논문과 각종 저서 등 다양한 형태의 연구 결과물이 쏟아져 나오고 있다. 영국 런던 킹스턴대학교에서 '방탄소년단 국제 학제 간 학술대회BTS Global Interdisciplinary Conference'가 열릴 정도로 세계가 그들을 주목하고 있다.

그동안 폭력적이고 억압적인 사회에서 비판받고 고통받는 이들에 대한 관심이 부족했다. 하지만 그들은 스스로 울림의 내면을 이끌어 내어 이를 승화시키기 위해 지독할 만큼의 연습량을 소화해 그들만의 진정성을 보여 주었다. 이렇게 형성된 공감과 연대를 통해 전달한 메시지는 팬들의 삶에도 커다란 영향을 주었다. 특히 2018년 유엔UN 연설에서 "당신이 누구이든, 어디 출신이든, 피부색과 성 정체성이 무엇이든, 당신 자신에 대해 말하세요."라고 말하며, 자신을 사랑하라는 메시지LOVE YOURSELF를 감동적으로 전달했다. 자신을 누구인지 분명하게 인식하고 이를 스스로 인정하며, 자신을 사랑할 수 있도록 응원함으로써 전 세계 수많은 사람에게 울림을 안겨 준 것이다.

#차별 없는 세상

'방탄 현상'은 앞으로 세계인이 무엇에 집중해야 할지에 대해 해법을 제시하고 있다. 수평적인 관계 속에서 관객들의 참여로 이루어지는 집단 지성이 또 하나의 새로운 공연 문화를 형성해 가는데, BTS의 팬덤인 아미ARMY가 그 방향성을 이해시키는 데 큰 역할을 했다. 그간 세계 음악 시장은 영국·미국 중심의 특정 집단이 장악하고 있었지만, 기존의 기득권에 균열을 만들어 낸 것이다. 뚫릴 것 같지 않았던 기득권의 문화 영역이 흔들리기 시작한 것 또한 '방탄 현상'이라 할 수 있다.

아미들과 함께 써 내려간 BTS의 역사는 소외된 사람들에 대한 지속적인 메시지로, 차별과 폭력이 없는 세상을 향한 진정성과 공감에 대한 그들만의 가치를 한 땀 한 땀 채워 나갔다. 노래와 뮤직비디오에 담겨 있는 의미를 이해하기 위해 아미들은 각자의 입장에서 문학과 심리학 그리고 철학에 대한 이해도를 높여 왔다. 스스로 자신들만의 관심사가 무엇인지를 자각하고 몰입하면서 또 다른 문화의 축을 완성해 나간 것이다.

BTS는 헤르만 헤세Hermann Hesse의 『데미안』을 비롯하여 에리히 프롬Erich Fromm의 『사랑의 기술』과 제임스 도티James Doty의 『닥터 도티의 삶을 바꾸는 마술가게』 등에서 영감을 얻었다고 한다. 이러한 이야기는 아미를 비롯한 많은 사람에게 문학과 예술에 좀 더 관심을 갖게 했다. BTS는 '차별 없는 세상'을 만들어 세계인들이 함께 공감할 수 있는 가치를 만들어 가며, 인류가 어떠한 방향으로 나아가야 할지에 대해 우리 스스로 고민해 볼 수 있도록 이끌어 가고 있다.

'한'과 '신명'으로 가치를 창출해 낸 BTS

한국 가요계는 1970년대 이전의 트로트와 1970년대 이후 미국 팝 영향을 받은 발라드로 나눌 수 있다. 1990년대에는 힙합에 영향을 받은 서태지 등이 있었고, 2000년대 초반 이후부터 K-팝이라는 하나의 장르도 만들어졌다. 그런데 여기서 주목해야 할 것이 있다. 그전과 달리 전 세계가 K-팝에 열광하고 있다는 것이다. 무엇이 달라졌기에 이처럼 전 세계가 열광하고 있는 것일까?

20세기까지 국악이나 아리랑 등의 민요, 트로트, 최신 가요는 한국의 '한'을 바탕으로 했다. 이러한 '한'의 영성이 21세기에 들어서면서 '신명'의 영성과 융합되면서 전 세계를 열광시키고 있다. 그렇다면 신명이란 무엇인가? 바로 함께 어우러짐을 통해 모두가 하나가 되어 만들어 내는 것이다. 한과 신명의 영성은 전혀 다른 면을 향하고 있는 듯하지만, 사실 아주 가까이에 존재하고 있다. 마치 동전의 양면, 손바닥과 손등의 관계와 같다. 신명의 영성은 그 내면으로 들어가면 한의 영성과 맞닿아 있다. 한은 내면에서 꿈틀거리며 한없는 에너지를 품어내고, 이를 표출해 내는 것이 바로 신명이다. 한의 영성은 깊숙한 내면의 울림이고, 이 안에 들어있는 울림은 내용이 되어 가사와 곡에 집중되었다. 특히 신명의 영성은 곡에 좀 더 집중되어 춤과 리듬으로 연결되어 있다. 그 리듬과 춤이 바로 K-팝과 어우러지면서 전 세계를 열광시키고 있는 것이다.

원래 한국인은 한과 신명의 민족이다. 여흥, 풍류, 노는 것을 즐기는 민족이다. 1990년대 한때를 풍미했던 클론의 노래 〈꿍따리 샤바라〉가 그 예 중 하나다. 그 노래 속에서 주축이 된 것은 한이 아니라 신명이었다. 이러한 신명은 이미 샤머니즘 속 무당의 굿에서도, 사찰의 위령제에서도, 교회의 부흥회와 통성기도에서도 일정한 리듬과 신들림으로 나타났다.

물론 BTS에 대한 전 세계적인 열광을 한과 신명으로만 해석할 수는 없다. 앞에서 언급한 대로 전 세계 젊은이들이 BTS를 자신의 삶에 투영해 공감하고 있기 때문이다. 처음 BTS가 힙합을 통해 음악을 풀어 갈 때만 하더라도 여러 아이돌 그룹과 별반 다르지 않았다. 하지만 다른 아이돌 그룹과는 달리 BTS는 자신들의 삶에서 자신만의 이야기를 끄집어내며, 모두가 공감할 수 있는 한과 흥의 정서를 전 세계 젊은이들의 삶에 접목시켰다. 진정성 있는 이야기로 그들의 고통에 공감하고, 그들의 열정에 희망을 더한 것이다. 노랫말에 이야기를 만들어 내고 이를 춤으로 표현하며, 깊은 감동을 끌어내는 그들은 소통 방법마저 독특하다.

전 세계 젊은이들은 처음엔 BTS의 춤과 음악에 매료되어 접근했지만, 이제는 자기 삶의 애환을 BTS 멤버들의 삶과 표정 속에서 찾고 있다. BTS 이전의 K-팝이 단순한 음악과 춤만으로 흥미를 끌었다면, BTS는 여기에 더해 '삶'이라고 하는 새로운 가치를 창출해 내고 있다. 그리고 한에 머무르지 않고 신명 나게 풀어 버리면서 스스로 소중한 가치를 만들어 냈다. 다시 말해, 그들이 가진 가능성의 힘을 이끌어 낼 수 있도록 한과 신명에 힙합의 춤을 융합하여 전 세계를 매료시키고 있는 것이다.

널리 세상을 이롭게 하는 BTS

삶을 살다 보면 어쩔 수 없는 일에 직면하곤 한다. '방탄소년단'이라는 이름은 수많은 어려움과 편견을 넘어서서 당당하게 자신의 목소리를 지켜내겠다는 의미를 담고 있다. BTS는 본래 이름인 'Bangtan Boys' 혹은 'Bulletproof Boys'의 줄임말이다. 이후 2017년, BTS의 공식 로고를 교체하면서 과거와 미래를 아우르는 개념으로 의미를 확장시켜 'Beyond The Scene(매 순간 청춘의 장면들을 뛰어넘는다)'이라는 의미를 추가했다. 〈Permission to Dance〉는 희망이 담긴 보라색 풍선을 날리며 코로나19가 종식되는 미래의 모습을 담아냈다. 보라색 풍선을 발견한 사람들은 BTS와 어우러져 어떠한 제약이나 구속도 없이 신나게 춤을 춘다. 국제 수화를 활용한 특별 퍼포먼스는 누구나 쉽게 따라 할 수 있는 동작으로 구현했고, 어려움을 함께 극복하자는 긍정적인 메시지를 담았다.

이러한 수화 퍼포먼스는 전 세계에 깊은 울림을 선사하며 그 누구라도 함께할 수 있다는 분위기를 연출했다. 〈Permission to Dance〉의 뮤직비디오는 처음부터 끝까지 밝고 경쾌한 분위기를 유지한다. 보는 이들에게 자연스럽게 기분 좋은 에너지를 불러일으켜 자신도 모르게 흥겨움에 취하게 만든다. 가사에는 10대와 20대 청춘들의 생각과 고민을 담아, 삶과 사랑 그리고 역경을 이겨 내며 꿈을 꾸고 이를 이루고자 하는 열망의 메시지를 전달했다. '널리 세상을 이롭게 하기'를 춤을 통해 표현한 것이다.

세계인들은 이미 BTS가 전하고자 하는 메시지에 주목하고, 이를 학문적으로 연구하는 데 몰두하고 있다. 앞으로 어떤 미래로 향하는 게 바람직한가에 대한 해답을 BTS에서 찾고자 하기 때문이다.

대한민국은 한 세기 안에서 식민 지배와 전쟁을 겪었지만, 그 모든 것을 극복하고 민주주의를 일구어 내며 꾸준히 성장하여 선진국 반열에 올랐다. 개발도상국 중 유일하게 제도적 개혁과 경제 성장을 이루어 냈다. 일본의 식민 지배와 6·25전쟁으로 모든 걸 잃고도 지금의 위상을 세운 대한민국에 세계인들은 주목하고 있다. 인류 역사상 우리를 제외하고는 그 유례가 없기 때문에 세계가 대한민국이 이룩하고 있는 모든 일에 집중하고 있는 것은 어찌 보면 당연한 수순이다.

자원이 없는 나라 대한민국이 생존을 위해 유일하게 선택하고 집중했던 것은 '교육'이다. 인적 자원을 경제 발전과 연결해 가며 성장한 한국인들의 원동력이 무엇일까? 그 정신적 자본은 어떻게 형성되어 왔으며, 그칠 줄 모르는 에너지의 원천은 무엇일까? 이제 세계가 이 해답에 주목하기 시작했다. 앞서 말했지만 한국인의 가치 체계를 지배하는 정신적 자본의 근간은 홍익인간 정신이다. 국가 간, 기업 간의 치열한 경쟁과 효율성만을 강조하던 시대가 현대 사회에 이르러서는 배려와 공감 그리고 소통에 관심을 두기 시작했다. 널리 인간 세상에 도道를 넘치게 하여 골고루 인간을 이롭게 한다는 홍익인간 사상은, 21세기 인류가 무엇에 대해 고민해야 할지에 대해 해법을 제시하고 있다. 이는 BTS가 추구하는 가치관과 상통한다.

#보편적 가치, 홍익인간

1964년에 설립된 유엔무역개발회의에서 개도국에서 선진국 그룹으로 지위를 변경한 것은 한국이 유일하다. 국제 사회에서 명실상부하게 선진국 반열에 당당하게 들어선 나라가 바로 한국이다. 어떻게 이렇게 기적 같은 일이 가능했던 걸까? 이는 근대화 과정에서 생긴 이념과 지역 간의 갈등 그리고 급속하게 성장하는 과정 중에 발생한 양극화와 정치, 경제, 사회 그리고 문화적 갈등을 모두 아우르는 사회적 통합의 결과다.

다행스러운 것은 우리에게는 계승하고 발전시켜야 할 정신문화 자본이 풍부하다는 점이다. 7,000년 이상 우리 고대사의 핵심적 가치로 이어져 온 홍익인간은, 대한민국 정부 수립 당시 교육의 기본 이념이 되었다. 홍익인간의 이념은 전 인류에게 적용될 수 있는 보편적 개념이기 때문이다.

코로나19로 인해 인간의 보편적 가치 개념이 상실되어 가는 때에도 현대 사회의 흐름을 이끌어 갈 핵심적이고 정신적인 가치 체계를 유지할 수 있었던 것은, 바로 한국인에게 깃들어 있는 홍익인간의 정신 덕분이었다. 세계인들이 BTS에 열광할 수밖에 없는 이유도 여기에 있다. 세계인들은 어떻게 이러한 결과를 만들어 갈 수 있었는지에 대해 더더욱 궁금해하기 시작했다. 한국인 내면의 깊은 정서에는 한이 서려 있지만, 이를 흥으로 승화시키는 문화의 기반을 가지고 있다. '널리 세상을 이롭게 한다'는 우리의 보편적 정서를 드러내고 있으며, 이를 또 다른 메시지로 승화시킨 BTS의 진정성에 '미래를 향한 강한 메시지'가 담겨 세계인의 가슴속에 큰 울림을 전하고 있는 것이다.

홍익인간 이념을 펼쳐 내는 BTS

홍익인간 이념은 대한민국의 건국 이념이자 통치 이념이며 정치 이념이다. 또한 교육 이념과 윤리 이념의 근간을 이루고 있다. 인간의 행복을 중시하고 봉사하는 보편적 인본주의와 인류 공영의 박애주의를 추구하는 홍익인간 이념은 인간의 자유와 존엄성을 중시한다. 한국인들은 타인의 이익을 존중하고, 적어도 남에게 피해를 주지 않기 위해 신경 쓴다. 모든 사람은 각자가 삶의 주인이며, 타인의 권리를 침해하지 않는 한 자신이 선택한 방식대로 삶을 살아가는 것이 당연하다.

가장 기본적인 자기애와 자기 이익을 무시하거나 배제하면, 사람들의 행동 동기가 사라져 경제 활동이 위축된다. 자기 이익을 배제하기보다는 그것을 인정하고 남에게 피해가 가지 않도록 하는 도덕적 제약을 가하는 것이 더 합리적이다. 그러한 면에서 홍익인간 사상은 자본주의의 시장 경제도 포함한다.

2021년, BTS는 미국 뉴욕 유엔 본부 신탁통치이사회 회의장에서 열리는 유엔아동기금UNICEF 행사에 참석했고, BTS를 대표해 리더 RM이 연설을 했다. 음악을 통해 젊은이들에게 'LOVE YOURSELF'라는 메시지를 전하는 BTS는 UN 연설에서 자신들이 추구해 온 가치를 이야기했다.

"BTS는 유니세프와 함께 'Love Myself' 캠페인을 시작했습니다. 진정한 사랑은 자기 자신을 사랑하는 것부터 시작한다는 믿음으로 만들어진 캠페인입니다. 유니세프와 파트너로 함께했던 'End Violence' 프로그램은 모든 폭력으로부터 아이들과 젊은 세대들을 보호하기 위함이었습니다. (중략) 제가 성취한 모든 것은 다른 BTS 멤버들이 옆에 있었기 때문에 가능했습니다. 또한 저희의 팬인 아미 여러분들이 저희를 사랑하고 지지해 주신 덕분입니다. (중략) 어제 저는 실수를 했을지도 모릅니다. 하지만 어제의 저도 여전히 저입니다. 오늘의 저는 과거의 실수들이 모여서 만들어졌습니다. 내일, 저는 지금보다 조금 더 현명할지도 모릅니다. 이 또한 저입니다. 그 실수들은 제가 누구인지를 얘기해 주며, 제 인생의 우주를 가장 밝게 빛내는 별자리입니다. 내가 누구인지, 누구였는지, 누구이고 싶은지를 모두 포함해 나를 사랑하세요. (중략) 저는 김남준이고, BTS의 RM이기도 합니다. 저는 아이돌이며, 한국의 작은 마을에서 온 아티스트입니다. 많은 사람처럼 저는 제 인생에서 수많은 실수를 저질렀습니다. 저는 수많은 단점을 가지고 있고, 더 많은 두려움도 가지고 있습니다. 하지만 저는 제가 할 수 있는 만큼 자신을 북돋고 있습니다. 조금씩 더 스스로를 사랑하고 있습니다. 여러분의 이름은 무엇인가요? 스스로에게 이야기하세요."

#널리 세상을 이롭게 하다

'널리 세상을 이롭게 한다'는 홍익인간 이념은 BTS가 추구하는 가치와 세상에 전하려는 메시지를 분명하게 담고 있다. 현대 사회의 급격한 변화는 18세기 중반 산업혁명에서부터 시작했다. 경제적 도약과 함께 자유와 기업가 정신 그리고 과학과 기술의 발전으로 시장은 확대되고, 노동의 분업과 전문화를 통해 기업의 경영 활동이 빨라진 시기다. 여기에 19세기에 걸쳐 일어난 정치, 사회, 정신적인 자유 혁명도 경제 발전을 가속화시켰다. 기업은 생활에 필요한 모든 것을 공급하기 위해 인적, 물적 자본을 융합해 재화와 용역을 생산하는 생산 주체가 되어 일자리를 창출하며 국가 경제를 이끌었다.

최근 전 세계 경영계는 물론 정부 역할의 핵심 화두는 'ESG', 즉 환경Environment과 사회Social 그리고 지배 구조Governance의 비재무적 요소다. 기업의 ESG 성과는 장기적 수익을 추구하는 투자자들의 의사 결정에 영향을 주고 있다. 지속 가능한 발전을 위한 기업과 투자자의 사회적 책임이 중요해지면서 세계적으로 많은 금융기관이 ESG 평가 정보를 활용하고 있기 때문이다. 2000년 영국을 시작으로 스웨덴과 독일, 프랑스, 벨기에, 캐나다 등 여러 나라에서 연기금을 중심으로 ESG 정보 공시 의무 제도를 도입하고 있다. 2025년부터 한국도 자산 총액 2조 원 이상의 유가증권시장 상장사의 ESG 공시 의무화가 도입되고, 2030년부터는 모든 코스피 상장사로 확대될 가능성이 높다. 이제 기업 경영에 있어서 비재무적 친환경 사회적 책임 활동의 지표 관리까지도 신경 써야만 한다. 일본의 이러한 흐름으로 인해 비로소 '인류 미래'에 대해 세계인들이 함께 그 심각성을 인지하게 되었다.

유럽은 제1차 세계대전의 쓰라린 고통을 겪은 이후, 서로를 견제하되 절대 선을 넘지 않는 선에서 각자의 역할을 충실히 하고 있다. 물론 전범국가인 일본의 경우 여전히 반성 없이 또 다른 전쟁의 불씨를 키우고 있지만, 이미 세계인들은 후대에 어떠한 미래를 남겨 줄지를 매우 심각하게 고민하고 있다. 그 대안으로 세계적 추세를 포용할 수 있는 이념이 필요하다.

러시아의 우크라이나 침공이 장기화되면서 많은 이의 목숨이 허무하게 사라져 가고 있지만, 우크라이나는 이들의 가치를 위해 끝까지 저항하고 있다. 세계의 질서는 여전히 혼란 속에서 영향력 있는 국가들의 위력에 의해 그 균형점이 무너지면서 누군가는 희생양이 되어 목숨을 잃어 가고 있다. 이러한 국제적 위기를 극복하고 인류의 평화를 이끌어 갈 수 있는 리더의 자리는 대한민국에 주어진 사명이라 생각한다. 다소 시간이 걸리긴 하겠지만 우리는 단시간에 여기까지 달려왔고, 이제 때가 되면 세계인들 가슴속에 '널리 세상을 이롭게 한다'는 홍익인간의 가치를 심어 주며 세계의 평화를 유지하는 문화 강국으로서 그 역할을 수행할 대국이 될 것이다.

팬덤 아미|ARMY의 저력

　K-팝은 이전에는 전혀 상상하지 못했던 모습으로 성장했다. 세계인들은 이에 주목하며 학문적 연구를 통해 미래의 방향을 제시하는 데 집중하고 있다. 이러한 현상의 중심에는 진화하는 '팬 문화'가 자리 잡고 있다. 현재 국내의 팬덤 활동은 기존에 우리가 알던 수준을 훨씬 뛰어넘는다. 기존의 팬들이 스타를 선망하고, 추종하고, 닮으려는 존재였다면 2010년 이후 팬들은 아티스트와 상호 작용하며 의사소통하려하고, 보다 능동적으로 개입하면서 소비뿐만 아니라 유통을 하는 미디어 역할까지도 담당하고 있다.

　이처럼 팬덤 리더십 발휘를 위해서는 집단 구성원들의 '자발적인 신뢰'가 매우 중요하다. 상대방의 마음을 움직여 스스로 공감하고 함께 참여할 수 있는 지속성의 힘은 곧 신뢰를 만들어 낸다. 강하면서도 포용할 줄 하는 따뜻한 카리스마 리더십은 서로의 마음을 알아주며 유머로 소통하는 분위기를 연출해 낸다. 적당 선에서 경직을 풀어 주고 상호 간의 포용력도 높인다. 자연스러운 유머를 구사하는 리더에게는 품위와 아량 그리고 포용력과 여유를 느낄 수 있다. 독단적·직선적 카리스마로 상징되는 과거의 리더십은 저물고, 나눔과 공유에 가치를 둔 리더십이 더 공감 가는 이유다.

　여기에 요즘 발생하는 현상이 '팬덤 현상'이다. 디지털의 발달로 시공간의 제한 없이 의견 표출이 가능해졌고, 인터넷 네트워크는 '팬덤'이라는 새로운 문화를 생산했다. 팬덤은 특정한 인물이나 분야를 열정적으로 좋아하는 사람들 또는 그러한 문화현상을 이르는 말이다. 팬덤 현상은 정치, 경제, 사회, 문화 등 다양한 분야에 결정적인 영향을 끼치고 있다. 이에 다수의 사람이 '팬덤'을 쫓는다. 포노사피엔스로 디지털 문명의 개화를 주창하는 성균관대학교 최재붕 교수는 '팬덤'이 중요해진 이유를 "디지털 사회에서 성공의 비결은 팬덤인데 이는 소비자가 권력을 갖게 되기 때문"이라고 했다.

BTS의 팬덤인 아미를 보면, 하나의 거대한 덩어리에 국한되는 것이 아니라 그 안에서 각자의 관심사에 따라 서로 다른 독특한 움직임이 일어나고 있음을 알 수 있다. 그들은 다양한 소셜미디어 활동을 통해 국내는 물론 해외와 연결되어 본인만의 활동을 전개하고 있다. 단순히 BTS의 음악이 좋다는 반응을 넘어 BTS가 추구하는 철학과 구체적인 메시지에 반응하고, 이를 실제로 구현해 냄으로써 자신만의 정체성을 확립해 나간다. 이는 BTS의 일관성 있는 메시지에도 큰 영향을 받고 있다. 현실과 부딪치며 성장하고 이를 통해 스스로 성찰하고 치유해 가는 과정에서 공감을 이루어 낸다. 또한 상호 연대를 통해 세상에 긍정적인 메시지를 전달하고, 가시적인 활동을 통해 스스로 아미임을 강조하는 것이다. 이러한 아미의 영향력에 세계 전문가들이 주목하고 있다.

학문적 연구 대상으로까지 되고 있는 K-팝의 영향력은 시간이 갈수록 커지고 있다. 이는 K-팝이 한국만이 아니라 국제적이고 초국가적인 현상으로 평가되고 있다는 것을 의미한다. 하위문화로 인식되던 K-팝이 광범위한 영향력을 미치고 있는 것이다. K-팝의 매력은 춤에 있다. K-팝 음악을 이해하는 가장 손쉬운 방법이 춤이기 때문이다. 전 세계 팬들은 K-팝을 들으면서 자신도 모르게 춤에 빠져들고 K-팝이 갖는 정체성에 공감하게 된다.

한국어로 된 콘텐츠는 언어의 장벽 때문에 세계 시장으로의 진출이 어렵다. 하지만 언어의 장벽을 뛰어넘는 게 바로 음악이다. 팬들이 직접 자신이 좋아하는 가수의 뮤직비디오나 공연을 감상하는 자기 모습을 찍어 올리는 영상이 빠르게 확산되면서 다양하고 복합적인 소통이 일어나고 있다. 팬들이 아티스트의 성장을 돕는 조력자 역할을 하고 있는 셈이다. BTS는 이러한 팬 문화를 이끄는 아미와 함께 성장하고 있다.

디지털 혁명 시대와 방시혁의 리더십

새 앨범이 나올 때 음원과 함께 동시에 공개되는 것이 하나 있다. 바로 뮤직비디오다. 뮤직비디오에는 그룹의 활동 방향과 콘셉트를 비롯해 분명한 메시지를 담아야 한다. BTS의 제작자이자 미국 음악 매체인 빌보드 '파워리스트'에도 이름을 올린 방시혁은 뮤직비디오의 퀄리티에도 매우 신경을 썼다. 뮤직비디오는 팬들이 음악을 더욱 쉽게 접하고 이해하고 공감하며 함께 어우러질 수 있게 하는 수단이기 때문이다. 듣는 음악에서 보이는 음악을 만들어, 멤버 각자의 개성과 함께 어우러지는 강력한 메시지를 전달하는 데 집중했다. 매력적인 외모뿐만 아니라 음악과 춤이 어우러진 놀라운 수준의 무대 퍼포먼스를 선보였다. 이를 연출해 내는 완성도 높은 뮤직비디오와 글로벌 트렌드를 반영한 음악에 집중하고, '토털 패키지'를 만들어 차원이 다른 수준을 보여 주었다. 무엇보다 대단한 건 멤버 각자의 스토리라인을 완벽하게 만들어 냈다는 점이다. 자신들의 이야기와 자발적 참여를 통해 진정성을 담아내고, 완벽한 무대를 펼치는 과정을 팬들과 공유함으로써 자연스럽게 성장하는 모습이 아미를 만들어 냈고 더욱더 확장시켰다.

BTS의 성공 원인을 분석해 보면 리더십을 빼놓을 수 없다. 방시혁 대표의 리더십 가운데 가장 중요한 부분은, 단순히 경영진에서 결정한 노래와 춤을 그대로 재현하는 것이 아니라 BTS를 독립적으로 의사 결정을 하는 '예술가Artist'로 키웠다는 점이다. 방시혁 대표는 멤버들의 역량을 키우기 위해 노력했고, BTS의 메시지로 전 세계인들에게 감동을 주는 예술가로 키우는 데 집중했다. 각자의 강점을 최대한 발휘할 수 있도록 여건을 마련해 주었다.

좋은 경영자가 되기 위해서는 구성원들이 스스로 맡은 일에 몰입하여 성과를 내야 한다. 일의 성과란 스스로 얼마나 역량을 개발하고 성장하면서 맡은 일에 최선을 다하느냐에 달려 있기 때문이다. 경륜이 많고 시야가 넓은 경영자들은 부하 직원들이 당장 만족할 만한 역량을 갖추지 못해도 질타하지 않는다. 리더가 질타하고 정답을 알려 준 뒤 강압적으로 지시를 내리는 순간, 부하 직원들은 입을 닫고 이들의 잠재력은 사장된다는 점을 잘 알고 있기 때문이다. 특히 가치를 중시하는 MZ세대들에게 강요하는 것은 오히려 심각한 역효과를 초래할 수 있다. 그들은 이러한 조직적 분위기에서 버티어 낼 생각이 없으며, 자신의 역량을 펼칠 수 있는 회사를 쉽게 찾아 나선다.

항상 그래 왔지만 리더가 어떠한 리더십을 발휘하느냐는 지속 경영과 성과 창출에 매우 중요한 축이다. 방시혁 대표는 디지털 혁명 시대에 맞는 리더십을 발휘했다. 멤버들에게 무한 신뢰를 주면서 끝까지 믿어 주고 기회를 주며, 진정성을 가지고 소통하는 데 주력했다. 멤버 각자의 특징을 이해하고 다양성을 존중하며, 자신의 강점을 마음껏 발휘할 수 있도록 코칭 리더십으로 이끌어 준 것이다. BTS가 바로 그 리더십의 좋은 결과라 할 수 있다.

2

한류에 담긴 한국인의 저력

극단을 끌어안는 한국인의 저력

'극단'이란 어떤 일이나 현상이 끝까지 진행되어 더 이상 나아갈 데가 없는 마지막 상태를 가리킨다. 한국인은 극단적인 것을 품어 안는 특이한 습성이 있다. 이질적인 것을 품어 자연스럽게 내 것으로 만든다. 다른 나라에서는 비슷한 사례를 찾아보기 힘들다. 가히 한국인만의 특질임이 분명하다.

한국인은 기질과 사상, 종교적인 배타성이 뚜렷하다. 그럼에도 불구하고 비교적 안정적인 상태를 유지하고 있다. 이는 전 세계적으로 유례없는 일이다. 성실함에서 표출되는 '빨리빨리' 습관은 근면함과 더불어 조급함도 갖는다. 어떠한 상황이든 한국인은 긍정적인 면과 부정적인 면을 동시에 추가하려는 경향이 있다. 이는 한국인이 갖는 '극단의 수용적 태도'가 만들어 낸 현상이다. 이러한 극단적 성향은 한과 흥에 잘 나타나 있다.

#극단의 기질

한국인의 독특한 정서인 '한'은 억눌림에서 시작되었다. 이 한에는 억눌려 살아야만 했던 약자의 원망이 녹아 있다. 이는 한국인 정서에 깊이 스며든 슬픔의 정서다. 하지만 이러한 정서가 다른 국가와 다른 점은, 그 안에 '복수심'이 없다는 것이다. 특히 중국이나 일본의 역사에서 자주 등장하는 '복수의 칼날'이 없다. 그렇기 때문에 가슴에 응어리진 한을 풀지 못하면 '화병'에 걸리곤 한다. '흥'은 극단적으로 '한'의 반대편에 서 있다. 억눌린 한을 풀어내는 강한 에너지를 발산한다. 흥에 차면 마음이 들뜨고, 신명이 저절로 난다.

이러한 한민족의 흥은 중국 진나라의 진수가 쓴 『삼국지위서』와 『동이전』에서도 찾아볼 수 있다. "동이 사람들은 농사 절기에 맞추어 하늘에 제사하고 밤낮으로 음주가무를 즐겼다.", "백성들은 노래와 춤을 좋아해 나라의 읍락에서는 밤이 되면 남녀가 무리 지어 모여들어 서로 따르며 노래하고 춤춘다."라는 기록이 있다. 한국인의 특징을 설명할 때 빼놓지 않는 것이 바로 '음주가무'다. 남녀노소 할 것 없이 길에 나와 밤낮으로 노래했다는 기록을 곳곳에서 찾아볼 수 있다. 따라서 흥의 문화가 몸에 배어 있는 한민족이 세계 음악 시장을 이끌어 가고 있는 것은 예견된 일이다.

한국인의 극단적 기질은 대척점에 있는 것들을 끌어당겨 서로를 넘나들기도 하고, 마당놀이를 하듯 중간 지대를 형성하여 관조하는 여유를 부리기도 한다. 슬픔의 정서인 '한'과 신명을 즐기는 '흥' 사이를 오가는 역동성은, 빨리빨리의 기질과 긍정적이고 낙천적인 흥의 문화를 유지하고 있다. 끈기 있게 몰입하면서도 상황에 따라 빨리빨리의 기질을 발휘하여 순간적인 융합을 이루어 내며, 탁월한 문제 해결 능력과 창조력을 발휘한다. 한국인은 결코 어느 한쪽에 완전히 치우치지 않는다. 상황에 따라 적절하게 중도를 선택하는 타고난 심성을 가지고 있다.

내면에 극단적인 요소를 강하게 품고 있지만, 상황이 여의찮으면 그것들을 종합하여 바라보고 성찰해 내는 탁월함을 가지고 있다. 예컨대, 교회를 다니면서 제사를 지내는 가정이 많다. 불화가 있는 경우도 있지만 대체로 종교적 차이마저 수용하며 현실에 적응한다. 다양한 종교가 함께 공존하면서도 종교 분쟁이 없다. 다양성을 수용하고 스스로 타협점을 찾아 부정적으로 흐르는 것을 막는 이러한 능력은, 한국인만이 갖는 특수성이라 할 수 있다.

흉내 내기 어려운 한국인의 특성 중 하나는, 빨리빨리 하면서도 정교함을 유지해 높은 성과를 낸다는 점이다. 일하는 시간이 많은 만큼 노는 시간도 많다. 그러면서도 높은 성과를 낸다. 도대체 잠은 언제 자는 것인가?

세상이 디지털화되면서 그 변화의 속도가 더욱더 빠르게 전개되고 있다. 한국인의 기질은 이러한 변화에 한층 더 뚜렷하게 발휘된다. 한국인은 모르는 것이 있으면 이를 알려는 호기심이 강하다. 게다가 한번 도전하면 어떻게든 끝장을 보려는 근성이 강하다. 빨리빨리 하는 기질이 간혹 문제를 일으키는 경우도 있지만, 은근과 끈기의 기질은 지금과 같은 디지털 시대에 세계 시장의 중심에 서게 한 발판이다. 이 글을 읽고 있는 지금, 한국인들은 극단의 수용을 통해 발휘되는 탁월한 문제 해결 능력으로 인류가 나아가야 할 방향을 제시하며, 그 역할을 수행하는 데 유리한 고지에 서 있다.

다종교 사회가 유지되는 한민족

세계 강대국들이 패권을 놓고 경쟁하는 것을 보면, 이들이 인류를 이끌어 가기에는 턱없이 부족하다는 걸 느낀다. 대부분의 국가가 차별과 배척의 문화를 유지하고 있기 때문이다. 인종 차별로 심각한 갈등에 휩싸이거나 개인의 자유를 박탈하면서까지 권력을 유지하거나 침략의 기질이 타고난 집단의 성향을 띠고 있다. 국가 간의 지나친 긴장과 분쟁은 결국 바다를 항해하는 배의 밑바닥에 스스로 구멍을 내는 것과 같다.

이제 인류는 한목소리를 내며 미래를 걱정하고 살피지 않으면 그 결과가 어떻게 될지 뻔히 알고 있다. 진정한 리더가 필요한 시기다. 미래를 향한 지금, 그 대범함과 탁월한 전략 그리고 실행력을 발휘할 누군가의 역할이 절실하다. 인류를 한 방향으로 이끌 수 있는 리더는 한국뿐이다. 다양성을 수용하는 데 익숙하고, 서로 간의 타협점을 찾아 올바른 방향을 제시할 수 있는 글로벌 리더십을 발휘할 유일한 나라이기 때문이다. 종교 분쟁은 수많은 사람의 목숨을 앗아 갔다. 편협한 이념과 신념 그리고 종교의 이기적 행태는 사람으로 하여금 어두운 방구석에 쪼그리고 앉아 주문을 외우며, 혼자 웃고 혼자 울게 하고 있다. 편협한 희열에 감동을 받아 전 재산을 쏟아붓게 하는 마력을 발휘한다.

하지만 대한민국은 어떤가? 한 가지 종교를 선택해서 신앙생활을 하지만, 자신도 모르게 다양한 종교의 속성을 일부 받아들이며 공존한다. 그동안 한국의 정치와 문화의 이념을 지배해 왔던 유교를 비롯하여 불교와 기독교뿐만 아니라 토속적인 무속이 생활 곳곳에 자리 잡고 있다. 다종교 사회가 이렇게 안정적으로 유지되는 나라는 전 세계 어디에도 없다. 각각의 종교적 속성이 다름에도 서로 배척하지 않고 적절한 수준에서 공존하고 있다. 이는 한국인이 '극단의 수용성'을 갖고 있기 때문이다.

#수용의 민족

극단을 수용하는 한민족은 새로운 사상과 철학 그리고 디지털 혁명의 변화를 수용하고 적응하는 데 탁월함을 발휘하고 있다. 휴대폰과 자동차, 조선, 석유화학제품, 건설, 가전제품 등 다양한 분야에서 세계 최고 수준에 올라서 있다. 정보통신 사회를 이끌어 가는 한국인의 원동력은, 극단의 상황에서 어느 한쪽에 치우치지 않고 적절한 조합과 융합을 이루어 내는 탁월함에 있다. 4차 산업혁명 시대에서 적응하기 위해서는 빨리빨리 하면서도 완전하게 만들어 놓아야 한다. 한국인은 다양성을 존중하고 인정하며, 빠르고 급한 성격과 은근과 끈기의 특질을 가지고 있기에 지금의 위치에 있는 것이다.

수많은 기업이 다양성에 집중하는 이유는 간단하다. 재무적인 성과에 직접적인 영향을 주고 있다는 것을 경험으로 알고 있기 때문이다. 보스턴컨설팅그룹BCG의 조사에 따르면, 경영진의 다양성 수준이 평균 이상인 경우 평균 이하인 기업에 비해 수익이 19%, 영업 이익은 9% 더 높았다고 한다. 단순하게만 생각해 봐도, 다양한 배경과 경험을 가진 사람들이 함께 모이면 더 나은 의사 결정을 통해 고객에게 더 좋은 상품과 서비스를 제공할 수 있다는 걸 알 수 있다. 한국 기업들은 기존 세대와 MZ세대가 겪고 있는 갈등을 이겨 내는 과정에서 더 탄탄하게 성장하는 기회를 만들어 갈 것이다.

한국인 고유의 정서 '한恨'

'한'은 가장 한국적인 슬픔의 정서를 나타내는 말이다. 일반적으로 한은 인간의 욕구나 의지가 좌절됨으로 인해 편집적이고 강박적인 마음의 자세와 상처가 의식적 또는 무의식적으로 복잡하게 얽혀 나타나는 것을 의미한다. 하지만 한국적인 한의 정서를 한마디로 표현하는 데는 한계가 있다. 분명 음의 기운이지만 어느 순간 굉장한 에너지가 되어 양의 기운을 내뿜는다. 독특하게도 이러한 한국 고유의 한은 다른 나라에서는 찾아보기 힘들다. 중국과 일본에는 한은 없고 오로지 원恕, 寃만 있다. 중국 고전으로 대표되는 『논어』나 『맹자』 그리고 『대학』과 『중용』 등에는 '한'이라는 말이 없다. 이들이 풀어내는 말에는 '원'만을 품고 있다.

인류 문화사의 단골 주제인 원한과 복수에 대한 이야기는 「햄릿 Hamlet」, 「몽테크리스토 백작Le Comte de Monte-Cristo」, 「장화홍련전」 등 동서양을 막론하고 원한과 복수를 다룬 문학 작품은 부지기수이며 문제를 풀어내는 방식 또한 매우 다양하다. 「햄릿」에서 주인공 햄릿은 아버지를 죽인 숙부와 어머니에 대한 원한으로 복수를 결심하지만 결국 자신도 죽음을 맞이한다. 「몽테크리스토 백작」은 억울한 누명을 쓰고 감옥에 갇혔던 에드몽 당테스가 극적으로 탈출하여 자신을 불행하게 만든 사람들을 대상으로 치밀한 복수를 한다. 「장화홍련전」은 계모의 학대로 죽은 장화와 홍련의 원혼이 부사에게 나타나 자신들의 억울함을 호소하자 부사가 사건을 해결한다는 내용을 담고 있다.

중국의 원한은 다분히 현세적 명분론에 치우쳐 있다. 「삼국지」나 「열국지」처럼 처절한 복수극의 연속이다. 원에는 원으로 대하라는 공자의 입장은 오로지 원풀이에 한정되어 있다. 여전히 중국인들의 내면에 '복수심'이 자리 잡고 있는 이유이기도 하다. 서양은 어떠할까? 영어로는 'regret(유감)', 'resentment(분함)', 'rancour(앙심)'이라는 단어가 있으나 그 의미는 '한'과 전혀 다르다.

'한'이 유독 우리 민족에 뿌리 깊이 스며든 이유는 무엇일까? 우리는 내란과 외침 그리고 이를 스스로 극복했던 민란의 역사를 가졌다. 잦은 내란과 외침으로 백성들은 하루도 마음 편할 날이 없었다. 유교 중심 사상은 천민과 노비를 양산했고, 백성들의 마음속엔 원과 한의 정서가 뿌리 깊게 안착했다. 가학적인 사대부의 횡포는 민중을 수탈했고, 지독한 가난은 민중의 한이 되었다.

우리 민족은 민요와 판소리, 종교를 통하여 스스로 이를 극복하기 위해 힘썼다. 현실의 고통에 무기력하게 반응하거나 체념하지 않았다. 하지만 그렇다고 가진 자들에게 날을 세우지도 않았다. 익살과 웃음으로 고통과 갈등을 극복하며 '해학諧謔'을 즐겼다. 뿌리 깊이 박힌 한을 어떻게든 풀어 보려는 노력을 절대 포기하지 않았다. 우리만의 고유한 정서인 '한'은 그 과정에서 민족의 해학을 만들어 냈다. 서민들은 일상 생활에서 민요와 판소리를 통해 한과 더불어 해학을 즐겼다.

굿판에서는 무당이 서러운 푸념과 넋두리로 울음바다를 만들다가도 이내 익살과 육담으로 구경꾼들에게 웃음을 주었다. 우리에게 익숙한 「흥부전」에서도 흥부 일가의 가난 묘사에 과장과 익살은 빼놓지 않았다. 「춘향전」에서는 방자의 익살이 카타르시스catharsis를 준다. 고통스러운 내란과 외침에 대항하고, 유교 사상에 떠밀려 천민과 노예의 삶 속에서도 여유와 풍류만은 잃지 않았다. '한'의 정서를 해악으로 풀어내려는 노력이 고유의 정서로 자리 잡은 것이다.

신명은 한국인의 DNA이자 밈Meme 현상

최근 서양의 과학계에서는 DNA나 미생물같이 자기를 끊임없이 복제하면서 인간 내면의 마음이나 문화에 영향을 주는 의식의 구성 요소에 대한 새로운 이론을 제기하고 있다. 진화생물학자인 옥스퍼드대학교 교수 리처드 도킨스Richard Dawkins가 그의 저서 『이기적 유전자』에서 전해 주는 '밈'이 그 핵심 내용이다. '밈'이란 생물학적 유전자gene처럼 개체의 기억에 저장되거나 다른 개체의 기억으로 복제될 수 있는 '문화적 유전자'를 의미한다. 스스로 복제하고 널리 전파하면서 진화한다는 점에서 생물의 유전자와 닮은 점이 많다.

〈아리랑〉이란 곡을 예로 들어 보자. 미상의 작자가 이 곡을 만들었다. 작자가 같은 동네 친구에게 이 곡을 들려줌으로써 〈아리랑〉은 친구라는 매개체를 통해 자기 자신을 복제했다. 그 친구는 주위 사람들에게 이 곡을 들려준다. 그럼으로써 더 많은 사람이 〈아리랑〉이란 곡을 알게 되었다. 〈아리랑〉이란 곡을 만든 작자와 친구가 죽더라도 이 노래는 사라지지 않고 계속 전파된다. 게다가 밈은 돌연변이도 일으킨다. 이 곡을 들은 진도에 사는 사람은 기억나지 않는 부분을 보완해서 '진도아리랑'이라는 제목으로 자기 동네 사람들에게 전파한다. 〈아리랑〉의 종류는 약 60종, 3,000여 개로 알려졌는데, 이는 돌연변이를 일으킨 것이다. 이와 같이 밈이란 DNA와 같이 새로운 개념의 '자기 복제자'를 뜻하는 말이다.

자, 그렇다면 앞에서 말한 우리의 문화적 유전자 '신명'이나 '신바람'이란 무엇인가? 우리말인 '신명'의 사전적 의미는 '흥겨운 신이나 멋'이다. '신'은 어떤 일에 흥미나 열성이 생겨 매우 좋아진 기분을 뜻한다. 우리가 자주 사용하는 '신바람 난다'의 '신바람'은 '신이 나서 우쭐우쭐해지는 기운'으로 정의할 수 있다. '신명'은 역동적이고 생명력 넘치는 한국인만이 가지는 소중한 에너지다. 흔히 '신난다', '신명 난다'라는 표현을 자주 쓰는데, 그 특성은 크게 세 가지로 나누어 볼 수 있다.

첫째, 신명은 감정을 억제하기 어려울 정도로 특별한 경험을 하게 한다. 흥분된 상태, 환호, 격한 기쁨과 환희, 감격, 감동으로 일상적으로는 느끼지 못하는 경험, 즉 '통제할 수 없는 무아지경의 황홀함'을 느끼며 그 일에 몰입에 해당한다.

둘째, 신명은 주위에 복제되고 빠르게 전이되는 특징을 가지고 있다. 그래서 '신바람'이라고 불리기도 한다. 사물놀이나 풍악놀이를 보라. 한두 사람에서부터 시작해 어느 순간 모여 있는 사람 모두가 어우러져, 모르는 사람끼리도 같은 장단에 어깨를 들썩이며 신나게 즐긴다. 집단에서의 공동체 의식과 공감이라는 요소가 내포되어 '우리는 하나'라는 동질 의식, 집단적 경험을 갖게 해준다.

셋째, 신명은 논리나 이성을 뛰어넘는다. 불가능해 보이는 것들을 가능하게 만드는 초인적인 에너지가 발휘되는 무한 에너지다. 2002 한일 월드컵에서 보여 주었듯이 논리적인 설명이나 이론으로는 이해되지 않는 경우가 많다. 한강의 기적도 마찬가지다. 이러한 모든 것은 우리의 간판 문화 유전자인 '신명'이 있었기에 가능했다. 다시 말해, 아무도 사전에 예측할 수 없을 정도의 놀라운 성과를 이끌어 내는 원동력이 바로 신명인 것이다. 끊임없이 기적을 만들어 낼 수 있는 유전자와 에너지가 5,000만 한국인의 핏속에 흐르고 있다.

앞으로는 기업에서도 밈에 주목해야 한다. 이러한 밈 현상은 인터넷이나 유튜브 같은 SNS를 통해서 시공간을 넘나들고 빛의 속도로 전파되어 더욱 파괴력을 갖는다. 더구나 MZ세대들은 이러한 현상에 더욱 민감하게 반응한다. 앞에서 언급한 BTS의 성공 사례도 이 현상 중 하나이며, 아미의 팬덤 현상을 보면 쉽게 알 수 있다. 한류도 같은 원리로 이해하면 설명이 쉬워진다.

끝까지 도전해야만 직성이 풀리는 한국인

위기나 큰 사건이 발생할 때마다 한국인들은 세계인들이 상상할 수 없을 정도로 강력한 결집력을 발휘한다. 역사적인 사건의 면모를 살펴보면, 대부분이 자발적으로 희생하고 배려하며 저력의 역사를 만들어 왔다. 평소엔 모래알처럼 흩어져 각자의 일에 충실하다가도 위기 상황이 닥치면, 그동안의 갈등은 뒤로한 채 함께 똘똘 뭉쳐 위기를 극복하고 환희의 즐거움을 함께 나누는 데 익숙하다.

기업의 조직 문화는 어떠한가? 경영 방향에 대해 공감대를 형성하고, 스스로 목표를 설정하게 하고, '함께'라는 한마음 의식을 갖게 하면, 목표로 향하게 하는 강력한 추진력이 만들어진다. 하지만 반대로 공감대를 형성하지 못하면 독립적인 존재로서 자신의 역량을 최대한 발휘하는 데 매우 소극적인 태도를 보인다. 그렇기 때문에 한국인의 기질을 이해하고 이를 잘 활용하면 모두의 에너지를 결집해 낼 수 있다.

끝까지 도전하지 않고서는 직성이 풀리지 않는 한국인의 기질을 고려하여 조직 문화를 형성해 가는 것은 매우 중요하다. 한국인의 기본적인 성향인 '집중'과 '몰입' 그리고 '끈질김'을 선택적으로 이용하면 이루지 못할 일이 없다. 위기가 닥칠 때마다 포기하지 않고 어떻게든 다시금 일어난 민족의 역사적 기록은 수도 없이 많다. 이러한 기질을 잘 활용한 대표적인 사례로는 앞에서 언급한 BTS의 성공 스토리를 들 수 있다. 우리는 자신이 집중하고 몰입하는 것에 흥미를 느끼며, 그것을 만들어 가는 과정과 결과로 희열을 느끼고, 공감하며 서로가 환희를 외치는 것에 익숙하다.

한국인은 뛰어난 분석력으로 정확하게 판단하고, 옳은 길이라고 여겨지면 과감하게 도전하고, 과거에 연연하지 않고 두려움 없이 빠르게 변화한다. 역사를 만들어 가는 과정에서는 변화하는 것이 살아남기 위한 본능이 되기 때문이다. 나와 전혀 달라도 상대방의 다름을 인정하고, 스스로 희생을 선택하기도 하며, 자연스러운 배려심이 갖추어져 있다. 스스로 주체가 되어 의사를 결정하는 것에 익숙하다. 한국인은 창의적이고 독창적인 일을 맡기면 고도의 집중력을 발휘한다. 따라서 기업을 경영하거나 국가를 운영할 때는 이러한 한국인의 마음을 이해하고 공감을 통해 함께 이루어 가려는 자세가 필요하다.

#과감한 도전의 힘

궁극적으로 한국인들은 자기가 하고 있는 일이 고객의 만족을 위한 일이 되어야 하고, 자기 스스로 일의 주인이 되는 것을 무엇보다 중요하게 여긴다. 다시 말해 애사심보다는 일에 대한 몰입을 통해서 고객을 만족시키는 것에 희열을 느끼고, 스스로 성장해 가는 모습 속에서 조직에 대한 애사심이 형성된다. 그렇기 때문에 변화무쌍한 환경 속에서 스스로 목표를 설정하고 능력을 최대한 발휘할 수 있도록 조직적 분위기를 조성해 주는 것이 무엇보다 중요하다. 한국인은 어떠한 경우에도 변화에 능하고, 집중과 몰입에 탁월함을 보여 왔다. 차분히 시간을 두고 설득하고 감성을 자극해서 함께 으쌰으쌰 할 수 있는 역동성을 이끌어 내, 천부적으로 가지고 있는 자질을 꺼내도록 하는 것이 경영의 기본이며 한류경영의 핵심이다.

이제는 무엇에 집중해야 할까? 이전의 사고방식과 행동방식은 21세기에 들어서면서 그 에너지를 다하고 있다. 변화하지 않고서는 의미가 없다는 말이다. 7080세대 힘의 원천이었던 '라떼 이론'은 이제 쓸모없는 것으로 전락하고 말았다. 지식에도 반감기가 있듯이 그 소멸성을 다하고 있는 것이다. 따라서 여전히 과거의 사고방식과 행동을 강요하는 것은 산꼭대기에 올려진 보트에 서서 노 젓기를 강요하는 것과 같다.

코로나19로 인해 그동안 경험해 보지 못한 어려움 속에서도 서로를 위하며 각자의 역할에 충실한 결과, 우리는 나름대로 슬기롭게 이겨 내고 있다. 이는 변화를 빠르게 파악하고 무엇이 옳고 그른지를 개인 스스로 판단하여 보편성에 발 빠르게 합류하는 신속함이 있기에 가능했다. 한류는 세계인들에게 미래의 방향을 제시하며, K-팝을 통해 극복의 에너지를 전달하고 있다. 한국인의 강한 DNA가 디지털 혁명과 맞물려 시대의 흐름을 타고 있는 것은 분명하다. 개인의 생각과 역량을 더욱더 손쉽게 공유하고 공감의 가치를 발견하는 순간, 엄청난 에너지로 몰입하는 우리로서는 소중한 기회를 놓치지 않고 잘 활용하고 있는 것이다. 급변과 다변이 함께 공존하고 있는 상황에 우리는 보다 더 큰 도전 거리를 찾아내고 집중하며, 우리에게 주어진 지금의 기회를 어떻게 활용할 것인가에 집중해야만 한다.

대국의 길을 걷는 한국

"말 위에서 천하를 지배할 수 있어도, 말 위에서 천하를 다스릴 수 없다."라는 몽골제국의 오래된 경구가 있다. 강자가 되고 나서도 힘과 권력만으로는 사람을 이끌 수 없다. 경제 대국 10위권에는 미국과 중국, 일본, 독일, 영국, 프랑스, 인도, 이탈리아, 한국, 캐나다가 있다. 그 뒤를 이어 러시아, 브라질, 호주, 스페인이 자리하고 있다. 말 위에서 천하를 다스리고 있는 나라가 대부분이다.

미국은 자국의 이익만을 추구하는 나라로 전락했다. 독일은 과거의 잘못을 뉘우치며 자숙하고 있고, 중국은 인간의 자유를 박탈한 상태고, 일본은 전범국가로 패전의 뉘우침 없이 다시금 국방을 강화하며 침략의 기량을 올리는 데 집중하고 있다. 영국과 프랑스 역시 침략의 역사를 갖고 있다. 러시아는 어떠한가? 힘이 축적되자마자 우크라이나를 침략하여 집단 살상과 침탈을 자행하는 데 집중하고 있다.

인류는 여전히 세계 질서를 잡지 못하고 자국의 이익만을 추구하며 힘겨루기에 자원을 낭비하고 있다. 이미 인류가 탄 거대한 배가 침몰할 위기에 처해 있음에도 관심을 두지 않는다. 대비하는 시늉만 낼 뿐 의미 없는 회의와 전쟁을 부추기고 있다. 우리는 군부 독재에 저항하며 피로 만들어 낸 민주화를 통해 지금의 대한민국을 이루어 냈다. 침몰하는 국가의 운명을 촛불 하나만으로도 나라를 바로 세운 민족성을 가지고 있다. 인류의 바람직한 미래상을 제시할 수 있는 나라는 한국이 유일해 보인다.

1996년, 헌법 재판소 판결로 인해 창작 활동이 더욱 가속화된 사건이 있었다. 헌법 재판소는 구 영화법 제12조 등이 헌법 제21조에 규정한 언론 출판의 자유에 따른 검열 금지의 원칙에 위반된다면서 위헌 결정을 했으며, 이에 더해 음반 사전 심의가 철폐된 것이다. 이후 영화와 음악에 대한 사전 검열이 없어지고 더욱더 자유로운 창작 활동이 가능해졌다. 봉준호 감독의 〈기생충〉이 아카데미에서 작품, 감독, 각본, 국제영화상을 받게 된 것은 단순히 우연으로 이루어진 결과가 아니다. 독립을 이루어 냈지만 친일의 기득권에 다시금 억압되어 말 한마디 제대로 하지 못했던 시절에도 우리 국민들은 포기하지 않고 침묵의 고통 속에서 끝까지 항쟁하며 창작 활동에 대한 민주화를 이루어

냈다. 세계 음반 시장의 리더로서 소외된 인류에게 희망의 메시지를 전하고 있는 BTS도 마찬가지다. K-팝이 세계의 음악 트렌드를 선도할 수 있었던 것도 이러한 민주적인 창작 활동의 토대를 마련했기에 가능했다.

#대국의 길, K-콘텐츠

14억 인구의 중국이 대국이 되지 못하는 이유는 분명하다. 강자 중심의 권력 집단으로 운영되는 일본 역시 앞으로의 창작 문화 콘텐츠를 기대하기는 어렵다. 아시아의 중심이 되어 세계를 이끌 수 있는 유일한 나라는 바로 한국이다. 홍익인간의 정신을 이어받은 후손으로서 '널리 세상을 이롭게 하기'에 대부분이 동참하고 있기 때문이다. 자국의 이익을 위해 다른 나라의 고통을 방치하는 것에는 익숙하지 않다. 개인의 사용과 특정 집단의 이익만을 추구하는 것을 그냥 두고 보지 않는 민족성이 있었기에 지금의 대한민국이 존재하는 것이다.

대한민국은 여전히 북한과 대치하고 있고, 주변국인 중국과 일본, 러시아, 미국과도 긴장감을 놓을 수 없는 상황이다. 역사적으로 이러한 긴장감을 놓았던 적이 있었을까? 정치 상황 역시 특정 집단들의 힘겨루기가 국민들의 삶에 영향을 주고 있지만, 이 또한 감당하며 버텨내는 것이 우리의 운명이다. 그럼에도 대한민국이 대국의 길을 걷고 있는 것에 기대감을 놓지 않는 이유는 바로 MZ세대의 강점에 있다. 이들이 만들어 내고 있는 K-콘텐츠는 앞으로도 한국이 세계의 문화 강국으로서 더욱더 그 위상을 높이고 굳건히 하는 데 역할을 다할 것이다. 자신의 가치를 고민하고 관심사에 몰입하며, 스스로 가치를 창출해 내는 이들은 이제 시작에 불과하다. MZ세대의 조직 이탈로 심각한 어려움에 부닥치는 기업도 있지만, 결국 기업도 변화하고 조직도 변화하고 MZ세대도 변화해 갈 것이다.

신명이 한국인의 DNA이자 밈 현상의 결과이듯, 한국인의 기질은 쉽게 사라지는 것이 아니다. MZ세대가 만들어 가는 창의력에 K-콘텐츠의 위력이 세계 속에서 신명 나는 한판을 벌여 보기를 기대한다. 여기에는 포용의 자세로 인류가 겪는 고통을 이해하며 그들에게 희망의 메시지를 전하면서 함께 이겨 내고자 하는 노력이 담길 것이다. MZ세대는 사람의 마음을 끄는 관대함과 다양함을 인정하는 한국인의 특질을 이어받아, 세계인을 포용하고 이들에게 미래를 제시할 수 있는 문화를 형성해 나갈 것이다. 한류 문화는 포용의 문화로서, 다양한 민족과 언어, 문화를 모두 담아내기에 충분하다. 대한민국이 대국의 길로 가기 위해 첫 번째로 해야 할 일은, 인류를 포용할 수 있는 K-콘텐츠를 형성하고 함께 어우러질 수 있는 환경을 만들어 가는 데 집중하는 것이다.

3

세계를 이끌어 가는 한류노믹스

인류를 이끌어 갈 유일 사상, 홍익인간

수천 년간 우리의 민족성의 근간을 이어 온 민족정신과 겨레, 얼, 민족혼으로 불리는 홍익인간 사상은, 국조 단군의 건국 이념이고 단군 이래 우리나라 정교政教의 최고 이념이다. 우리나라는 8·15광복 이후 이것을 교육 이념으로 삼았다. 교육법 제2조(교육 이념)에는 "교육은 홍익인간 이념 아래 모든 국민으로 하여금 인격을 완성하고 자주적 생활 능력과 공민으로서 자질을 구유하게 하여 민주국가 발전에 봉사하며 인류 공영의 이상 실현에 기여하게 함을 목적으로 한다."라고 규정함으로써 현재 우리나라의 교육 이념이 홍익인간임을 명확히 하고 있다.

#홍익인간

홍익인간은 결코 편협하거나 고루한 이면의 표현이 아니다. 언제부터인지 모르겠지만 우리는 자신도 모르게 우리의 전통을 스스로 무시하도록 세뇌당해 왔다. 그러다 보니 주변에서는 대단하게 여기며 부러워하는 것들을 무시하고 관심도 두지 않으면서 버린 것들이 많다. 홍익인간은 우리 민족정신의 정수이며 기독교의 박애 정신과 유교의 '인' 그리고 불교의 '자비심'과도 상통되는, 전 인류의 이상을 담고 있다. 이런 점에서 봤을 때 대한민국이 종교 전쟁에 휘말리지 않고, 다수의 종교를 무리 없이 포용하고 있는 것은 당연하다.

홍익인간 이념은 우리 민족의 이상을 가장 잘 나타낸 민족정신이다. 홍익인간을 교육 이념으로 한다는 것은 널리 인간을 이롭게 한다는 뜻이며, 우리 모두가 완전한 인간이 되어야 한다는 것을 의미한다. 사람에게 가장 중요한 것은 개인의 권리를 서로 간에 인정해 주는 것이다. 모든 사람은 자기 삶의 주인이며, 타인의 권리를 침해하지 않는 선에서 스스로 선택한 삶을 살아갈 권리가 있다. 국민 각자가 자유와 행복을 누리면서 자주적으로 국가 발전에 협조하고, 봉사를 통해 개인과 국가가 조화를 이루어 가며 상호 발전해 나가는 것이 중요하다.

개인은 주체적인 활동을 통해 자신의 자질을 키워 가며, 국가에 기여할 수 있는 역량을 갖추어야 한다. 기초적인 경제생활의 자주독립이 실현되지 못하면 개인의 생활은 경제적으로 궁핍하게 되어 자주성을 상실하게 된다. 따라서 건실한 경제생활을 영위할 수 있도록 정신과 지식은 물론, 기술과 태도에 바람직함을 유지해야 한다. 홍익인간의 실현은 교육 부분에 있어서 인류 문화 공영 발전에 기여할 수 있도록 개개인의 가치 지향점을 제시한다.

역사의 흐름만 보더라도 경제 발전은 인적 자본과 밀접한 관련이 있다. 한국은 21세기 디지털 혁명 시대를 맞이하여 그 어느 때보다 성공적인 경제 발전을 이루어 내고 있다. 세계의 정세가 복잡하게 얽혀 있는 이러한 상황에서 홍익인간의 이념은 인류의 평화를 지향하는 유일한 선택이 될 것이다.

모두의 이익All-win을 위한 혁신

홍익인간은 개체를 개체로 인정하면서 그 구성 요소들이 모여 큰 하나를 이룬다는 '한' 사상을 근본으로 하고 있다. 즉 국가나 사회라는 큰 틀 속에는 수많은 개인과 단체가 각각의 독립된 형태로 존재하며, 국가 위에는 세계 또는 인류가 있고 그 위에는 우주 등으로 확대시킬 수 있는 우주의 원리를 담고 있다.

홍익인간은 인간의 행동에서 보는 선과 악을 대립적인 개념으로 보지 않고 하나로 본다. 다시 말해 인간의 본성을 악하거나 선하다고 규정하지 않는다. 선과 악이 하나의 공간에서 공존하고 있다고 본다. 악이 영원히 악할 수 없기에 자각과 반성을 통해 선이 될 수 있다는 것을 내포한다. 또한 나의 이익과 타인의 이익을 따로 보지 않고 더 커다란 전체인 '우리'의 이익으로 본다. 여기서 '이익'은 곧 '홍익'을 의미하는 것으로, 개인의 이익을 추구한다. 나의 이익만도 아니고 타인이나 조직의 이익만도 아닌 '우리'의 이익을 의미한다. 어느 한쪽으로 치우치지 않기에 사익과 공익을 모두 내포하며, 평등한 입장에서 전체를 포괄한다. 개인에게는 '최선'이 아닌 조화 속에서 '최적'의 이익을 살리는 것이 바로 홍익인간 사상이다.

홍익인간은 모두를 수용할 수 있는 포용성을 갖는다. 그렇기에 전 세계 대부분의 종교가 모여 있음에도 종교 전쟁이 없다. 홍익인간 사상은 하늘을 공경하고, 조상을 숭배하며, 다른 사람을 사랑하는 것을 근본으로 하고 있다. 이러한 경천사상은 하늘과 사람을 별개의 것으로 보지 않고, 애인사상愛人思想은 나와 남을 나누어 보지 않아 희생정신과 봉사심이 뿌리 깊은 곳에 스며들어 있다. 홍익인간은 너와 내가 어우러져 '우리'라는 한 덩어리로 어우러지는 세상을 추구한다.

#All-win

기업은 혁신을 시도하지만 생각처럼 잘 이루어지지 않는다. 오히려 실패하는 경우가 많다. 그렇기 때문에 혁신을 시도할 때는 반드시 홍익인간 사상을 유념해 추진해야 한다. 혁신은 직원과 고객 모두를 위한 이익에서 나오기 때문이다. 서양의 사고방식으로는 절대 이해할 수 없는 'All-win', 즉 우리 모두의 공동 이익을 추구한다.

'우리'라는 말은 다른 언어로는 표현하기 힘들기 때문에 전체의 이익을 추구하는 정도로 표현하면 될 것 같다. '우리'라는 개념을 이해하는 것만으로도 대한민국의 정서를 좀 더 깊이 아는 데 도움이 되기 때문이다. '우리 아내', '우리 집', '우리 아이', '우리 동네', '우리나라' 등등 이를 어떻게 번역할 것인가? 이는 한국인 고유의 정서적 표현이기 때문에 한국인의 DNA를 물려받고 한국인과 수년간 어울려지지 않고서는 이해하거나 공감하기 힘들다. 이러한 정신이 담겨 있는 것이 바로 홍익인간이다. 홍익인간은 개인의 이익은 물론 가족과 나라, 지구촌의 이익을 뜻하기 때문에 앞으로 인류를 이끌 수 있는 이념과 나라가 어디가 될지는 자명한 일이다.

글로벌 트렌드를 리드하는 한류

우리나라는 '조용한 아침의 나라'에서 문화 초강대국으로 부상한 나라로 알려졌지만 이는 잘못 알려진 말이다. 단군은 한국의 국조로 받드는 태초의 임금으로, 기원전 24세기 무렵 아사달에 도읍하여 단군 조선을 건국한 것으로 전해진다. 여기서 조선朝鮮의 조朝는 '아침'을 의미하고, 선鮮은 '곱다', '빛나다'의 의미를 가진다. 즉 조선은 '아침에 빛나는 나라'를 의미한다.

21세기를 달리고 있는 지금, 대한민국은 아침에 빛나는 나라로서 과거의 위상을 다시금 되찾고 그 빛을 발할 때가 되었다. 암울했던 전쟁의 지독한 시련과 군부 독재의 고통을 이겨 내고 이제야 세계 속에 한류를 형성해 나가고 있는 과정에 있다. 물론 국내에도 풀어야 할 숙제들이 많다. 하지만 우리가 가야 할 길은 분명하다. 그렇기 때문에 억압과 통제에 익숙한 기득권의 득세에도 우리 국민들은 포용의 미덕을 보이면서 함께 공존하며 어울리기 위해 노력하고 있다.

지금의 한류는 단순히 즐기고 소비하는 콘텐츠가 아니다. 인류가 삶의 아름다움과 위대함을 스스로 드러내도록 하기 위해 진정한 메시지와 가치를 전하고 있다. 2020년, 전 세계를 덮친 코로나19로 인해 심각한 어려움을 처했지만 한국은 오히려 K-방역을 바탕으로 경제적 충격 방어와 국제적 위상까지 한 단계 끌어올리는 성과를 거두었다. 백신 등 추가적인 대응이 미흡한 부분은 있었지만, 국민들은 이마저도 잘 감내하며 방역에 동참해 주었다.

위기 때마다 발 빠르게 대응해 왔던 습관은 이번에도 기회를 놓치지 않았다. 코로나19 이후 대한민국은 K-팝, K-영화, K-웹툰, K-드라마, K-뷰티, K-푸드 등 일명 K-신드롬을 일으키며 새로운 한류 시대를 열었다. 창의적인 문화 상품을 창조하는 혁신 역량으로 2020년 한국의 음악 앨범과 비디오 수출은 사상 최고치를 기록하며, 전년 대비 94.9% 증가한 2,300억 원을 기록했다. 이제 한국의 대중음악은 예술의 차원을 넘어 국가 브랜드와 산업 혁신 차원에서도 큰 성공을 이뤘다. 코로나로 인해 공연 시장이 셧다운되는 위기에도 첨단 IT 기술과 접목해 세계 최초로 유료 온라인 공연을 시도하고 새로운 개념의 시장을 주도하고 있다.

한국 경제는 1960년대부터 1980년대 중반까지 정부 주도 개발과 해외 기술의 단순 모방을 토대로 발전해 왔다. 1990년대 중반부터는 세계 최초 메모리 반도체 개발 성과들로 상징되는 '퍼스트무버First Mover' 혁신을 실천했다. 여기에 중소 벤처기업들도 합류해 IT 산업을 중심으로 혁신을 이어 갔다. K-팝을 비롯한 문화 콘텐츠 기업들도 소프트 혁신을 주도하며 해외에서 문화 강국인 한국의 브랜드를 알리기 시작했다.

K-팝의 미래는 밝다. 혁신 모멘텀momentum의 핵심인 프로듀서 혁신가들은 새로운 개념의 아이돌들을 프로듀싱하며 세계 팝 시장의 리더 역할을 해낼 것이다. 한류의 경쟁력이 혁신적인 콘텐츠에서 나오는 만큼, 다른 나라의 사회·문화적 공감대를 형성하고 보다 글로벌한 사고방식을 키워야 한다. 다양한 종교를 초월하듯 특정 문화 예술 분야에 국한하지 않고, 창의와 탐구의 자세로 인류를 포용해 나가는 진정성에는 변함이 없어야 한다. 인류가 하나의 세계 시민으로서 공감하는 사해동포주의가 실현하는 데 있어서 그 역할만큼은 절대 잊어서는 안 된다.

돛을 단 한류노믹스

일본과 중국의 왜곡적인 홍보에 가려져 잘 알려지지 않았던 한국은, 위기를 기회로 삼아 순간의 선택에 머뭇거림이 없었다. 팬데믹을 오히려 국가 위상을 알리는 기회로 만들 수 있었던 것은 그동안 기업들의 쉼 없이 시도한 혁신의 결과다. 그 중심에는 바로 세계인들의 가슴속에 지속적으로 흘려보낸 한류의 저력이 있었기에 가능했다. 그 저력 안에는 한국인 고유의 정서와 위기를 겪을 때마다 똘똘 뭉쳐지는 한국인의 강인함이 담겨 있다. 위기에 빠르게 대처하는 강인함으로 기회를 만드는 모습에 세계인들이 열광한 것이다. 세계 각국은 서둘러 국경을 봉쇄했지만, 한국은 오히려 온라인 콘서트와 인터넷을 통한 콘텐츠 서비스OTT 등을 활용하여 코로나19로 인한 피해를 최소화했다. 드라마, 게임, 웹툰 등의 일부 한류 콘텐츠는 비대면 서비스의 장점을 활용하며 시장을 확대해 나갔다. 기업은 다양한 근무 형태를 시도하며, 그동안 시도조차 하지 못했던 다양한 혁신 이슈를 하나씩 실행에 옮겨 가며 핵심을 찾아가는 데 주력했다.

2021년, 한류로 인한 총수출액은 15조 원에 달한다. 이는 일본과 중국 그리고 미국과 유럽에 한류 진출을 시도하며 오랜 시간 멈추지 않고 한국 고유의 문화 전파에 쉼 없이 달려온 결과다. 국제문화교류진흥원이 발간한 「2021 한류 파급효과 연구 보고서」에 따르면 2020년 한류로 인한 총수출액은 116억 9,600만 달러(약 14조 7,860억 원)였다. 〈오징어 게임〉과 BTS의 글로벌 신드롬은 과거 미국·영국·호주·남아공 등 한류 인기가 중하위권에 머물렀던 국가에서 한류의 대중화를 이루어 냈다. 한류에 대한 관심이 낮았던 40대 이상 남녀와 10대 남성의 이용 다양성과 집중도가 많이 증가하며, 연령 및 성별 격차가 좁혀지면서 경제적인 파급 효과가 급속하게 이루어졌다. 문화 콘텐츠 상품 수출은 10.8% 증가했다. 소비재 수출도 5.5% 늘어났다. 문화 콘텐츠 상품 수출액은 65억 달러를 넘겼다. 게임도 49억 달러를 훌쩍 넘겼고, 음악도 5억 달러에 달했다. 한류 문화 콘텐츠와 소비재 수출이 코로나19로 인한 심각한 경기 침체를 완화하는 데 조금은 기여했다고 볼 수 있다.

한류의 경제적 효과는 민간 기업의 혁신적 노력의 결과다. 한류와 연계성이 높은 상품을 우선 지원하는 국가의 노력도 필요하다. 브랜드에 대한 인식은 이를 아우르는 전체가 모여 탄생한다. 한류는 한국 고유의 특성에 국한된 것이 아니라 세계인의 마음속에 공감하는 그 무엇을 담고 있기 때문이다. 한류의 전파로 문화 콘텐츠 수출이 급증하고 있는 만큼, 한류가 유발하는 경제적 파급 효과 제고를 위한 노력은 기업을 넘어 국가의 관심과 지원도 함께 이루어져야 한다.

또한 한류 현상을 제조업 수출과 연계하고 한국 브랜드 및 제품을 세계에 지속적으로 전파하는 데 활용해야 한다. 우수한 관광 자원을 발굴하는 동시에 영상 콘텐츠를 통해 이를 전략적으로 홍보하여, 한류 현상을 관광 수요 촉진과 연계가 잘 이루어질 수 있도록 프로그램 기획에 주력해야 한다.

한국은 이제 문화 강국으로서 한류만의 차별화된 대외 경쟁력을 확보하고, K-콘텐츠의 보편성을 강화하여 한류 현상이 일부에 그치는 것이 아니라 세계적으로 보편화하는 데 집중해야 할 것이다.

왜 지금
한국인가
한류경영과 K-리더십

III

한국형 리더십 모델과
흔마음 경영

1

한국형 경영K-Management과 경영한류

왜 지금 한국형 경영인가

우리가 백의민족임을 자부하는 이유는 5,000년 역사를 가진 대한민국의 건국 이념인 홍익인간 정신이 있기 때문이다. 역사는 누군가에 의해서 어느 날 갑자기 만들어지는 것이 아니다. 한국적인 전통과 정신이 우리의 정신문화와 의식 속에 살아 있기에 지금의 한국이 존재하는 것이다. 잃어버린 3,000년 역사와 고구려, 백제, 신라 이후 2,000년에 담겨 있는 정신을 한국적인 경영에 어떻게 도입할 것인가를 연구하는 것이 바로 '한류경영'이다.

한국은 한강의 기적을 이루며 단기간에 산업의 근대화를 이루었다. 더욱 놀라운 것은 전쟁이 끝나지 않은 휴전 상태에서 민주화를 이루었다는 점이다. 이는 인류 역사에서 찾아볼 수 없는 위대한 성과이자, 우리의 오랜 전통 속에 억눌렸던 홍익인간의 발현을 통해 이루어 낸 민주화의 결과다. 전쟁의 폐허 속에서 원조를 받던 최빈국에서 원조를 하는 국가로 상상하기 어려운 역전을 이루어 낼 수 있었던 것은 바로 우리의 '빨리빨리' 문화와 신명 나는 '흥'의 문화에 있다.

#흥의 문화

한국은 암울했던 전쟁의 역사 뒤편에 서서 몸에 맞지 않는 옷을 입은 채 70여 년을 버티어 왔다. 강대국에 억눌려 본래 가졌던 한국인의 정신을 드러낼 수 없었지만, 그 기저에는 한국 고유의 정서가 흐르고 있었기에 현재의 위상을 되찾을 수 있었다. 기업들은 일본인의 경영 기법을 그대로 이어받아 적용했지만, 그 한계에 부딪혀 이후 미국형 기법을 이어받는 데 주력했다. 하지만 무작정 받아들였던 서구형은 유럽형과 미국형이 중심이었고, 일본형은 국민적인 기질이 확연히 달라 그대로 적용하기에는 여러 문제가 있었다.

하지만 이러한 경영 기법은 한국 고유의 의식과는 상당 부분 달랐다. 별다른 대안이 없었기에 그대로 주는 옷을 받아 입으며 70여 년을 버텼다. 하지만 이제는 상황이 달라졌다. 서구의 기법으로 한국인을 움직이게 한다는 것은 여전히 무언가 삐걱거리는 잡음을 만든다는 걸 알게 되었다. 한국인 고유의 특질에 맞는 한국식 경영의 정립이 필요한 시점이다. 한류가 세계인들의 주목을 끌고 공감대를 형성하며 인류를 우리로 만들어 가고 있는 지금, 우리는 가장 한국적인 경영 기법을 정립해야만 한다. 한국인의 고유 정서가 담긴 한류를 통해 한국형 경영 모델인 '한류경영'을 정립해야 한다.

서울대학교 이면우 교수는 그의 저서 『W이론을 만들자』(1992)에서 외국 문물을 무분별하게 수입하지 말자고 강조했다. 'W이론'이란, 한국형 기술, 한국형 산업 문화, 한국형 발전 전략을 통해 한국 실정에 맞는 독창적인 경영 철학을 세우자는 뜻으로 제시한 이론 틀이다. 외국의 경영 철학이나 이론을 무분별하게 산업 현장에 적용하여 발생한 문제를 해결하기 위해서는 한국의 독자적인 경영 철학, 즉 우리의 기술과 산업 문화에 맞는 새로운 유형의 W이론이 필요하다는 것이다.

이 이론의 실체는 한민족 고유의 특성인 신바람에 있으며, 이론을 정립하기 위한 정신적 기반은 선조들이 제창한 실사구시實事求是 정신에서 찾고 있다. W이론에 따르면, 한국의 토양을 무시하며 해외의 종자에만 주책없이 집착해 온 잘못된 관행을 바로잡기 위해서는 실사구시 정신에 입각한 숭고한 지도자 정신과 투철한 지도자의 역할이 필요하다. 지도자는 항상 사회의 변화를 추구하면서 국민으로부터 깊은 신뢰와 존경을 받을 수 있는 인물이어야 함을 강조한다. 역사적으로 변혁의 시대, 격동의 시대 등 나라와 겨레의 위기 상황에서 걸출한 지도자가 배출되었듯이 정보 혁명의 시대를 맞아 국민들에게 밝은 전망과 포부를 제시할 수 있는 지도자들을 배출해, 가정·산업계·대학·연구소·정부 등 각계각층에서 신바람 나는 나라를 만들자는 이론이다. 이 이론을 W이론이라 한 것은 X·Y·Z이론을 염두에 두었기 때문이다. 완벽한 이론 체계를 갖춘 것은 아니고, 이후에 신사고 이론 등으로 발전했다.

에스디 리포 코리아 김영순 대표는 1980년대 롯데산업에 사원으로 입사해 캐논코리아 생산본부장, 롯데알미늄·롯데기공 대표이사를 거치며 '제조업의 신화적 존재'로 이름을 널리 알린 바 있다. 당시의 일반화된 컨베이어가 아니라 셀CELL 단위로 제품을 생산하는 기종장 제도인 '셀 방식' 도입한 것이다.

캐논코리아 안산공장은 삼성전자 이재용 사장이 세 번이나 찾아가고, LG그룹 구본무 회장, 한미글로벌 김종훈 회장, 롯데그룹 사장단 등 굴지의 기업 경영자들이 찾은 공장이다. 바로 일본을 놀라게 한 초超생산혁명, 한국형 셀컴퍼니를 적용하고 있었기 때문이다. 당시 컨베이어 벨트를 뜯어내고 한국형 셀 생산 방식을 구축해《하버드 비즈니스 리뷰Harvard Business Review》에 소개되기도 했다.

김영순 대표는 '셀컴퍼니'로 제조업계에 초생산혁명을 보급하며, 이후 일본은 물론 동남아 등에서 강의와 코칭을 통해 셀컴퍼니를 알려왔다. 일본 산덴리테일시스템 아카기 공장은 2018년부터 현재까지 전 라인에 셀컴퍼니를 지도하여 2년 만에 생산성 300% 향상, 품질 179% 개선이라는 놀라운 성과를 거두었다. 한국인 특유의 기질을 발휘하여 우리의 경영 기업을 창출해 내고 성과로 증명한 것이다.

이제 한국은 세계인들의 중심에 서서 경영 리더의 역할을 해야 한다. 그러기 위해서는 지금의 대한민국을 좀 더 깊이 이해하고, 스스로 적극적인 공감을 통해 자부심을 느끼도록 하는 시간이 필요하다.

미국-일본-한국의 경영 비교

여러 사람이 함께 달리기 시합을 할 때 미국 사람은 선착순으로 들어가야 한다고 생각하지만, 일본 사람은 다 같이 손을 잡고 들어가는 것이 가장 효율적이라고 생각한다. 이는 개인보다는 집단을 우선시하기 때문이다. 한국 사람들의 생각은 어떨까? 신기하게도 한국인들은 두 가지 요소가 상황에 따라 함께 작동한다. 한국 사람은 리그전이나 토너먼트 같은 시합을 할 때면 개인과 집단이 함께 힘을 합치는 데 탁월함을 발휘한다. 이는 쇼트트랙이나 양궁 경기 등에서 쉽게 발견할 수 있다. 동양인의 신체적 특성과 강점을 활용하는 것은 물론이고, 개인 경쟁을 기본으로 하지만 단체전에서 함께 힘을 합칠 때 세계 최강의 힘을 드러내기 때문이다.

쇼트트랙이나 양궁 모두 한국형 기술 개발 덕분에 개인전보다는 단체전에서 깨기 어려운 연승 기록과 세계 최고의 기량을 보여 주고 있다. 특히 올림픽 양궁 여자 단체전의 경우, 2016년 리우데자네이루올림픽 이후 한 번도 금메달을 놓치지 않고 도쿄올림픽까지 9연패를 달성했다. 또한 남자 단체전에서도 강한 면모를 보여 주고 있다. 2021년 세계선수권대회에서는 새로 신설된 남녀 혼성 경기를 포함해 개인전과 남녀 단체전 등 5개 전 종목을 세계 최초로 석권하는 위업을 달성하기도 했다.

일본이 1970~80년대 비약적인 경제 성장을 기록해 경제 대국인 미국을 넘볼 위치에 이르자, 세계 경영학계는 일본 경제와 기업, 경영인들의 성공 요인까지 분석했다. 일본식 경영은 1990년대 초반까지 미국에 위협을 가하며 승승장구했다. 심지어 1980년대 중반에는 미국이 '일본이 몰려온다'며 호들갑을 떤 적도 있다. 도요타를 앞세운 일본 자동차들이 미국 시장에 대대적인 공략을 감행하면서 미국에서는 일본식 경영에 대한 연구가 붐을 이뤘다. 하지만 불과 10여 년 정도가 지난 지금, 미국과 일본의 경제 관계는 완전히 역전되었다.

한국 기업들이 세계 시장에서 두각을 나타내기 시작한 것은 1990년대 후반에 일어난 디지털 정보화 혁명을 통해서였다. 1980년대까지만 하더라도 한국 기업들의 제품은 가격은 싸지만 품질이 떨어진다고 인식되었다. 1990년대 후반 디지털 정보화 혁명이 불면서 한국 기업들은 대기업 특유의 과감하고 빠른 투자 결정과 함께 새로운 정보화 시대의 제품 혁신과 프로세스 혁신에서 세계를 선도하는 기업들과 경쟁하기 시작했다.

삼성전자가 1999년 하반기에 국내 시장에 출시했던 듀얼 폴더 휴대폰이 유럽과 중국 시장에 출시되면서 한국 기업은 글로벌 시장에서 혁신적인 제품력으로 인정받기 시작했다. 이때 일본에서 1990년 버블경제가 터지면서 기업들의 투자와 소비자들의 수요가 급격하게 감소했다. 또한 환율의 급격한 상승으로 기업들의 수출 경쟁력 감소가 맞물리면서 일본 경제는 침체기를 보냈다. 한국 기업들은 이때를 놓치지 않고 세계 시장에서 과거 일본 기업들이 차지했던 시장 점유율을 대체해 나가기 시작했다. 휴대폰에서 시작해 TV, 자동차, 철강, 조선, 석유화학 등 다양한 제조업 분야로 퍼져 나갔고, 이는 세계 시장에서의 경쟁력 확보로 이어졌다. 이때부터 한국 기업들은 '패스트팔로어 Fast Follower'라는 용어를 낳으며 시장 추격 기업의 경쟁력을 갖추어 나갔다.

경영의 내용과 방법은 시대와 환경에 따라 크게 변한다. 한때 일본을 닮아 가는 데 주력하고, 또 어느 순간 미국을 닮자고 해외 벤치마킹의 붐이 일었었다. 그러한 노력이 지금의 대한민국의 위상을 만들어 낸 건 사실이지만 이제는 달라져야 한다. 미국과 일본을 쫓은 추격형 경제 모델은 더 이상 별다른 의미를 찾지 못한다. 한국은 지금 이 순간 '한국형 경영'에 대한 접근이 절실하다.

한·미·일 기업 문화 경영 비교

구 분	일본형	미국형	한국형
기업의 주체	공용(We/Our)	주주(Stock Hoder)	오너(My/Mine)
전통적 국민성	진단 중심(面)	개인 중심(点)	관계 중심(線)
의사 결정 방식	개인/부서장 책임	집단주의(稟議)	Top-down
조직에 대한 공헌	능력 발휘	성과 발휘	몰입과 창의력
인사의 기본 철학	사람(人) 중심	일(事) 중심	인본(人本) 중심
인사 제도 및 임금 관행	연공·직능주의 (직능급)	직무·성과주의 (직무급)	능력·성과주의 (기본/성과급)
조직 문화와 관계	협동 (Collaboration)	경쟁 (Competition)	공생/상생 (Co-evolution)
글로벌 위상	단순 모방 (Imitation)	창조적 모방 (Fast follower)	창조적 선도 (First mover)

한국형 기업 문화의 주요 특징은 인본주의人本主義를 기본으로 한 상생의 조직 문화를 갖고 있다는 점이다. 미국과 일본이 개인과 집단 중

심의 국민성을 갖고 있다면, 한국은 이들은 포괄하는 관계 중심형 문화적 특징을 갖는다. 일본이 '잃어버린 20년'의 침체기를 겪을 수밖에 없던 이유 중 하나는 바로 '단순 모방'에 있다. 모방을 하면 빠르게 습득하여 따라갈 수는 있지만, 그 이상은 기대할 수 없다. 반면 한국은 단순 모방에 그치지 않고 스스로 가치를 부여하며, 끊임없는 노력으로 '창조적 선도'를 추구하기 때문에 지금의 위상을 만들어 낸 것이다.

한국형 경영의 바람이 불고 있다

한국형 경영에 대한 일본 경영계의 관심은 상상 이상이다. 2005년 2월, 일본 경제 주간지 《토요케이자이東洋經濟》는 '한류경영'이라는 기획을 통해 우리나라 기업들의 성공 비결을 다룬 바 있다. 일본 유력 매체가 한국 기업에 대해 일본인의 시각에서 자세하게 분석한 것은 이것이 처음이다. 당시 《토요케이자이》는 일본의 한 중소기업 중역의 말을 빌려 "일본 반도체 기업이 1990년대 저질렀던 최대 실수는 한국의 삼성전자를 제대로 연구하지 않았다는 사실이다."라고 지적하기도 했다. 또한 한국이 1997년 국제통화기금IMF 관리 체제에 돌입했지만 빠른 시간 내 졸업할 수 있었던 것은, 선택과 집중을 통한 끈질긴 노력이 있었기에 가능했다고 분석했다.

당시 한국 기업의 선택과 집중은 삼성, 현대, LG 등의 주요 대기업에 강력한 오너십이 있었기에 가능했다고 《토요케이자이》는 결론 내렸다. 또 지난 2005년 작고한 세계적인 경영학자 피터 드러커Peter Drucker는 자신의 유작遺作 『넥스트 소사이어티』에서 "기업가 정신을 가장 잘 실천하고 있는 나라는 미국이 아니라 바로 한국"이라고 분석했다. 피터 드러커 이후 글로벌 기업들은 한국 기업과 경영인 분석에 집중했다. 이병주 LG경제연구원 책임 연구원은 "서구 기업들은 시장 상황과 보유 자원, 능력을 비교 분석하여 목표를 설정하는 반면, 우리 기업들은 이성적인 판단으로 불가능한 목표를 설정하고 '하면 된다'는 정신으로 도전해 성공을 이루어 낸다."며 한류경영의 특징을 분석했다.

국내 주요 경영대학교와 세계 유수의 경영대학교가 공동으로 한류경영에 대해 연구하는 사례가 많아지고 있다. 서울대 경영전문대학원은 매년 한 차례씩 해외 유명 경영전문대MBA 학생들을 대상으로 한 '한국 비즈니스의 이해Doing Business in Korea' 프로그램을 개설했다. 이 프로그램은 한국 산업 발전의 독특한 성공 모델을 소개하는 것뿐만 아니라 투자자 관점에서 본 한국 시장 분석, 한미 FTA(자유무역협정)와 같은 최신 이슈까지 다뤄졌다. 또한 삼성전자, KT, 현대자동차, CJ, 엔씨소프트 등 국내 대표 기업을 탐방하는 시간도 마련해 외국인 학생들에게 좋은 반응을 얻었다.

#미국이 아닌 한국

고려대 경영전문대학원은 국립싱가포르대학교, 중국 푸단대학교 MBA와 공동으로 운영하고 있는 'S3 아시아 MBA'를 통해 본격적으로 한류경영을 연구하고 있다. 지난 2008년 개설된 이 과정은 고려대학교를 포함한 3개 대학이 각각 학생 10명을 선발해, 한 학기씩 돌아가며 수업을 듣는 방식으로 진행된다. 한류경영 수업은 고려대 경영전문대학원 과정으로 실시했다. 2011년 7월에는 독일 슈타인바이스대 MBE(비즈니스공학석사) 과정 75명이 성균관대 경영전문대학원을 찾아 열흘 동안 우리 기업들을 주제로 한 '아시아적 관점의 글로벌 마케팅'과 '아시아 시장의 전략적 경영' 등을 들었다.

2000년대에 들어서서 한국 기업의 해외 진출은 본격화되었지만, 대부분 중국, 동남아 투자에 국한되었다. 하지만 최근 들어 한국 기업들은 미래 기술 확보와 선진 시장 공략을 위해 선진 시장 기업 인수 합병에 주력하고 있다. 미국과 유럽 기업이 강점을 보이는 바이오, 수소, 재생에너지 분야로 사업을 확대한 영향도 컸다. 이렇다 보니 해외 M&A 시장에서 한국 기업 러브콜이 끊이지 않고 있다는 것이 IB(Investment Bank) 업계의 설명이다. 외국 기업의 합작 제안도 잇따르고 있다. LG에너지솔루션, SK온, 삼성SDI 등 한국 배터리 기업들은 미국 대형 완성차업체와 합작 법인을 설립하는 등 '배터리 동맹'을 강화하고 있다. 미국 전기차 배터리 시장을 K-배터리 기업들이 선점하고 있다는 분석이 나오는 이유다.

BTS, 블랙핑크 등이 이끌고 있는 K-팝과 〈기생충〉, 〈오징어게임〉등의 K-콘텐츠 확산에 힘입어 K-푸드의 인기가 날로 치솟고 있다. 코로나19에도 수출은 큰 폭으로 늘었다. K-푸드 신드롬 뒤에는 수십 년간 해외 시장 개척에 공들인 기업들의 분투가 있었다. CJ제일제당은

2011년 비비고를 출시하면서 "세계적인 브랜드로 키우겠다."라고 공언했다. 그 당시 별로 주목받지 못했던 이 꿈은 10년 뒤 현실이 됐다. 만두, 비빔밥 등의 비비고 제품은 2021년 국내외에서 1조 8,500억원어치 판매되었다. 2022년에는 2조 3,000억 원의 매출이 예상된다. 이 중 절반 이상이 해외 매출이다. 또한 영화 〈기생충〉 덕분에 '세계인의 누들'이 된 한국 라면 산업의 성장은 대부분 해외에서 이루어진다. 농심 신라면의 해외 매출은 1986년 10월 출시 이후 처음으로 국내 매출을 넘어서며, 2022년 1조 원의 매출을 눈앞에 두고 있다.

이러한 한국 경영이 세계의 주목을 받으며 성장하고 외국인들의 관심이 높아지고 있는데, 우리의 자체적인 이론적 배경이나 연구가 부족한 건 아쉬운 일이다. 그래도 최근 들어 이에 대한 연구나 관심이 학계나 산업계에서 높아지고 있다는 것은 퍽 다행스러운 일이다. 특히 한국형 리더십 분야는 세종대왕이나 이순신 장군 등과 관련한 옛 책자는 있지만, 최근 자료로는 백기복 교수의 『한국형 리더십 연구』가 유일하다. 한국의 경제적 위상이나 기업들이 일구어 낸 성과에 걸맞은 우리 식의 리더십 연구나 모델이 거의 존재하지 않는다는 사실에 놀라지 않을 수 없다.

최근 한국형 경영 모델이나 K-리더십에 대한 학문적 연구가 시작된 것은 매우 고무적인 일이다. 그 예로 대한경영학회가 2022년 6월 3일, 10개국 경영학자들이 참여하는 'K-기업가정신을 통한 경영혁신'이라는 대규모 국제 학술 대회를 개최했다. 미국경영학회AOM의 회장 허먼 아귀니스Herman Aguinis는 'K-기업가정신과 K-경영의 정의,

측정'에 관한 기조 강연을 했는데, 세계 최대 규모인 미국경영학회의 회장이 국내 학술 대회에서 기조 강연을 한 건 이 행사가 처음이었다. 해외 10개국(미국, 독일, 프랑스, 중국, 싱가포르 등)을 포함한 10개국 경영 대학 교수들이 참가하여 모두 10개 세션에서 각 5편 내외씩 약 50편의 논문과 사례 연구가 발표되었다.

글로벌 세션과 ESG 경영, 메타버스, K-기업가정신, 빅데이터, 경영혁신 등 경영 관련 여러 분야의 학술 연구와 사례 연구의 국내 세션도 함께 진행되었다. 한국 기업의 성공 요인은 "사람 중심의 경영이요, K-기업가정신의 핵심"이라고 강조하는 가톨릭대학교 김기찬 교수는 2022년 5월부터 10회짜리 기업가정신 포럼 공개 강좌를 시작했다. 이러한 움직임은 산업계 현장에서도 불기 시작했다.

중소벤처기업진흥공단(이하 중진공)은 2022년 4월 29일, 5개 유관 기관과 K-기업가정신 확산을 위한 다자간 업무 협약을 체결했다. 이날 중진공과 협약을 맺은 5개 기관은 한국청년기업가정신재단, 한국생산성본부, 한국경영학회, 한국창업학회, 기업가정신학회다. 6개 기관은 4차 산업혁명, 저탄소·디지털 산업 구조 전환 등 대전환 시대에 대한민국이 위기를 극복하고 새로운 미래를 선도하기 위해서는 K-기업가정신의 전방위적 확산이 중요하다는 점에 공감대를 형성했다. 이를 위해서 향후 K-기업가정신 관련 연구, 조사 및 정책 개발, 우수 강사·연수 시설 등 보유 인프라 상호 지원 등에 적극적으로 협력해 나가기로 했다.

한국형 인사조직 연구회

그동안은 남의 것을 열심히 배우고 쫓아만 갔으나, 이제는 여러 분야에서 외국 정부나 선진 기업들이 한국을 배우고 있다. 대한민국의 위상은 우리가 인식하고 있는 것 이상으로 높아졌다. 이는 개인은 물론 조직에서 최고의 힘을 이끌어 성과를 낼 수 있는 조직 문화를 갖추고, 직원의 역량 강화 교육에 집중했기에 가능했다. 특히 글로벌 시장에서 경쟁력을 발휘할 수 있었던 것은 우리의 전통문화와 국민성 덕분이다. 그동안 약점으로만 치부했던 '빨리빨리' 문화와 감성 그리고 조급증hot temper은 도리어 유연성과 응용력, 순발력과 창의성의 원천이 되어 탁월한 성과를 창출하고 있다.

한국인 특유의 기질과 문화는 변화가 빠른 스마트 창조 시대를 맞이하면서 세계인들의 관심 대상이 되었다. 한국의 인사 제도나 조직 운영 방식은 해방 이후부터 IMF 이전까지 60년 동안 일본식으로 이루어졌다. IMF 이후에는 뚜렷한 검증 과정도 없이 무분별하게 미국의 개인주의나 성과주의의 적용했다가 실패를 거듭했고, 일부 개선을 시도했지만 효과는 미비했다. 다양한 고용 형태, 급격한 고령화, 변화한 근무 환경 등의 상황으로 인사 환경은 하루가 다르게 변하고 있다. 이제 인사 관리 방식을 우리 국민성과 조직 문화를 충분히 감안한 한국형으로 자리바꿈해야 할 때가 되었다. 21세기 디지털 혁신 시대를 이끄는 MZ세대의 특성을 반영하는 인사 방향을 연구하고 모델을 만들어야 한다.

무엇부터 접근해야 할까? 사람, 즉 인재에 대한 문제가 가장 중요하다. 결국 세상은 사람이 중심이 되어 움직이고, 사람에 의해 변화되기 때문이다. 따라서 기업은 사람을 뽑고, 키우고, 관리하는 인재 관리 방식을 빠르게 한국식으로 전환하려고 노력해야 한다. '한국형 인사조직 연구회'는 한국형 리더십과 기업 문화는 물론, 성과주의, 연봉제와 보상, 인재 개발에 이르기까지 분과별 연구에 집중하고 발표하면서 한국형 인사조직 모델을 구축하고 있다. 그리고 이러한 한국형 구축 모델은 인사조직에 그치지 않고 경영, 기술, 디자인, 제품 개발 등 모든 분야에서 일어나야 한다. K-팝 같은 한류의 위력에서 보듯이 남들과는 다른 특성을 꾸준히 연구하고, 각 분야의 노력을 통해 한국의 위상을 다져야 한다. 한국은 이제 선도자가 되어 세상을 리드해야 하는 의무가 주어졌기 때문이다.

한국 기업의 저력은 무엇일까? 우리는 IMF 외환위기 때 30개 국내 기업 중 14개가 몰락하는 아픔을 겪었다. 하지만 이후 혹독한 구조 조정과 경영 혁신을 통해 거듭났고, 그 성과는 2008년 글로벌 금융위기의 영향으로부터 조기에 탈출하는 과정에서 입증되었다.

성공한 한국 기업들을 살펴보면 한국형 경영 모델에 어떤 비밀이 있는지 찾아낼 수 있다. 지식, 정보, 기술이나 노하우의 차이는 시간과 돈이 있으면 극복할 수 있지만, 기업에 내재된 인적 경영력의 차이는 좀처럼 따라잡기 힘들다. 사람의 의식과 행동은 시대적 상황과 변화에 따라 달라지지만, 고유의 유전자적 특성은 장기적으로 지속되며, 특히 민족, 인종적 의식의 원형은 한 번 형성되면 거의 달라지지 않는다. 한국형 인사조직 연구회는 인사조직의 한국형 모델 구축을 통해 미국식도 일본식도 아닌 우리 고유의 된장 냄새가 스며든 신토불이적인 한국형 'K-way'를 재정립하고 있다.

한국형 인사조직 연구회는 2012년에 출범하여 한국 독자형 인사조직 모델 연구 및 개발과 한국형 모델에 의거한 성공 사례 발굴 및 대내외 홍보를 진행하고 있다. 이를 통해 한국 기업의 도약과 지속 가능한 경영 기틀을 마련하여 한국 기업 발전에 기여하기 위해 노력하고 있다. 한국은 30-50클럽(국민 소득 3만 달러, 인구 5,000만 명)에 세계 일곱 번째로 가입했다. 삼성전자, 현대자동차, POSCO와 같은 세계적 기업으로 도약했을 뿐 아니라 반도체, 휴대폰 등의 산업 분야부터 K-팝으로 대표되는 한류 문화, 한류 스포츠 등으로 명실상부 선진국에 진입했다.

이제는 인사조직도 선진 대한민국에 걸맞은 한국형 특성을 가진 독자 모델을 적용해야 한다. 한국형 인사조직 연구회에는 대·중소기업의 HR 담당 임원을 주축으로 교수, 연구원, 국내외 컨설팅 대표, 컨설턴트 등을 포함하여 산·학·연·관 및 언론인을 망라하는 HR 분야 최고 권위자 100여 명이 참여하고 있다. 연구회는 6개의 분과로 구성하여 한국 기업의 HR 전략, 조직 문화 및 리더십, 성과 관리 및 평가, 성과주의 보상 관리, 인력 운영, 인재 육성의 한국형 모델 구축을 위한 연구를 진행하고 있다. 무엇보다 한국형 인사조직 모델을 구축하여 대·중소기업별 현장 활용과 해외 컨설팅을 목표로 하고 있다. 현재 1,250여 명의 현직 HR 담당자들이 함께 참여하고 있는 한국HR협회(2008년 발족)와 함께 보다 활발한 활동을 진행하고 있다.

한국형 팀제가 남겨 준 것들

1995년 필자가 공저로 집필한 『한국형 팀제』라는 책이 있다. 그 당시 책 제목에 '한국형'을 넣는다는 것은 매우 이례적인 일이었다. 그러나 이러한 시도는 우리나라 기업은 물론 정부 조직에 이르기까지 조직 운영에 막강한 파급 효과와 힘을 발휘하는 데 기여했다. 이후 20여 년 동안 대기업, 정부 조직과 벤처기업에 한국형 팀제를 도입하고 정착하는 컨설팅을 진행해 왔다. 사실 한국형 팀제는 1975년경 거론되기 시작했다. 당시에는 종합 상사의 경쟁력이 계속해서 하락했다. 조직의 생존 차원에서 바람직한 미래의 모습을 설정하고 이쪽으로 가야 된다고 도출한 방향성이 바로 '한국형 팀제'의 시작이다.

필자가 몸담았던 삼성물산의 경우 종합 상사라 조직의 창의성이나 기동성이 필요했다. 그 당시 조직을 피라미드 형태에서 게릴라식으로 나가야겠다는 생각에서 임시 태스크포스 팀이나 벤처 팀들이 생겨났다. 과거 우리의 업무 방식은 결재판에 줄줄이 도장을 찍으면서 아무도 책임지지 않는 책임 전가형 부部나 과課가 중심이었다. 권한 위임으로 책임과 재량권을 주면서 의사 결정, 실천, 보상, 감독까지 담당자에게 맡기고, 팀장을 중심으로 한 탄탄한 팀워크로 조직을 이끌어 가고자 하는 것이 한국형 팀제의 요체라고 할 수 있다. 그 이후 팀제는 다른 대기업을 중심으로 계속해서 확산되었다. 요즘 거론되는 팀제의 모습은 1990년대 중반까지의 노력의 결과물이다.

우리나라 팀제는 분명 다른 나라 팀제와는 다른 한국형이다. 미국형 팀제처럼 '작은 소단위 조직들을 고성과 팀High Performance Team 으로 바꾸자'라는 식의 접근이 아니다. 일본 도요타에서 부서를 슬림화하기 위해 시행한 대부대과제大部大課制 같은 조직 혁신과도 다르다. 서구 선진 기업의 팀제는 작은 팀의 업무 효율성을 높이고 단위 조직의 성과를 끌어올리기 위한 도입이 목적이었다면, 한국 기업들의 팀제 도입은 완전히 달랐다. 그 핵심적인 목적을 요약해 보면 다음과 같다.

❶ 의사소통, 의사 결정 지연, 부서 이기주의 해결을 위한 통폐합 수단 제공
❷ 승진 적체에 당면한 문제 해결을 위해 자격과 직책을 분리할 팀제 도입
❸ 소수 인력 운영으로 인한 기동성과 유연성 확보와 조직 구성원의 전문 능력 함양을 위한 인재 개발
❹ 고객 중심과 창조 경영 시대를 맞아 구성원 참여를 통한 아이디어 개발과 신속한 현장 대처 가능
❺ 도전 의식과 주인 의식 강화로 위험을 감수하는 과감성 그리고 신세대의 직무 만족 강화

이처럼 팀 조직은 기존의 계층별 조직의 단점인 부문 간의 분파주의를 극복하고, 조직의 시너지를 향상시켜 계층별 장벽을 제거함으로써 의사 결정의 속도를 빠르게 하는 등 스피드 경영에 적합한 형태로 나타나고 있다. 더구나 팀제는 권한 위임으로 도전적인 조직 분위기를 만들어 낼 수 있으며, 구성원이 더욱 자율적으로 일을 수행함으로써 직무 만족을 제고시킬 수 있다는 장점이 있다.

1990년대에 활성화되었던 팀제가 2000년대에 다시 확산되어 현재 대부분의 조직에서 적용하고 있다. 팀제는 조직의 효율성을 높이기 위해 인사 파괴 현상을 유도하기도 했다. 이러한 한국형 팀제는 해외에 나가 있는 우리 기업들이 고스란히 현지에서 적용해 운영하고 있으며, 우리나라에 와 있는 다국적 기업들도 그대로 조직 운영의 프레임

으로 활용하고 있다.

20년 전에 시작한 한국형 팀제는 외국인들이 벤치마킹할 정도로 발전해 오면서 한국형 경영, 한류경영의 기본이 되고 있다. 이러한 흐름이 정상적으로 가동되는 이유는 무엇일까? 한국인은 자기 주도성이 강하고, 관심 분야에 대해서는 특유의 몰입을 발휘한다. 그러한 측면에서 한국형 팀제 역시 기업의 규모와 조직 분위기에 따라 운영 방법이 진화하고 있다. 따라서 MZ세대의 특성을 반영하는 데는 한국형 팀제를 비롯한 인사 제도의 혁신이 필수다.

K-리더십은 왜 중요한가

현재 세계가 열광하는 한류는 디지털 혁명과 맞물려 세계를 리드하고 있다. 한국인의 정신과 기질의 독특함과 희귀함이 한국호를 세계화로 이끌고 있다. 한류경영도 한마음 리더십의 동력으로 작동한다. K-팝이나 영화, 드라마 같은 K-콘텐츠가 동남아를 뛰어넘어 남미나 유럽에 꽃 피울 수 있는 것은, 남의 것을 잘 흉내 내서가 아니라 그 안에 한국다움이 숨어 있기 때문이다. 이제 '한국다움'은 세계를 이해하는 기본 척도가 되고 있다.

K-리더십 모델은 한국인의 정신과 기질을 모태로 하며, 한국인의 전통 정신인 홍익인간에 기반한 인본주의를 결합해서 만든 리더십 모델이다. 한국 기업이나 단체, 학교 등에는 한국적인 경영 기법이 적합

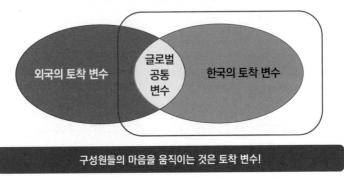

K-리더십 = 글로벌 공통 변수 + 한국의 토착 변수

외국의 토착 변수

글로벌
공통
변수

한국의 토착 변수

구성원들의 마음을 움직이는 것은 토착 변수!

* 세계인들이 따라 할 수 있어야 함(과학성, 보편성, 확장성)　　자료: 백기복

K-리더십 모델

하다. 한국적인 경영 기법과 인사 관리가 한국인만의 기질과 강점이라는 특수성을 넘어서, K-리더십이라는 보편적 가치에 공감하고 수용할 때 비로소 성공할 수 있다. 여기에는 보편적 가치를 지니는 새로운 경영 기법으로 자리 잡아 국내는 물론 동양적 문화에 익숙한 동남아를 거쳐 서구에까지 보급한다는 의미를 내포하고 있다. 한류경영의 지속성과 글로벌 확장성을 염두에 두고 있기 때문이다.

사람 중심의 경영이 디지털 혁명과 포스트 코로나 시대의 경영 방식에 중요한 키워드가 되면서 서양에서도 인문학을 경영에 접목시키는 시도를 하고 있다. 한국인의 특수성이 한류 붐과 함께 보편화되어 가는 현상은, K-리더십 모델이 전 세계의 외국 기업에도 적용할 수 있는 가능성이 있음을 시사한다.

2

혼마음 리더십과 신바람 경영

신바람은 한국형 경영의 출발점

아마 다들 불가능하다고 생각했던 일을 순식간에 해치우거나 며칠은 걸릴 만한 일을 한나절 만에 완성하는 등 집단적 초능력이 발휘된 순간을 경험한 적이 있을 것이다. 이러한 현상을 '신바람' 또는 '신명'이라고 불렀다. 이는 한국인 특유의 소중한 정신적 자원이자 저력이다. 우리는 장점과 약점을 동시에 안고 있는 양면적 속성을 가지고 있다. 한국인 고유의 정서인 '한'과 '흥'에서 신명의 에너지가 나온다. 이러한 한국적 문화 풍토 안에서 기업들이 경영 혁신에 성공하기 위해서는 조직의 질서와 분위기를 공존공영의 공동체로 만들어 가야 한다.

또한 자율적 업무를 부과하며 선의의 경쟁이 작용하도록 해야 한다. 자연스럽게 개개인의 자발성과 혁신 성향이 드러나도록 하고, 이에 따른 정확하고도 공정한 보상을 해주는 것이다. 기존의 경영 이론과 방법은 1년에 한두 번 실시되는 승진 제도, 인사 고과, 연봉제나 능력급제와 같은 임금 지급 방법 등에 집중하고 있다. 이와 같은 보상 방법들이 어느 정도 효과를 발휘하는 것은 사실이나, 신바람을 일으키는 수단으로서는 많이 부족하다. 보상의 방법과 체계에 대한 발상의 전환이 필요하다.

한국식 경영 관리란, 우리 기업들의 경쟁력을 근본적으로 재고시키고 그 독특성을 세계 무대에서 인정받을 수 있는 관리 방식이다. 신바람은 우리 고유의 민족 특성이 반영된 일종의 정신적 에너지다. 이 신바람 에너지는 조직과 개개인이 우리 방식대로 일체를 이룰 때 제대로 작동할 수 있다. 우리 민족의 심성을 사회 조직적 수준과 개인 심리적 수준에서 함께 접근해야 한다. 조직과 개인이 서로 창조적인 상승 작용을 일으키는 일정한 조건이 만들어지면, 우리 민족은 스스로 일에 몰두하여 무한한 창의성을 발휘하며 신바람을 일으킨다.

우리 국민은 다른 나라의 국민에 비하여 삶의 이유에 대해 많은 생각을 하고, 삶의 의미를 어디선가 찾으려는 욕구가 강하다. 한국인의 정서가 형성되는 곳은 바로 가족이다. 가족적 집단주의는 매우 긍정적인 측면을 갖는다. 즉, 한국인의 가족 의식은 이해타산과 같은 이기적 측면을 이타적으로 승화시킬 수 있는 중요한 정신적 자원인 것이다. 한국인의 의사소통에는 우회적 표현이 많다. 이는 남의 비위를 건드리지 않고 원만한 인간관계를 유지하고자 하는 심리가 강하다는 것을 보여 준다. 자기를 앞세우고 주장하기 전에 주위 사람들이 자신을 어떻게 생각하느냐에 중점을 두는 의타적 성향이 강한 것이다.

하지만 다른 한편으로는 부정적 성향과는 다르게 매우 적극적이고 창의성이 높은 편이기도 하다. 맹목적이고 자기 과시적인 성향도 있으나 유달리 큰 모험심 또한 가지고 있다. 한국인은 조선 시대의 엄격한 신분 제도, 암울했던 일제의 식민 통치, 정통성 없는 독재 정권을 경험하면서 사회 조직을 처음부터 갈등 존재로 인식해 왔으며, 사회 질서의 엄청난 힘 앞에 좌절을 느끼면서 내면적으로 한을 축적해 왔다. 이러한 한의 축적은 오늘날 산업 사회에서도 되풀이되었다.

우리 민족은 유난히 인간적 유대감과 공동체적 분위기를 중시하고, 그 속에서 마음껏 자발성과 창의성을 발휘하고자 하는 강한 열망이 있다. 또한 이러한 열망이 충족되지 못할 때 이를 감정적으로 참지 못하고 자학하는 습성이 있다. 이러한 한국인의 정서는 '정情'으로도 일컬어진다.

다시 말해 한국인은 조직 구성원 간에 따뜻한 인간적 교감과 공감대를 형성하기를 열망하며, 일단 분위기만 만들어지면 일에 몰두하고 무한한 창의성을 발휘한다. 이래서 우리 문화는 흥의 문화라고도 불린다. 공동체 의식이 촉발되면 흥이 일어나고 집단의 운명을 자기 자신의 운명으로 받아들인다. 우리 민족성은 양면적이고 잘할 때와 못할 때의 기복이 심한 편이다. 신바람은 개인 심리와 조직 질서가 바람직하게 상호 작용하여 조직 내부에 따뜻한 인간적 교감과 공감대가 형성함으로써 발생한다. '공동체적 집단주의'라는 사회적 속성과 '적극성 및 창의성'이라는 심리적 속성이 계속 상승 작용을 일으킴으로써 신바람이라는 엄청난 사회 심리적 에너지가 창출된다. 신바람을 창출케 하는 한국식 경영 관리란 궁극적으로 조직, 개인 심리, 일이라는 세 가지

차원 사이에서의 상호 작용을 활용하는 것이다.

신바람 관리는 공동체 일구기, 자율적 업무와 선의의 경쟁, 자발성과 창의성 촉진, 공정하고도 정확한 보상을 말한다. 신바람 사이클의 형성에 실패할 때 이기적 집단주의, 타율적 시기, 소극성과 은폐 의식, 처벌 위주의 강화, 더욱 강화된 이기적 집단주의의 악순환에 빠지기 쉽다. 신바람이라는 집단 에너지는 조직, 일, 개인 심리 차원의 요인들이 생산적으로 상호 작용할 때 발생한다. 이 중 어느 하나라도 결여된다면 신바람이 발화되기는 쉽지 않다.

우리는 특정한 차원에서는 뛰어나지만 이와 상호 작용해야 할 또 다른 차원에서 부족하여 스스로 한계를 드러내는 경우가 종종 있다. 상호 작용할 조직 질서와 개인 심리가 부족하기 때문에 신바람을 일으키기에 근본적으로 문제가 있다. 그 이유는, 개개인의 창의와 열의는 뛰어나지만 조직 질서와 요인에 공감대가 형성되지 않으면 집단성의 힘이 발휘되기 어렵기 때문이다. 신바람 관리는 조직 질서, 업무 수행의 방법과 분위기, 개인행동이라는 세 가지 서로 다른 수준에서 동시에 고려해야 한다.

신바람 경영의 핵심은 무엇인가

신바람 관리는 조직 수준에서 이루어지고 관리되어야 한다. 개인행동 수준이 아니라 조직 수준에서 바람직한 조직 질서와 분위기를 공생의 공동체로 만들어야 한다. 조직을 공존·공생의 공동체로 만든다는 것은 우리 민족의 사회 성향인 가족적 집단주의가 이기적 집단주의로 흐르는 것을 막고, 모두가 함께 살아간다는 가족적 공동체를 일구어 낸다는 것을 의미한다.

그러기 위해서는 조직과 구성원 사이에 공생 의식이 있어야 한다. 모든 구성원이 회사가 잘된 만큼 내 몫이 돌아오고 그에 따라 나도 잘된다는 확고한 믿음을 가져야 한다. 조직 목표에 대해 스스로 자부심을 느낄 수 있어야 한다. 구성원들이 자기 회사의 장기 목표를 자신의 가족과 친구들에게 자랑할 수 있어야 한다. 그러기 위해서 조직은 구성원들로 하여금 조직이 나를 인정해 주고 아끼고 있다고 느낄 수 있도록 해줘야 한다. 구성원 간에 인간적 유대감을 통해 자연스럽게 업무 협조가 잘되도록 해야 한다. 경영자들이 솔선수범하고 모범을 모임으로써 구성원들에게 강한 신뢰감을 심어 주어야 한다.

공존·공생의 공동체를 이룩한다는 것은 매우 힘든 일이며 오랜 시간이 필요하다. 그러나 일단 궤도에 오르면 경영자의 어떠한 혁신적 시도도 구성원들에게 정확하게 전달되며, 그들의 적극적인 지지와 자발적 참여를 통해 본래 의도와 기대를 크게 상회하는 성과를 거둘 수 있다. 다시 말해 조직의 공동체적 질서와 분위기는 기업의 성공적 변신과 경영 혁신에 튼튼한 기초 역할을 한다.

#신명 나는 신바람 경영

신바람 관리는 자기 업무를 자율적이고 경쟁적인 분위기에서 몰입할 수 있도록 해주는 것이다. 구성원들이 업무 내용과 수행 방법을 스스로 알아서 결정하고, 업무 수행 시 구성원 간 선의의 경쟁이 이루어지도록 만드는 것이다. 자율과 경쟁 속에서 의도한 대로 효과적으로 수행되기 위해서는 기본적으로 공동체적 분위기 형성이 전제되어야 한다. 조직의 공동체화가 전제되지 않은 자율은 원래 의도대로 효과를 발휘하지 못하고 개인 욕심에 의해 악용되거나 또 다른 무질서를 낳기 쉽다.

과업의 자율화란, 업무 담당자가 상부로부터의 신뢰와 지원을 기반으로 자신의 힘과 방법으로 맡은 일을 완수하는 것을 의미한다. 보통 사람들은 자신에게 주어진 권한의 폭만큼 주인 의식을 갖기 마련이기에 자율은 바로 이 주인 의식을 구성원들에게 고취함으로써 긍정적 효과를 만들어 낼 수 있다. 과중한 업무로 스트레스를 받더라도 그 업무가 자기 책임 아래 독자적으로 추진되고 있다면, 그 스트레스는 회사에 대한 불만으로 표출되지 않는다. 설사 불만이 있더라도 쉽게 잊을 수 있으며 그 업무가 성공적으로 완수되었을 때 오히려 뿌듯한 성취감과 보람을 맛볼 수 있다.

또한 적절하고도 공정한 내부 경쟁이 있어야 스스로 창의성을 발휘하고자 하는 의욕도 생긴다. 더욱 중요한 것은 다양한 참여 제도와 발표 기회를 통해 자연스럽게 자발성과 창의성을 내도록 하는 장치가 필요하다는 점이다. 조직 구성원의 자발성과 혁신 성향은 공동체적 조직 질서에 대한 심리적 반응이다. 동시에 더욱더 발전적인 공동체를 다져

나가는 새로운 자극제이기도 하다. 조직은 그 구성원의 창의성과 혁신에 의해 경쟁력을 제고시키고 성장해 나가야 한다.

신바람 관리는 정확하고도 공정한 보상이 함께 이루어져야 한다. MZ세대의 큰 특징 중 하나는 투명성과 공정성이다. 인간은 대개 자기중심적이며 약간의 칭찬에도 우쭐해지고, 자신을 대단한 인물로 착각하는 경향이 있다. 또한 조직으로부터 주어지는 상벌에 매우 민감하며 그러한 외적 환경에 따라 자신의 행동을 결정하기도 한다. 인간은 자신이 하는 일과 매일매일 삶에 대해 의미를 찾고자 하며, 거기에 의미를 부여해 주는 리더나 조직을 위해 헌신하기도 하고 커다란 희생을 감수하기도 한다. 신바람 관리에 있어 보상의 궁극적 목표는, 구성원 개개인이 자기 나름대로 실천한 모든 자발적 행동과 창의적 성과에 대해 인정해 주고 칭찬해 주는 것이다. 구성원이 바람직한 행동과 성과를 보였을 때 조직이 항상 긍정적 반응을 보일 것이라는 한결같은 믿음이 있어야 하며, 그러한 자신의 행동에 대해 상은 못 받더라도 내가 거기에 기여한다는 사실을 조직이 잘 알고 있다는 신뢰가 들게끔 해야 한다.

자신이 자발적으로 한 일과 행동에 조그마한 성과라도 있다면 누구나 타인의 평가를 받고 싶어 한다. 자신이 의식적, 무의식적으로 실천한 행동과 성과에 대해 칭찬을 받으면 더욱 분발하는 게 인간의 심리다. 대단한 금전적 보상은 아니더라도 상급자나 동료의 '수고했다'는 따뜻한 격려와 성원 한마디로 그동안 쌓였던 피로와 스트레스가 눈 녹듯 사라질 수도 있다. 구성원들은 자신의 자발적 행동과 창의적 시도를 인정받거나 알아줄 때 더욱 분발하여 자발성과 창의성을 보인다. 가족적 공동체를 일구어 내고 자율 경영을 실현함으로써 개인이 자발적으로 행동하고 창의적인 시도를 할 수 있게 하고, 조직이 이러한 행위를 인정해 주고 칭찬해 줌으로써 공동체 기반이 다시 다져지는 신바람을 일으켜야 한다.

심정적 동의가 중요한 한국인

한국인을 움직이는 동인을 확인해야 한국인을 제대로 이해할 수 있다. 일본인들은 한국인이 모래알 같은 민족이라고 폄하했다. 하지만 이는 외형만 보고 심중을 읽지 못한 말이다. 한국인들은 독립적이다. 평소에는 뭉치지 않는다. 자존심이 강하고 탐구적이며, 독립적인 기질이 있어서 혼자 즐긴다. 그러다가 인연이 되면 똘똘 뭉친다. 그중 혈연, 지연, 학연에서 가장 큰 힘을 발휘한다. 이는 흩어졌던 점이 모이는 '선線의 문화'다.

예로부터 일본인들은 우리 민족을 힐난해 왔다. 하지만 정작 그들은 독립적이지 못하다. 그들은 집단 안에 묻히는 기질적인 요소가 있다. 그들은 집단에서 떨어져 나와 혼자서 다른 생각이나 행동을 하는 것을 두려워한다. 이는 집단 문화의 성향이다. 그래서 여행을 갈 때도 함께 모여 가거나 집단으로 행동하는 특성이 있다. 그들은 개인이 집단 속에 있을 때 의미를 더 크게 가지는 '면面의 문화'를 가지고 있다.

개인은 면 안에서 편안함을 느끼는 것이다.

한국인은 확연히 다른 특성을 갖고 있다. 평소에는 독립적이고 소신 발언이 잦다. 중국이나 일본에 비해서도 매우 독립적이다. 상소 문화가 발달한 나라는 동북아 삼국 중 한국뿐이다. 일본은 상소를 배신이나 주인에 대한 거부로 받아들여 상소 문화가 없다. 중국은 상소를 하면 무시당하거나 처형을 당했기 때문에 거의 사라지고 없다. 상소 문화가 발달한 나라는 한국이 유일하다. 우리는 상소를 해서 참형을 당하는 경우가 있더라도 상소를 올린 것 자체를 집안의 자랑거리로 여겼다. 소신을 중요한 덕목으로 삼는 선비 문화의 특성을 품고 있기 때문이다. 중국처럼 권력의 힘을 사용하거나 일본처럼 칼의 힘을 사용하는 것이 아니라 이해와 설득으로 선비처럼 풀어 가는 것이 효과적이다.

한국인은 마음이 동하기 전에는 함께 움직이려 하지 않는다. 하지만 마음으로 공감하는 순간 매우 열정적으로 동참한다. 그리고 이는 자발적 행동으로 이어진다. 공감했을 경우에는 이해관계를 벗어난다. 공감하면 스스로 나선다. 이러한 한국인의 성향이 바로 조직 운영에 있어서 가장 중시해야 할 핵심이다. 이해와 소통의 시간을 갖고 공감할 수 있는 방법을 찾아내야 자발적으로 움직인다.

이에 대한 대표적인 사례로는 2007년 12월 7일 발생한 태안 기름 유출 사건을 들 수 있다. 태안 기름 유출 사고는 국내 최대 규모의 해상 기름 유출 사고로, 해상 크레인과 유조선이 충돌하면서 원유 1만 2,547kl(7만 8,918배럴)이 서해안 일대를 뒤덮은 사건이다. 모래가 기름으로 덮였고, 돌과 바위 또한 기름 범벅이 되었다. 이 소식을 들은 우리 국민들은 이 재앙을 함께 극복하고자 너나 할 것 없이 태안으로 향했고, 자원봉사자들의 발길 또한 끊이지 않았다.

사고가 발생한 지 한 달 사이에 50만 명이 넘는 자원봉사자들이 달려갔다. 모두 매서운 바닷바람 속에서 기름 덩이를 제거하는 데 동참했다. 기름 냄새로 구토를 해가면서 바다를 청소해 나갔다. 성금도 끊이지 않았다. 그 많은 기름을 수건과 종이로 닦아 낸다는 것은 불가능에 가까운 일이었지만 결국 해냈다. 육상에서 동원된 인력은 200만 명이 넘었고, 그중 자원봉사자가 120만 명이었다. 공감하면 뭉치고, 위기로 여기면 이를 스스로 극복하기 위해 자발적으로 참여하는 국민이 바로 한국인이다.

이처럼 한국인에게 중요한 것은 논리적으로 이해하는 일이다. 동참할 수 있도록 설득하고, 힘을 주면 결국 해낸다. 경영의 핵심은 사람을 움직이게 하는 것이다. 사람이 빠진 경영은 있을 수 없다. 사람을 움직이게 하려면 먼저 그들의 마음을 이해해야 한다. 한국인의 의식을 먼저 이해하는 게 중요하다. 한국인은 공감하면 감동하고, 감동하면 뭉치고 행동한다. 밤을 새워 일하라고 하지 않아도 밤을 새우고, 주말을 반납하면서 일한다. 소통이 먼저다. '내가 책임질 테니 마음껏 해보라'고 하면 신명이 나서 앞장선다. 지도자가 앞장서면 뒤에서 자발적으로 땀 흘려 일한다.

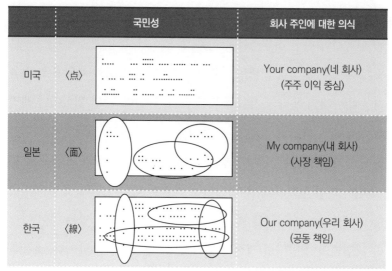

	국민성	회사 주인에 대한 의식
미국 〈点〉		Your company(네 회사) (주주 이익 중심)
일본 〈面〉		My company(내 회사) (사장 책임)
한국 〈線〉		Our company(우리 회사) (공동 책임)

출처: 가재산·임장희, 『한국형 팀제』

한미일 국민성과 문화 비교

2015년 글로벌 컨설팅사 맥킨지앤드컴퍼니McKinsey & Company는 100개 기업, 4만 명을 상대로 한국 기업의 조직 건강도와 기업 문화의 강점을 조사한 바 있다. 조사 결과에 따르면 대기업의 경우, 주인 의식이나 책임감과 같은 책임 소재 분야와 비전이나 전략 공유와 같은 동기 부여 분야는 세계 평균을 크게 뛰어넘는 최상 수준으로 나타났다. 중견기업도 세계 평균에 약간 미치지 못하는 중하 수준이지만, 우리 기업의 강점으로 분석되었다. 따라서 충성심이 없거나 주인 의식이 부족하다면, 경영자의 인재 관리에서 그 문제점을 찾아야 한다.

한국인은 타고난 주인 의식이 기저에 깔려 있다. 주인 의식 영역은 책임감 부분으로, 역할 명료화, 목표 관리 등을 말한다. 동기 부여 영역은 일의 의미, 영감을 주는 리더, 보상과 인정 등이다. 혁신 노력 부분은 상의하달 혁신, 하의상달 혁신, 지식 공유와 외부 아이디어 포착 등이다. 정리하면 직원들은 강한 주인 의식을 가지고 있으며, 스스로 동기 부여된 책임감을 바탕으로 일하고, 혁신을 위한 수많은 노력을 기울이는 것이 우리의 기업 문화라고 볼 수 있다. 주인 의식이나 책임감은 우리의 타고난 강점이다. 문제는 기업 문화가 뒷받침이 되어야 상생 효과가 난다는 것이다. 한국 기업의 조직 건강도와 기업 문화 보고서는, 기업 문화 혁신을 위해서는 직원이 아니라 먼저 경영자의 역할이 중요하다고 결론을 맺고 있다. 국민성에 문제가 있는 것이 아니라 기업가와 경영자의 정신 변화가 먼저 필요하다는 말이다. 소통과 공감대를 위해서는 보다 많은 시간과 관심이 필요하다.

한국인의 빨리빨리, 'K-속도'의 강점

한국인은 복합적인 기질을 가진 민족이다. 전혀 다른 성향의 기질을 내면화하고 있는, 보기 드문 특성을 가지고 있다. 한 민족이라면 보통 하나의 기질로 설명되지만, 한국인은 하나의 기질로 설명되지 않는다. 한국인의 기질은 극단으로 설명할 수 있다. 슬픔의 정한인 한과 기쁨의 감성인 흥을 함께 가지고 있으며, 빨리빨리 서두르는 냄비 근성을 가지고 있는가 하면 끈기 있게 지속하는 뚝배기 기질 또한 가지고 있다.

하나의 기질로 설명되는 것이 아니라 2개의 대척점에 있는 기질을 함께 가지고 있어, 서로 수용하고 융합하기도 하며 때로는 넘나들기도 한다. 한국인을 움직이게 하는 동력이 모두 작용한다. 냄비 근성과 뚝배기 근성이 한국인에게 작용하듯, 한과 흥의 정서 또한 함께한다. 복잡하게 혼합되어 작용하기도 하지만 극단적인 하나의 기질로 드러나기도 한다. 현재 한국의 산업 발전과 민주화는 빨리빨리와 흥이 이루어 낸 결과다.

빨리빨리 기질은 사계절이 있는 농경 문화에서 왔다는 것이 일반적인 학설이다. 한반도는 농사짓기에 일정이 매우 빠듯하다. 씨를 뿌리는 파종에서부터 수확하는 가을걷이까지 5~6개월 만에 이루어져야 한다. 짧은 기간에 할 일이 너무 많다. 산은 많고 들이 적은 땅에 일모작으로 농사를 지어 살아가야 하는 처지다. 벼, 보리, 콩, 수수 등의 곡물에서부터 배추, 고추, 상추, 파, 마늘, 양파 같은 채소를 재배해야 하고, 감자, 고구마 같은 작물을 심어야 하고 관리해야 하며 거두어야 한다. 또한 겨울에는 종자 씨앗이 얼거나 썩지 않도록 정성을 다하지 않으면 이듬해 봄에 농사를 지을 수가 없다. 하나만 놓쳐도 치명적인 어려움에 부닥치게 된다. 거기에 초가집의 이엉을 얹고, 자식은 여럿 낳아 키우기도 벅차다. 한마디로 말하면 일은 많은데 일손은 매우 부족하다. 계절은 24절기나 되어 절기마다 다른 할 일이 이어져 있다. 빨리빨리 하지 않으면 일을 제때 처리할 수가 없다. 시도 때도 없이 닥쳐오는 가뭄이나 태풍, 병충해도 감당해야 한다.

이러한 환경에서 우리에게는 살아남을 수 있는 방책이 하나 있었다. 바로 '대충철저'다. 다음 할 일까지 문제가 생기지 않을 만큼 마무리하고, 다음 일을 해야 하는 가운데 생겨난 한국인의 처세 방법이다. 능력보다 많은 일을 처리해야 하는 데 쓰는 방안이다. 원래 '대충'은 핵심을 대강 추리는 정도를 말하고, '철저'는 위에서 아래까지 꿰뚫어 완벽한 상태를 만들어 내는 걸 말한다. 다음 일을 처리할 수 있을 만큼만 정리하고, 다음 일로 넘어가기 위해서 간단히 마무리를 하는 것이 대충철저인 것이다. 한국인은 절박하고 버거운 세상을 살아가기 위해 '빨리빨리'를 몸으로 체득했던 것이다.

또 하나의 특징이라면 잘 참는 것이다. 폭발해야 할 때도 참고 견딘다. 한류 바람이 불어 외국인들이 한국에 와서 춤과 노래를 배우는 경우가 종종 있는데, 외국 아이들은 참지 못하고 포기하는 경우가 많다고 한다. 하지만 한국 아이들은 잘 참고 견딘다. 참는 것도 타고난 기질이다.

빨리빨리 문화가 한국인의 동력이라면 흥의 문화는 긍정적 에너지다. 한국인이 발전하고 상승 곡선을 탈 때 나타나는 기질이다. 느긋하게 지속하는 기질은 쉽게 드러나지 않는다. 한의 정서는 더욱 감춰져서 드러나지 않는다. 특히 한의 정서는 종종 개인적인 성향으로 치부되어 무시당하곤 한다. 한의 정서를 긍정적으로 바꾸어 말하면 참을성이 많다고 할 수 있다. 외압을 견뎌 내어 화병으로 나타나도 겉으론 잘 드러내지 않는다. 혼자만 알 뿐이다. 그만큼 지속적으로 참아내는 성질을 가지고 있다.

한국인의 마음을 알면 한국의 사회 현상과 문화가 보인다. 한국식 경영은 한국인의 마음을 이해하는 데서 출발해야 한다. 마음이 만든 것이 행동이고, 행동이 남긴 것이 사회 현상이다. 경영은 사회 현상의 한 부분이다. 경영은 사람의 마음을 움직이게 하는 것에서 출발하고, 행동으로 움직이게 하는 것이 핵심이며, 생산성과 효율성을 위해 사람의 마음을 움직이게 하는 학문이기도 하다.

지리적, 역사적 및 유전적 요인과 생활 환경을 보면 한국인의 특징을 이해하기 쉽다. 여기에 세계와 지역 정세 변화에 따른 대응의 역사 과정과 국제 관계 속에서 위상을 되찾아 가는 변화 과정을 보면, 흔히 이야기하는 기적 같은 일이 다반사로 일어나고 있음을 알 수 있다. 국가의 지배 구조와 통치 방법에 굴하지 않고, 민주화를 이루어 내는 저항의 과정에서 자신감을 회복해 산업화에 집중했기에 지금의 대한민국이 있는 것이다.

우리나라 고유의 글자인 한글은 1만 1,000개 이상의 소리 표현을 표기할 수 있다. 중국어의 소리 표현은 400개, 일본은 약 300개 정도다. 이 때문에 한글은 디지털 적응에 가장 적합한 문자로 알려져 있다. 이것만 보더라도 한글의 위대함을 알 수 있다. 2020년 기준 한글은 세계 43개국, 1,699개의 학교에 제2외국어로 채택되고 있다. 여기에 193개국에 거주하는 해외 동포 수는 732만 명에 이른다. 세계태권도연맹 회원국 211개국에 3,000여 명의 사범이 진출해 있는 것만으로도 세계 곳곳에서 그 위상을 떨치고 있음을 알 수 있다.

한국의 교육열은 전 세계에서 가장 높다. 교육은 인재 육성과도 직결된다. 이러한 기반으로 문화, 예술, 스포츠 방면에서 세계적인 스타를 지속적으로 배출하고, 단시간에 영화, 드라마, 게임, 웹툰 등의 분야에서 세계를 석권하고 있다. 더욱 주목해야 할 것은 바로 한류의 속도다. 싸이, BTS, 블랙핑크 등이 미국 빌보드 차트 순위를 비롯하여 아메리칸 뮤직어워즈, 그래미상 등을 빠르게 휩쓸고 있는 것은 엄청난 성과다.

기업의 성공 요인도 마찬가지다. 해외 경쟁자에 비하여 의사 결정과 실행 속도가 매우 빠르고, 각 조직에서 보다 빠른 민첩성을 보여 준 기업들은 글로벌 경쟁에서도 밀리지 않고 당당하게 승리를 거두고 있다. 1980년대 전후 일본식 현장 경험의 장점과 이후 미국식 전략 경영의 절묘한 조화를 통해 새로운 한국식 경영 방식을 탄생시키며, 세계 경제 위기에도 오히려 성장의 기회로 만들어 버린 것이다.

이처럼 다양한 분야에서 이렇게까지 탄탄하게 성장할 수 있는 저력의 핵심은 바로 홍익인간 정신에 있다. 함께 어우러지는 떼창과 떼춤이 한층 더 몰입하게 하고, 즐거움 통해 힘겹지만 끝까지 참아 내며 이룩해 낸 결과인 것이다. 훌륭한 경영자라면 직원들의 긍정적 내면을 자극하고 이들의 관심사에 주목하여 지원할 필요가 있다. 한국인의 빨리빨리 기질에는 성실함과 부지런함 그리고 근면함이 기저에 탄탄하게 자리 잡으며 정교함을 유지하고 있다. 자칫 직원들이 조급하게 서둘러 일을 그르치는 경우가 있더라도, 칭찬과 인정을 통해 내면의 역량이 충분히 발휘되도록 하는 것이 진정한 리더다.

수평의 팬덤 리더십

'침묵하는 조직'이 되면 어느 순간 벼랑 끝에 걸쳐 있는 모습이 발견되기도 한다. 20여 년간 기업을 컨설팅하고 CEO를 대상으로 강의를 하면서 가장 많이 들었던 이야기는 바로 높은 퇴직률이다. 퇴직을 하면 인재를 채용하고 성과를 낼 수 있도록 역량 향상에 주력한 의미가 없어지기 때문이다. 대기업을 제외한 기업의 퇴직률은 30~60% 정도에 달한다. 심지어 80%까지 높은 회사도 있었다. 이러한 회사들의 공통점 중 하나는 최고 경영자의 나이였다. 대부분 최고 경영자의 나이가 많았다. 이런 경우 보통 과거 자신이 성공한 패러다임으로 권위주의적으로 의사소통하고 결정을 내리곤 한다.

2021년, 삼성전자는 30대 상무와 40대 부사장을 대거 발탁했다. CJ그룹은 2022년도부터 사장, 총괄부사장, 부사장, 부사장대우, 상무, 상무대우로 나뉘어 있는 6개 임원 직급을 '경영리더' 단일 직급으로 통합한다. 급변하는 산업 트렌드 및 글로벌 경쟁에 민첩하게 대응하기 고전적인 직급을 없앴다. 특히 CJ는 미래 성장의 주역이 될 MZ세대의 특성에 맞추어 성과와 역할 중심의 조직 문화와 '공정한 성장 기회'를 갖도록 승진 단계를 줄였다.

여전히 회장이나 사장의 눈치를 보면서 묵묵히 지시에 따르며 그저 시키는 일을 처리하고 이에 반하는 의견이나 아이디어는 절대 이야기하지 않는 조직 분위기를 유지하고 있는 기업들이 많다. 직원들은 침묵하고 시킨 일만 충실하게 할 뿐이다. 이러한 기업 중에는 이번 코로나19 상황에 제대로 대응하지 못해 경영 위기에 처한 곳이 많다. 인사 제도 변화는 물론 직원 교육에 있어서 위기에 맞는 조치가 이루어져야 하는데, 적절한 대응을 하지 않고 그저 기다리고만 있기 때문이다.

고도 성장기의 발전 과정에 적용했던 리더십은 오히려 조직의 위기를 초래할 뿐이다. 앞으로 조직의 핵심적 역할을 수행할 MZ세대는 쌍방향의 수평적이고 자유로운 소통에 익숙하다. 이들은 SNS를 통해 자신의 의사를 바로바로 표현하는 데 능숙하다. 당연히 회사 내에서도 즉각적인 피드백과 일상적인 소통이 이루어지길 기대하고 있다. 이러한 기대를 과연 기존 조직은 얼마나 수용하고 있을까?

MZ세대는 1년에 한 번으로 정례화된 평가, 피드백 시스템이나 몇 단계를 거치는 의사 결정 과정 그리고 일의 결과에 대한 무반응을 이해하지 못한다. 이들은 모든 일에 즉각적인 만족감을 얻는 것을 목표로 하기 때문에 끊임없는 대화를 기대한다. 기업이 성장하려면 소비자들이 원하는 미세한 차이를 읽어 내고, 그것을 상품화·제품화하기 위한 창의력과 아이디어가 필요하다. 이 창의력과 아이디어는 개인과 부서, 조직, 사업 간에 적극적인 교류와 소통을 통해 시너지를 창출해야 얻을 수 있다. 서로 다른 것들이 하나로 모여서 시너지가 창출되는 시대에는 협업 경영이 이루어져야 한다. 협업 경영의 근본은 수평적인 협업 문화를 조성하여 시너지를 창출하는 것이다. 이 과정에서 각기 다른 일을 하는 직원들은 수평적인 의사소통을 통해 성과를 창출해 낼 수 있다. 과거의 수직적 조직 문화와 패러다임을 바꾸고 MZ세대와 유연하게 소통할 수 있는 수평적 조직 문화를 새롭게 구축해야 한다.

코로나19로 인해 언택트 사회와 디지털 혁명이 더욱 가속화되면서 수평적인 의사소통이 절대적인 소통 방법으로 대두되고 있다. 재택근무가 활성화되고 원격근무가 강화되면서 의사 결정과 이견 조율, 팀 간 협조 등을 위한 비대면 회의가 지속되고 있다. 이로 인해 비대면으로 업무가 지시되고 또 비대면으로 성과를 관리해야 하는 익숙지 않은 행동을 해야 한다. 처음 접하는 이러한 환경에 유연하게 대처하기 위해서는 물리적 환경의 변화와 인사 관리 제도는 물론, 조직 문화의 변화를 적극적으로 추진해야 한다. 수많은 기업이 이러한 변화에 대처하기 위해 자율 좌석제, 오픈 좌석제 등을 실시하고 있다. 또한 인사 제도나 조직 문화의 변화를 위해서 직급을 3~4단계로 과감하게 바꾸거나 호칭을 '님'이나 '프로'로 통일해서 부르기도 하고, CEO와 직접 소통하는 오픈 채팅과 타운 미팅, 화상을 통한 대화의 장을 만들어 운영하기도 한다.

기업 내 MZ세대 직원들의 비중이 높아지면서 이들의 목소리에 귀를 기울이고 소통을 강화하려는 기업들이 늘고 있다. 자유롭고 수평적인 기업 문화를 선호하는 성향이 강한 20~30대 젊은 직원들과의 다양한 소통 창구를 마련하기 위해 여러 제도를 도입하고 있는 것이다. 포용과 다양성을 중시하는 기업 문화를 바탕으로 조직 내 세대 간의 소통과 화합의 중요성을 강조하고 있다. 자유롭고 수평적인 기업 문화를 중시하는 MZ세대의 비중이 높아지는 만큼, 젊은 세대가 제시하는 신선하고 획기적인 아이디어를 기업 문화에 녹여 내려고 노력하는 것이다.

언택트 시대의 리더십, 흔마음

2013년 6월, BTS는 데뷔 무대에서 "끝까지 살아남겠다."라는 포부를 밝힌 바 있다. 데뷔 당시 크게 주목받지 못하며 촌스럽던 일곱 소년은 이제 한국을 넘어 세계 시장을 뒤흔드는 스타로 우뚝 섰다. 그렇다면 과연 이들의 성공 비결은 무엇일까? 전문가들은 이구동성으로 SNS와 유튜브를 꼽지만, 이는 다른 K-팝 아이돌들과 동일한 수준이다. 성공의 핵심은 노래 가사를 통해 신뢰감을 느끼도록 하고, 일관된 행동이 주는 '공감'이라는 강한 중독성이다. 이들이 부르는 노래는 어려움을 겪는 10대와 20대의 삶을 공감하는 내용이 주를 이룬다.

더구나 이름 없는 아이돌 시절 느꼈던 어려움과 차별적 시선을 가사에 잘 녹여 내 공감할 수밖에 없는 꿈과 희망, 좌절과 아픔을 새겨 넣었다. 이 중독성 강한 서사는 이름 없는 기획사 출신으로 작은 합숙소에서 동고동락하며 데뷔를 준비하다 마침내 세계 무대에 선 성공기와 기막히게 맞물려 떨어졌다. 이것이 한국어로 노래하면서도 세계 각국의 팬에게 편견 없이 사랑받는 가장 결정적인 이유다. 언어와 인종, 국적, 성별도 다른 이들이 BTS를 보고 노래를 들으며 공감하여, 각자의 방식으로 해방감 같은 세계를 지지하면서 이에 열광한다.

#'공감'이 만들어 낸 신뢰

공감은 신뢰를 얻는 강력한 언어다. 우리는 어떨 때 상대방에게 공감하고 신뢰할까? '공감empathy'은 공명共鳴하는 것이라고 말한다. 함께 하나가 된다는 마음으로 상처는 상처로, 아픔은 아픔으로, 나약함은 나약함으로 서로의 손을 맞잡는 것이다. 그렇다면 이와 유사한 동감이나 동정심sympathy과는 어떻게 다를까? 혹자는 이렇게 비유해서 말한다. 거리에 남루한 옷을 입은 노숙자가 차가운 땅바닥에 엎드려 있다. 이를 보고 어떤 사람은 동정심으로 지갑에 있는 1만 원을 통 속에 넣고 간다. 또 다른 어떤 사람은 돈 대신 그 사람의 손을 잡아 일으켜 얼마나 배가 고프고 힘드냐고 물으면서 인근 식당으로 데려가 따끈한 설렁탕 한 그릇을 사 준다. 같은 돈을 썼지만 앞사람은 단지 동정에 그쳤고, 뒷사람은 한발 더 나아갔다.

우리에게는 '나'가 아닌 '우리'가 마음 한 곁에 깊숙이 자리 잡고 있다. 내 엄마가 아니라 '우리 엄마'고, 내 학교가 아니라 '우리 학교'다. 그래서 평소에는 모래알처럼 흩어져 있다가 위기나 큰 사건이 벌어졌을 때 공감이 되면 회오리바람처럼 중앙으로 결집하고 뭉치는 경향이 강하다. 경영자나 지도자가 공감대를 만들어 놓으면 구성원들은 무섭게 뭉친다.

고도 성장기에 발휘했던 '꼰대 리더십'은 이제 큰 저항을 받는다. 조직 구성원의 반 이상을 차지하는 MZ세대들은 나를 중심으로 생각하며, 일방적 지시나 수직적 소통에 익숙하지 않다. 기존의 경영자나 관리자들이 자신이 살아온 경험과 눈으로 보면, 모든 게 낯설고 공감되지 않는 경우가 많을 것이다. 하지만 나를 내려놓고 그들 입장에서 보면 틀린 게 아니라 다른 것임을 알 수 있다. 그 사실을 알고 그들로부터 공감을 얻는다면 이들은 무서운 힘을 발휘한다.

MZ세대는 일방적인 지시에는 익숙하지 않은 반면 수평적이고 자유로운 쌍방의 의사소통에는 익숙하다. 따라서 밀레니얼 세대의 상위 계층인 X세대들이 패러다임을 바꿔 수평적 의사소통으로 이끌어야 한다. 수평적 의사소통을 통해 높은 성과를 창출하려면 조직원 각자가 '나' 중심에서 벗어나 서로 다르다는 것을 인정하고 상대방을 먼저 이해해야 한다는 원칙도 잊어서는 안 된다.

코로나로 인해 비대면 시대가 도래했지만 코로나가 물러간다고 해도 이러한 추세는 그대로 유지될 가능성이 높다. 오히려 고착화되고 디지털 혁명의 거센 파고가 더 강화될지도 모른다. 이러한 시대에 발현되어야 할 리더십은 감성 리더십, 서번트 리더십, 진성 리더십, 코칭 리더십이다. 이러한 리더십의 공통점은 무엇일까? 상대방의 마음을 읽어야 대화가 되고 소통이 이루어진다. 아무리 합리적이고 논리적으로 생각한다 할지라도 상대의 마음을 열지 못하면 결국 의사소통은 실패하고 만다.

기업들도 감성 에너지를 무한대로 끌어올릴 방법을 찾기 위해 노력하고 있다. 감성 경영 시대에서는 상대의 마음을 읽고 열어야 고객 만족도, 협상도, 팀워크도, 인간관계도 이루어질 수 있다. 관리자의 역할은 통제하고 평가하는 일에서 직원의 잠재 능력을 끌어낼 수 있는 코치로 변했다. 부하 직원이 잘할 수 있는 일을 적극적으로 찾아주고 장점을 잘 활용할 수 있도록 도와줄 때, 그들은 상사의 진실성과 개인 존중 그리고 공정성을 믿고 따른다.

K-리더십의 지향점, 자발적 몰입

애사심이나 충성심은 세상 변화에 따라 의미나 방법이 달라진다. 다시 말해, 자기가 하는 일이 의미가 있으면서 재미를 느껴 업무에 몰입함으로써 그에 맞는 성과를 내어 회사 발전에 기여함과 동시에 자기도 성장하는 일, 즉 동반 성장이 중요한 이슈가 되었다. 일에 대한 몰입을 통해서 고객에게 헌신하는 것이 더욱 중요한 애사심이자 충성심이된 것이다. 그렇다면 진화된 애사심과 충성심이라고 할 수 있는, 일에 대한 자발적 몰입이란 무엇이며 어떤 의미를 가질까?

철학자들은 오래전부터 행복이야말로 인간 존재의 궁극적인 목적이라고 생각했다. 아리스토텔레스도 "행복이 최고의 선"이라고 말했다. 그렇다면 무엇이 평범한 한 사람의 인생을 값지고 행복하게 만들까? 미국의 심리학자 미하이 칙센트미하이Mihaly Csikszentmihalyi 교수는 이 의문을 풀기 위해 질문을 바꿨다. '인간은 언제 가장 행복한가?' 이를 위해 그는 여러 직업군을 관찰했다. 결과적으로 그들이 공통적으로 가장 행복을 느끼는 순간은 자기가 좋아하는 일에 빠져 있을 때였다. 이때는 배고픔도 피곤도 문제가 되지 않았다. 최고의 몰입을 경험하는 순간에는 에너지의 흐름에 따라 아무런 힘을 들이지 않고 자신이 저절로 움직이는 것 같은 느낌을 받는다는 것이다. '물 흐르듯 행동이 자연스럽게 이루어지는 느낌이 드는 순간', 그는 이 상태를 '플로Flow'라 명명하고, 이렇게 결론을 내린다. "삶을 훌륭하게 가꿔 주는 것은 즐거움에 깊이 빠져드는 몰입이다. 우리는 몰입을 통해 삶의 질을 한 단계 높일 수 있다!" 그는 놀이에 따르고, 놀이에 승복하며, 놀이를 제대로 이해하는 것이야말로 인간 문명을 빛나게 한다고 주장한다.

우리는 재미를 위해서 사는가, 의미를 추구하기 위해 사는가? KAIST 이민화 교수는 "재미가 나를 위한 내면적 가치라면 의미는 세상을 향한 외적 가치에 해당된다. 따라서 의미 없이 재미있는 일에만 탐닉하면 여기에서 벗어나지 못하고 사회의 지탄을 받게 된다."라고 말한다. 결국 재미없이 의미만 추구하면 사회적으로는 바람직하지만 금방 지쳐 버리고 탈진하고 만다.

성공적인 삶이나 행복을 누리는 사람이 있는 반면 그렇지 않은 사람도 있다. 이 둘의 차이는 일을 할 때의 설렘에서 알 수 있다. 일을 자발적인 마음에서 행하지 않고 상사의 지시에 중압감이나 억지로 해낸다면 그 일은 스트레스로 다가온다. 스트레스나 중압감 속에서 창의적인 활동을 하는 것은 매우 어렵기 때문에 지시한 대로 수행할 수밖에 없다. 큰 가치나 의미 있는 일들은 도전과 어느 정도의 희생을 요구하기 때문에 그 일을 마치게 되면 희열을 느낀다. 반면 가치 없는 일상적인 일들은 아무리 해봐도 삽질에 불과하고 가슴을 설레게 하지 못한다. 예측하지 못하는 불확실성이 크더라도 의미 있고 가치 있는 일에 도전한다면 사람들은 열정을 쏟는다.

#설레는 목표

재미있고 의미 있는 목표는 조직에는 성과를 가져다주며, 개인에게는 자아실현이라는 큰 선물을 안겨 준다. 재미와 의미가 선순환하는 기업가적 삶이 디지털 혁명 시대의 구성원들이 가져야 할 중요한 덕목이다. 자기가 좋아하는 일에 몰입하고 있을 때는 마치 그 몰입의 대상과 혼연일체가 된 것 같다고 한다. 완전히 몰입하게 되면 평소 떠오르지 않던 영감과 아이디어가 저절로 떠오르고, 그 상태를 오래 지속해도 전혀 지치지 않으며, 자신의 두뇌 능력이 극대화되는 상태를 의도적으로 만들 수 있다.

죽음을 무릅쓰고 알프스나 히말라야를 정복한 등산가들은 그 과정에서 고산병에 시달려 거의 실신 상태가 되는 등 힘들고 스트레스도 많이 받지만, 어떠한 추위와 어려움이 있어도 바람이 휘몰아치는 암벽을 오른다. 그들이 느끼는 희열에 고난은 비길 바가 되지 못하기 때문에 도전을 멈추지 않는 것이다. 이처럼 몰입은 놀라운 힘을 발휘한다.

몰입을 지속적으로 하기 위해서는 다음과 같은 세 가지가 필요하다.

첫째, 설레는 목표를 설정해야 한다.
둘째, 목표를 향해 달려갈 때 재미가 있어야 한다.
셋째, 그 목표를 수행하는 과정에서 스스로 의미를 찾을 수 있어야 한다.

설정된 목표에는 반드시 자신만의 의미가 담겨 있어야 한다. 조직적인 목표를 수행하는 경우라면, 그 목표 설정의 의미와 이를 달성했을 때 어떠한 이점을 얻을 수 있는지 명확해야 한다. 그리고 목표를 향해 달려가는 동안 그 과정에서 흥미를 느낄 수 있어야 한다. 반복하는 과정에서 지루함을 느낀다면 더 이상 반복할 이유가 없다. 또한 재미를 느낀다고 해도 과정에서 스스로 성장하거나 무언가를 깨달을 수 없다면 지속할 이유를 찾지 못한다.

설레는 목표를 설정했다면 이를 달성하기 위해서 지속적으로 도전하며, 의미를 찾아가고, 이러한 과정 속에서 재미를 통해 목표에 도달하게 된다. 여기에서 의미는 자신만의 성찰이기도 하지만, 어떠한 목표를 설정했느냐에 따른 난이도가 될 수도 있다. 결국 도전을 통해 나름의 의미는 찾는 것은 물론, 스스로 재미를 느끼며 목표에 한 걸음씩 다가가는 것이다.

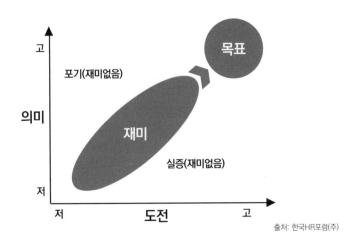

출처: 한국HR포럼(주)

일류 기업은 수익 창출에만 급급하지 않고 직원들이 일에 대한 주인 정신을 갖고 일에 몰입함으로써 행복을 느껴 최적의 성과를 내는 데 집중한다. 그렇기 때문에 끊임없는 도전을 통해 스스로 의미를 찾아 일에 대한 흥미를 유지하기 위해 노력하고 있다. 스마트 시대에는 특히 직원의 잠재력을 최대한 끌어올릴 수 있는 환경을 조성해 주어 스스로 몰입해 보다 큰 성과를 창출해 내는 것이 중요하다.

창의와 창조가 요구되는 지금과 같은 시대에 몰입은 성과 창출과 직결된다. 그렇기 때문에 일에 대한 몰입을 통해 개인 스스로 즐거움을 찾는 것은 매우 중요하다. 여기에서 가장 중요한 것은 상사의 간섭이 없는 자율성이다. 스스로 일의 의미와 가치를 인식하게 하고, 도전을 통해 이루어 낸 결과로 흥미를 유발하도록 하는 것이 중요하다. 자율성을 가지고 일하게 하는 가장 큰 이유도 여기에 있다. 그래서 직원이 행복한 회사란, 사람들이 열정을 갖고 일하도록 하면서 잠재 능력을 키워 주는 회사다. 직원들은 자기 성장과 향상의 욕구가 충족되었을 때 자기만족과 행복을 느끼게 된다.

K-리더십의 성공 요인, 신바람 사이클

신바람은 조직의 활력을 불어넣어 탁월한 성과 창출을 가능하도록 하는 데 중요한 역할을 한다. 하지만 그 중요성과 필요성에 비해 활용 방법을 체계화하고 이론화하려는 시도는 거의 없었다. 아마 서구의 최신 이론과 기법을 도입하는 데 급급한 우리 학계와 기업계의 타성 때문일 것이다. 여기서는 체계화되고 있지 않은 신바람에 초점을 맞추기로 했다. 산업 현장에서 신바람을 일으키는 관리 방법이 무엇인지를 규명하는 데 우선으로 노력하고자 했다.

신바람 관리, 즉 신바람을 일으키는 관리 방법을 탐구하기 위해 시작한 것은 우리 민족성에 대한 연구였다. 연구에 따르면 우리의 민족성에는 장점과 약점을 동시에 안고 있는 양면적 속성이 있다. 이러한 양면성은 산업 현장에서 일을 잘할 때와 못할 때의 기복이 매우 크다는 사실로 나타난다. 다시 말해, 잘할 때는 사장도 포기한 회사를 사원들의 힘으로 다시 일으키기도 하지만, 못할 때는 멀쩡한 일류 회사도 강성 노사 분규로 인한 저조한 생산성에 시달리게 만들기도 한다.

우리의 내면에는 양면적 속성의 상반된 사회 심리적 사이클이 존재한다. 이 두 가지 사이클 중 부정적인 것은 조직 구성원들이 이기적 집단주의에 흐르고 스스로 소극성과 은폐 의식을 나타내는 과정에서 다시 이기적 집단주의를 강화시키는 순환 과정을 말한다. 이민화 교수는 이러한 악순환의 과정을 '한의 사이클'이라고 정의했다. 왜냐하면 이 사이클을 통해 조직 구성원들이 조직에 대한 한과 불만을 축적시키기 때문이다.

반면에 우리에게는 긍정적인 심리 사이클 또한 존재한다. 이것은 조직 구성원들이 공존·공생의 공동체주의를 지향하고 스스로 자발성과 창의성을 나타내는 과정에서 다시 공동체 의식을 강화하는 선순환을 의미한다. 이러한 선순환의 과정을 '신바람 사이클'이라고 정의했다. 사회 심리적 사이클을 통해 구성원들이 신바람을 일으킨다고 믿었기 때문이다. 지금까지 수많은 기업이 사용해 온 경영 방식이 앞의 두 사이클 중 한의 사이클을 조장하고 있다고 생각했다. 그 근거는 사회적 우려의 대상이 되고 있는 대형 노사 분규뿐만 아니라 최근 실시된 한국갤럽조사연구소의 조사에서도 발견할 수 있다. 한이 우리 문화의 특징으로 등장한 이유는 역사적으로 억울하고 분한 감정이 우리, 특히 하층 민중들에게 깊게 자리 잡고 있기 때문이다. 또한 불만과 원한을 외형적으로 발산하지 못하고 내향적으로 심화하여 자학으로 문제를 해결하려는 습성에도 그 원인이 있다.

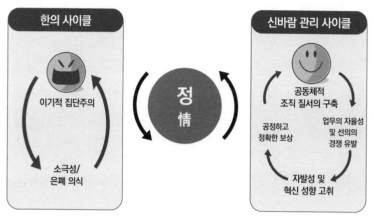

자료: 이민화, 『한경영』

한국인의 한과 신바람 사이클

한국인들은 조선 시대의 엄격한 신분 제도와 암울했던 일제의 식민 통치, 정통성 없는 독재 정권을 경험하면서 사회 조직을 처음부터 갈등적 존재로 인식해 왔다. 사회 질서의 엄청난 힘 앞에 좌절을 느끼면서 내면에 한을 축적해 왔던 것이다. 이러한 한의 축적은 오늘날 사회에서도 되풀이되고 있다. 소수 집단의 이익만을 대변하는 폐쇄적 족벌 경영 체제 속에서 정서적 교감은 느낄 수 없었고, 정당한 자기주장을 집단의 질서 속에서 소멸시키며, 심리적 좌절을 경험해 왔다.

우리 민족은 유달리 인간적 유대감과 공동체적 분위기를 중시하고, 그 속에서 마음껏 자발성과 창의성을 발휘하고자 하는 강한 열망이 있다. 또한 이러한 열망이 충족되지 못할 경우 이를 감정적으로 참지 못하고 자학하는 습성도 있다. 한의 사이클은 바로 이런 열망이 충족되지 못할 때 작동하며, 이 사이 조직 구성원들의 원망과 불만은 '한'이 되어 축적된다. 그리고 이 한은 만성적인 생산성 저하의 원인이 되고, 급기야 대형 노사 분규의 핵심 원인이 되기도 한다.

선순환적 사회 심리 사이클은, 사회 조직이 공존·공생의 공동체를 지향한다면 그 조직에 속해 있는 구성원들은 주인 의식을 갖고 적극성을 보이며 창의력을 발휘할 것이라는 뜻이다. 이런 인간 개체들의 자발성과 창의성은 공동체적 질서와 긍지를 더욱 강화시켜 조직과 인간이 매우 생산적인 방향으로 상승 작용을 일으킬 수 있다. 우리가 찾는 신바람은 바로 이런 상승 작용의 결과라고 할 수 있다. 또한 한국인은 조직 구성원 간에 따뜻한 느낌의 교감과 공감대를 형성하기를 열망한다. 일단 분위기만 만들어 주면 일에 몰두하고 무한한 창의성을 발휘하는 속성이 있다. 우리 문화는 '흥의 문화'로도 불린다. 공동체 의식이 촉발하면 흥이 일어나고, 집단의 운명을 자신의 운명으로 받아들인다. 집단의 명예를 자신의 명예로 인식한다. 169쪽 그림의 신바람 사이클은 바로 이때 발휘되며, 이러한 선순환적 과정에 의해 신바람이라는 집단적 초능력이 발생한다.

우리 내면에는 한의 사이클과 신바람 사이클이 공존한다. 그래서 우리 민족성에 양면성이 있고 잘할 때와 못할 때의 기복이 심하다는 평가를 받는다. 우리가 신바람이 날 때 '사이클'이 작동한다. 다시 말해 신바람은 상하 상호 작용이 한 방향으로 작용하여 조직 내부에 따뜻한 인간적 교감과 공감대가 형성되면서 발생한다. 공동체적 집단주의라는 사회적 속성과 적극성 및 창의성이라는 심리적 속성이 계속 상승 작용을 일으킴으로써 신바람이라는 엄청난 사회 심리적 에너지가 창출된다. 이러한 상승 작용의 과정을 신바람 사이클이라고 부른다. 신바람 사이클은 조직 구성원의 제도 개혁이 몇몇 개개인의 자발적 마음가짐 중 어느 하나의 힘만으로는 작동하지 않는다는 특징이 있다. 반드시 이 양자가 톱니바퀴 굴러가듯 균형 있게 상호 작용을 해야 한다. 감정 기복이 심한 한국인들은 이러한 신바람 사이클 창출에 실패할 경우, 걷잡을 수 없는 사회 심리적 악순환에 빠지기 쉽다.

처음 BTS가 힙합을 통해 음악을 풀어 갈 때만 하더라도 여러 아이돌 그룹과 별반 다르지 않았다. 하지만 다른 아이돌 그룹과는 달리, BTS는 자신들의 삶과 전 세계 젊은이들의 삶을 진정성 있게 접목해 자신들의 '한'을 리듬과 춤이라는 '신명'으로 풀어냈다. 세계의 같은 또래 젊은이들의 고통에 동참하고, 목소리를 대변하면서도 꿈과 희망을 더하여 한과 신명이 춤과 융합되어 전 세계를 매료시키고 있다. 이처럼 논리적으로 잘 해명되지 않지만 우리는 신명이 나야 일하는, 우리 특유의 감성적 정이 있다. 이러한 정은 국민성이자 DNA임이 틀림없지만, 정이 잘못되면 한이 서릴 수도 있고 신바람으로 나타나기도 한다.

그렇다면 한국인들은 언제 성과를 낼까? 한국인들은 기본적으로 흥이 많고, 뭔가 해내려는 성취욕이 강하다. 신바람이 날 때는 물불 가리지 않고, 열정과 없던 에너지를 쏟아 목표를 달성하는 특징이 있다. 그래서 한국 사람들은 '신나게'만 만들어 주면 성과를 낸다. 앞에서 여러 차례 언급한 2002년 월드컵의 붉은 열기, 1998년 IMF가 터졌을 때 범국민 운동이 되었던 금 모으기 운동, 최근에는 20세 이하 청소년 축구에서 한마음으로 똘똘 뭉치게 한 정정용 감독의 리더십도 한국인이 가진 독특한 에너지를 잘 보여 준다. 그럼 어떻게 신바람 에너지가 나게 만들 수 있을까? 조직이 나와 운명을 나누는 공동체라는 자각이 생기면 단합되고 공동의 목표를 달성하고자 구성원들이 열성적으로 참여한다. 일종의 밈 현상이다. 일단 침투되면 무한 복제를 하고 빠른 속도로 확산한다. 이러한 신바람을 일으키는 데는 리더의 역할이 매우 중요하다.

3

혼마음 경영과 경영한류

한국인이 성과를 잘 내게 하는 법

요즘 해외에서 명성을 날리는 자랑스러운 한국인들이 있다. 그중의 한 사람은 1억 명에 가까운 베트남인들을 열광시키고 있는 박항서 감독이고, 또 한 그룹은 전 세계 젊은이들의 마음을 사로잡아 비틀스 이후 최고의 평가를 받고 있는 BTS다. 우리에게는 2002년 대한민국을 열광의 도가니로 몰아넣었던 월드컵의 기억이 남아 있다. 그때 코치로 활약했던 박항서 감독은, 히딩크 시절 체득한 전문적 기술과 선수를 다루는 역량으로 전체를 하나로 묶는 일명 '박항서 매직'을 보여 주고 있다. 그는 분명 한국인의 강점을 듬뿍 지닌, 한국과 한국인을 대표하는 아바타다.

한국과 베트남은 두 나라의 역사, 문화, 종교, 국민 정서는 물론이고 경제 발전 과정까지 놀랍도록 유사한 동질성을 가진다. 박항서 감독은 이러한 동질성 위에 한국인 특유의 정과 '우리는 하나'라는 온정

의 파파 리더십을 통해 신화를 만들어 냈다. 동남아 변방에 불과해 '한'
이 서려 있던 베트남 축구를 기적같이 일으키며 최고의 성적을 냈다.
선수들은 물론 베트남 국민 전체를 하나로 묶어 신바람으로 몰아넣는
'흔마음 리더십'을 발휘한 셈이다.

#온정의 파파 리더십

그렇다면 BTS가 빌보드 차트를 1위를 거머쥐고 빌보드 대상을 2
개나 석권하며 폭발적 인기를 누리는 근본적 이유는 무엇일까? 전문
가들은 성공의 이유를 탄탄한 콘텐츠, 현란한 춤 솜씨, 팬들과의 공감
력 등 다양하게 제시한다. 그러나 필자는 성공의 핵심은 '한국다움'이
고 한국인의 특성인 '한'과 '신명'의 조화라고 말하고 싶다. 그들이 월
드투어 뉴욕 공연에서 보여 준 엔딩곡 〈아리랑〉으로 6만 관중을 하나
로 만들며 신바람의 도가니로 몰아넣은 장면을 보면 금방 알 수 있다.
분명 〈아리랑〉은 우리 민족의 한을 품은 한국을 대표하는 민요다. 그
들은 〈아리랑〉을 한에 빠져들지 않고 곡의 템포와 신나는 춤으로 절묘
하게 반전시키며 흥과 신바람으로 승화시켰다.

글로벌 경쟁력을 확보하기 위해 외국의 사례를 배우는 것도 좋지
만, 우리가 가진 특징들을 더 잘 살릴 필요가 있다. 우리가 가진 고유
감정인 '우리'라는 동지 의식과 배려에서 비롯되는 '정', 여기에 목표를
분명히 해주면 구성원들은 신바람이 난다. 요즘이야말로 구성원들의
협업과 창의력이 절대적으로 필요한 시기다. 진정성을 가지고 구성원
모두를 한 방향으로 이끄는 '흔마음 리더십'이 필요한 때다.

한류는 경영자의 능력과 의도에 따라 기업 문화와의 접목이 가능하다. 우리는 현재 정보가 범람한 지식 과잉의 시대에 살고 있다. 한국인을 설득하려면 이제는 새로운 생각과 리더십으로 이끌어야 한다. 한국인을 이해하고 한국인의 성향을 담은 한국적인 경영 기법이 필요한 이유다. MZ세대의 특성을 이해하고 함께하려는 의지만 있어도 지금 당장 무엇에 집중해야 할지 보인다. 이제는 우리에게 맞는 옷을 입을 때가 되었다. 한국인의 체형에 맞는 옷, 즉 한국인의 행동 양식에 맞는 옷을 만들어야 한다.

　한국인은 서로 다른 기질을 품어 안는 특별한 정신을 갖고 있다. 또한 자치와 협동이라는 서로 독립적인 기질을 함께 갖는 '두레 정신'이 있다. 돌이켜 보면 과거 회사에서 필요로 했던 충성심의 핵심은 회사에 대한 무조건적인 애사심이었다. 이러한 애사심을 바탕으로 자신을 버리고 이른 아침부터 밤늦게까지 열심히 일하길 바랐고, 자기 자신보다는 회사와 오너와 같은 주인의 만족이 우선시되었다. 그러나 이러한 생각을 변화된 지금의 상황에서 기대하기에는 무리가 있다.

　오늘날, 맹목적인 애사심이나 충성심은 기업 경영에 효과적인 방법이 아니다. 오히려 회사에 해가 되기도 한다. 자기가 하고 있는 일이나 업무에 몰입하여 성과를 내는 일이 무엇보다도 중요한 시대가 되었기 때문이다. 궁극적으로 내가 하고 있는 일이 고객의 만족을 위한 일이 되어야 하고, 내가 스스로 일의 주인이 되는 것이 무엇보다도 중요한 과제가 되었다. 회사나 주인에 대한 애사심 발휘보다는 일에 대한 몰입을 통해서 고객에게 헌신하는 것이 더욱 중요한 충성심이 된 것이다. 초일류기업들은 제1목표를 직원 만족에 두고 있다. 목표 달성 능력도 중요하지만, 변화무쌍한 환경 속에서 목표를 설정하는 능력을 더 중요하게 여긴다. 이것이 곧 조직과 기업의 경쟁력이 될 수 있기 때문이다.

서문에서 밝혔지만 '한류경영'은 한국인의 정신과 기질을 모태로 하며 한국인의 전통 정신인 인본주의를 결합해서 만든 경영 기법이다. 한국적인 경영 기법과 인사 관리가 한국인만의 기질과 강점이라는 한국인만의 특수성을 넘어서서 '한국적'이라는 보편적 가치를 같이 공감하고 수용하는 것이 한류경영이라 할 수 있다. 또한 '경영한류'는 한국화된 경영 기법이 지나치게 된장 냄새만을 고집하지 않고 보편적 가치를 지니는 새로운 경영 기법으로 자리 잡아 한류경영의 지속성과 글로벌 확장성을 의미한다. 이러한 흐름은 서양에서도 인문학이 경영에 크게 접목되고 있다. 사람 중심의 경영이 디지털 혁명의 키워드와 인간과 행복으로 귀결되면서 한류경영은 한국인이라는 특수성을 떠나 보편성을 갖추어 가고 있다. 국내는 물론 동남아를 거쳐 서구에까지 보급할 수 있게 한다는 의미에서 처음으로 세상에 소개되는 단어들이다.

'빨리빨리'는 한국인을 비하하는 대표적인 단어 중 하나였다. 하지만 디지털 시대의 도래로 전자 왕국을 누르고 세계를 석권하면서 '빨리빨리'라는 단어는 이제 한국의 저력이 되었다. 융합과 초연결 시대에 서로 다른 극단을 끌어안아 융합하는 한국인의 저력과 디지털 혁명을 선도하는 '빨리빨리'는 한국인의 위상을 알리는 키워드가 되었다. 한류가 여러 가지 제약 속에서도 멈추지 않고 확장하고 있는 것은 한국적인 맛이 서려 있기 때문이다. 디지털 혁명과 맞물려서 한국호가 더욱더 힘차게 세계로 나아가기 위해서는 한국인의 정신과 기질의 독특함과 희귀함에 집중해야 한다.

사람 중심, 행복 경영에 주목하는 이유

20년 전, 일본에서 '유토피아 경영'으로 유명한 미라이공업의 사장, 야마다 아키오山田昭男를 초청하여 인간 존중의 경영 현장 사례를 직접 듣도록 하는 세미나를 직접 개최했다. 우리나라에서는 거의 없었던 사례 발표라서 500명 넘게 참석했다. 칠순에 접어든 야마다 사장이었지만 괴짜가 아닌가 싶을 정도로 그의 경영론은 파격적이었다. 강연을 마친 뒤 강남의 한정식집에서 함께 식사하며 많은 이야기를 들었는데, 톡톡 튀는 그의 말투는 한결같았다.

"사원들을 놀게 해야 돼! 업무 할당량 따위는 필요 없어, 사원들이 알아서 다 해."

그는 사원들에게 지시, 감독할 필요가 없다고 힘주어 말했다. 당근만 주면 스스로 알아서 한다는 것이다. 더구나 파나소닉 같은 대기업과 경쟁하면서도 미라이에는 영업 목표나 생산 목표를 위에서 내려주는 게 아니라 사원들이 직접 정한다고 했다. 성과에 따른 인센티브나 경쟁적인 인사 제도도 아예 없다. 그러면서도 미라이공업은 50여 년 연속 흑자를 내고, 연평균 경상 이익률이 15% 수준을 유지하고 있다. 1년에 140일 이상의 유급 휴가가 주어지고, 육아 휴직은 3년이며, 해외여행을 갈 경우 회사가 부담한다. 아이디어를 제출하면 사소하고 작은 아이디어일지라도 무조건 500엔을 지급한다. 이런 회사가 정말 있을지 의구심이 들 정도다. 실제로 야마다 사장은 1991년 상장할 당시 이름 적힌 쪽지를 만든 후 선풍기를 틀어 가장 멀리 날아가는 쪽지부터 과장직을 수락했고, 그 후엔 볼펜을 던져 과장 승진자를 정하기도 해서 더욱 유명해졌다.

그 당시 필자를 포함한 세미나 참석자들은 입을 모아 그러한 경영 방식은 선진국 일본이니까 가능한 것이고, 야마다 사장의 과거 연극 배우였다는 사실 때문에 가능하다고만 여겼다. 그런데 한국형 인사조직 연구회를 시작하면서 새로운 사실을 알게 되었다. 우리나라 실정에 맞는 인사 제도를 연구하기 위해 현장 방문을 실시하고 있었는데, 실제로 살펴보니 우리나라에도 미라이공업처럼 사원 중심의 경영, 사원이 행복한 회사가 상당히 많았던 것이다. 연구회 멤버들과 파주 헤이리마을에 있는 '제니퍼소프트'라는 회사를 방문한 적이 있다. 1층 카페에서 이원영 대표와 이야기를 나누다 보니 그가 야마다 사장 이상으로 사원 행복에 대해 심혈을 기울이고 있다는 것을 알게 되었다. 직원을 위하는 이야기가 논리정연할 뿐 아니라 진솔하고 신념에 차 있어 마치 법당에서 설법을 듣는 느낌이었다.

이날 이원영 대표의 첫 마디는 "직원이 회사에서 놀면 안 되나요?

그래야 직원이 행복하잖아요?"였다. 자신은 직원 복지와 교육에 대한 투자는 인간 존중 철학에 바탕을 두고 있다고 강조했고, 구성원들의 삶을 조금 더 풍요롭게 만드는 것이 기업인에게 제일 큰 의미라고 말했다.

이 회사는 일단 근무 시간이 매우 짧다. 주 5일 35시간으로 유럽에서도 복지가 가장 발달한 프랑스나 노르웨이 수준이다. 또 식비, 교통비, 통신비, 차량, 도서, 학원 수강비 등 업무와 직간접적으로 관련된 모든 비용을 전액 지원한다. 게다가 자기 계발을 위해 비행기 조종사 자격증을 취득하고 싶다는 직원에게는 1,000만 원이 넘는 경비까지 지원했다. 일을 적게 하니 그만큼 급여도 적을까 싶었지만 업계 최고 수준이었다. 그뿐만 아니라 직원 가족을 위한 복지도 상당하다. 자녀를 낳으면 출산 축하금으로 1,000만 원씩 지급한다. 5년 동안 근무하면 2주, 10년 근무하면 2개월의 유급 장기근속 휴가가 주어지는데, 이때 가족들과 해외여행을 간다면 추가로 2개월의 무급 휴가가 더 주어진다. 지하 1층에는 이 회사의 브랜드가 된 실내 수영장이 있어 언제든지 자유롭게 이용할 수 있다. 심지어 '수영 시간은 근무 시간에 포함된다'는 규정이 있어 눈치 볼 필요가 없다. 수영장을 지어 놓아도 직원들이 눈치를 보고 이용하지 않을까 봐 이 대표가 생각해 낸 아이디어다. 당시 내가 도착한 시각은 근무 시간인 오후 5시였는데, 실제로 직원 3명이 수영을 하고 있었다. 이 대표는 "인간이 자신의 역량을 가장 열정적으로 발휘할 수 있는 기본 전제 조건은 신뢰와 자율성입니다. 자율성은 자존심에서 오는 것이죠."라고 힘주어 강조했다.

성과주의, 감원, 직장 폐쇄 등으로 회사 분위기가 냉랭하기 쉬운 요즘, 직원들의 직장 내 만족도는 더욱 중요한 요소로 떠오르고 있다. 한국호에는 이제 선도적인 경쟁력을 갖추기 위한 자율과 창의가 조직에 정착되어야 한다. 그동안 한국형 인사조직 연구회는 일본이나 미국과 같은 선진 회사가 아니라 국산 토박이 회사들도 사원이 행복한 회사, 인간 존중을 몸소 실천하는 경영자들의 기업 20개사를 발굴하여 연구해 왔다. 그 대표적인 회사로는 자연주의 인본 경영을 통해 세계적인 회사로 발돋움한 '마이다스아이티'가 있다. '서린바이오사이언스'는 '사원 행복 경영'을 주창하고 30년 동안 실천해 오고 있고, '범우연합'은 창업 초기부터 인간 존중을 사훈으로 하고 있다.

가치성	기업 비전	일의 의미	정직	긍정	헌신
관계성	소통	협업	배려	긍정	나눔
도전성	혁신	성장	투자	미래	발전
전문성	육성	몰입	전문가	핵심 역량	교육 훈련
공정성	보상	인정, 칭찬	감사	승진	자부심
신뢰성	믿음	일과 삶의 균형	가족	안전	고용 안정
창조성	창의	재미	경쟁력	다양성	연구 개발
자율성	자발	권한 위양	자기 계발	의사 결정 참여	독서

자료: 한국형 인사조직 연구회

'직원이 행복한 회사' 핵심 키워드

IMF 이후 한국 기업에서 미국식 성과주의를 도입한 지 20여 년이 흘렀다. 여기에는 빛과 그림자가 있고, 성과주의의 폐해가 곳곳에 도사리고 있다. 성과주의 인사 제도의 문제점과 비판이 일고 있는 것도 사실이다. 외환 위기 이후 아무런 검토나 비판 없이 쓰나미식으로 도입되어 온 성과주의는, 사람 중심 사상이 전제되어야 한다. 특히 우리 고유의 문화나 풍토에 맞는 한국형 성과주의 인사 제도가 무엇인지 검토가 필요한 시점이다.

한류경영과 삶의 행복 방정식

직원들에게 동기를 부여하는 요인은 시대가 변함에 따라 다양하게 변하고 있다. 실제로 1960~70년대 우리나라에서는 경제적 요인이 가장 중요한 동기 부여였다. 1980~90년대를 거치면서는 성장 가능성이 직장 선택의 중요한 기준이 되었고, 1990년대 말부터 2000년 중반까지는 직장이나 직업의 안정성이 직장 선택의 주요한 요인으로 변모했다. 지금은 사람 중심, 일과 삶의 조화 같은 자아실현이나 개인 행복으로 키워드가 달라지고 있다. 특히 자신이 하는 일이 재미있어야 한다. 이러한 재미를 통해 일에 몰입하게 되고, 또 이러한 몰입을 통해 성취감을 느끼며 행복해지는 선순환이 필요하다.

이를 위해서는 경영자가 앞장서서 신바람 나는 분위기의 일터를 만들어 직원들의 행복 지수를 높이고, 혁신적인 제품을 만들어야 한다.

그래야 고객들의 행복 지수가 높아지고, 나아가 경영 이익 일부를 사회에 환원해 사회 구성원 다수가 행복해질 수 있기 때문이다. 행복 경영의 원리는 간단하다. 행복하게 일하는 여건을 만들어 주면 사원은 행복하게 일하고, 행복하게 일하면 몰입이 가능하고, 창조적인 발상이 생긴다. 높은 생산성과 이익 증대는 자연히 따라오게 되어 있다.

회사는 월급을 타기 위한 일터가 아니라 개인의 인생과 목표를 동시에 달성시키는, 꿈을 실현하는 공동체다. 삶의 행복 방정식도 동일하다. 일을 재미있게 해야 하고, 재미있게 하면 몰입이 가능해진다. 몰입이 가능해지면 자연스럽게 행복해지는데, 행복은 개인과 기업에 함께 다시 행복을 재생산하게 된다는 원리다. 일이 재미있으려면 근무 환경도 좋아야 한다. 행복 경영은 경영자가 근로자에게 배려로 베푸는 것이 아니라 살아남기 위한 생존 전략이자 아름다운 사회를 만들기 위해 당연히 가야 할 길이며, 세상을 행복하게 하는 방정식이다.

신바람, 어떻게 만들고 확산시켜 나갈 것인가

첫 번째 단계로 가장 먼저 고려되어야 할 것은 조직의 질서와 분위기를 공존·공생의 공동체로 만드는 것이다. 이것은 가족적 집단주의로 대변되는 우리 사회 속성이 이기적 집단주의로 흐르는 것을 막고, 모두가 더불어 살아간다는 가족적 공동체를 만드는 과정을 말한다. 이러한 첫 번째 단계는 한국적 문화 풍토 안에서 기업들이 경영 혁신에 성공하기 위해 반드시 요구되는 기초 조건에 해당한다. 신바람 경영의 핵심은 이것이 고도의 첨단 경영 기법을 통해 단기간에 성취된다기보다 경영자들의 철저한 솔선수범과 구성원 간의 인간적 유대를 통해 공동체 의식을 공유하고 공존·공생의 조직 풍토를 장기적으로 형성해 나가는 데 있다.

두 번째 단계는 자율적 업무를 부과하고 선의의 경쟁심이 작용하도록 하는 것이다. 실제 기업 경영을 수행하는 과정에서 자율 경영이 대단한 효과를 발휘하며, 경쟁도 약藥이 된다는 사실을 입증했다. 한 가지 사례를 들어 설명하겠다. A 회사는 대부분의 공장 내 작업을 사원들에게 일임했다. 창업 이래 공장 내에서 이루어지는 모든 작업 과정과 방법을 작업자들이 스스로 알아서 결정하도록 하고, 생산 관리 부서는 이를 지원해 주는 역할만 담당했다. 이에 따라 부품의 입출고 방법, 부품을 넣는 통의 모양, 구체적인 작업 절차와 방법에 이르기까지 작업자들이 스스로 결정하도록 했다. 이러한 방법이 작업자들의 미숙으로 적지 않은 시행착오와 비효율성을 가져오기도 했지만, 점차 경험과 능력이 축적됨에 따라 효율성을 매우 높은 수준으로 향상시켰다. 특히 주목할 만한 것은 작업자들이 일에 대한 주인 의식과 회사에 대한 협조가 매우 높기 때문에 어느 공장에서도 찾아보기 힘든 유연성을 발휘하고 있다는 사실이다.

즉, 이 공장은 매우 불규칙한 주문 물량을 유연하게 소화해 낼 수 있는 능력을 갖추고 있다. 주문 물량이 갑자기 폭주하는 연말에 별도의 인원 충원 없이도 정상적인 작업량의 3배를 처리한 것이다. 그래서 이 공장은 '고무줄공장'이라고 불리기도 했다. 이러한 자율 경영은 저절로 얻어지는 것이 아니다. 진행 과정에서의 여러 위험성은 늘 존재한다. 따라서 이에 대한 세심한 관리 방안과 대책도 병행해야 한다.

세 번째 단계는 구성원 개개인의 자발성과 혁신 성향을 고취하고 관리해 나가는 것이다. 앞의 두 단계를 통해 구성원들의 자발적 자세와 창의성을 크게 고양할 수 있다. 그러나 우리나라와 같은 동양 사회는 자신을 노출하지 않으려는 소극적 심리와 태도가 강하고, 직장인들의 경우 지금까지 길든 한의 경영 방식으로 인해 수동적 태도와 은폐 의식이 잠재되어 있다. 따라서 이들이 스스로 자발성과 창의성을 드러내도록 도와주는 별도의 대책이 필요하다.

네 번째 단계는 구성원들이 일을 통해 보여 준 자발성과 창의성에 대해 정확하고도 공정한 보상을 해주는 것이다. 보상의 중요성은 이전의 경영 이론과 기법에서도 크게 강조되어 왔다. 그러나 기존의 경영 이론과 방법은 1년에 한두 번씩 올려주는 승진 제도 인사 고과나 연봉제, 능력급제와 같은 임금 지급에 여전히 집중하고 있다. 이 같은 보상 방법들이 어느 정도 효과를 발휘하는 것이 사실이다. 그러나 신바람 관리에서 필요로 하는 보상은, 획기적인 업무 개선이나 기술 혁신과 같이 가끔 발생하며 확연히 드러나는 것에 국한하지 않는다. 구성원들이 일상 업무에서 보여 주는 것이라면 사소할지라도 그에 대한 창의성과 자발성을 인정해 주고, 그들이 만족하도록 배려해 주는 것이 핵심이다. 이것이 가능하도록 하기 위해서는 보상의 방법과 체계에 대한 발상의 전환이 필요하다.

위와 같은 관리 단계의 진행 과정을 살펴보면 단순 반복적으로 진행되는 것이 아니다. 각 단계가 거듭되는 동안 상승 작용이 일어난다. 즉, 한 단계로부터 다음 단계의 사이클로 진행하면서 더욱 공고해진 공동체 의식과 더욱 높아진 자발성은 창의성을 발현시킨다. 이러한 상승적 사이클의 반복을 통해 강력한 집단 에너지가 발생하게 되며, 산업 현장에서 경험하는 신바람도 바로 이러한 집단 에너지의 산물이라고 할 수 있다.

한국식 경영 관리는 우리 기업의 경쟁력을 근본적으로 제고시키고, 그 독특성이 세계 무대에서 인정받을 수 있는 관리 방식이 될 수 있다. 이러한 한국식 경영 관리를 통해 국제 경쟁력을 창출할 수 있는 특유의 경영 관리 방식을 총칭하여 '혼경영'이라 명명한다. 혼경영의 구축을 위해서는 먼저 우리 고유의 사회적 특성에 부합하는 경영 지배 원리를 발견하고 그것에 기초하여 각종 제도와 관리 방법을 개발해야 한다.

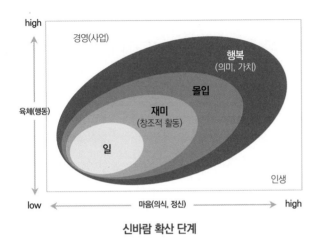

신바람 확산 단계

한류경영의 작은 실천자들

이제 우리나라는 세계의 중심에 우뚝 서 있다. 우리나라의 성과주의 인사 제도도 선진국의 제도 베끼기 수준에서 탈피하고 있다. 우리 고유의 경영 관행과 기업의 문화를 바탕으로 개인, 조직, 국민성이라는 특징을 잘 살려 앞으로 한국형으로 발전시켜야 할 필요성도 대두되고 있다. 더구나 인사 제도는 눈앞에 시급한 과제를 우선 해결하는 것도 중요하지만, 먼 미래를 내다보고 대응하지 않으면 안 된다. 디지털 정보화의 급속한 진전과 다가오는 스마트 시대에 인사는 창조적, 문화적 혁신이 필요하다. 창조적 근무 환경을 조성하고, 인재가 열심히 일에 몰입할 수 있도록 혁신적인 제도와 조직으로 바꿔야 한다.

해방 이후 50여 년간 일본의 연공주의와 능력주의, 직능자격 제도와 인사 제도는 우리 기업의 인사 근간이 되었다. 하지만 1997년 IMF를 계기로 미국식 성과주의 인사 시스템을 국제 표준으로 인식하고 앞다투어 도입하면서, 공기업과 정부 기관에까지 확산되었다. 비판도 만만치 않다. 우리 기업들은 지금까지의 발 빠른 추격자의 위치에서 선도자로 위치 이동을 하고 있다. 이와 맞물려 이제는 우리 고유의 성과주의 유형을 적용해야 한다.

2012년 1월에 결성된 한국형 인사조직 연구회는 한국 독자형 인사조직 모델 연구 및 개발, 한국형 사례에 의거한 성공 사례 발굴 및 대내외 홍보를 위해 조직되었다. 한국 고유의 경영 관리와 한국인 특성을 감안한 '한국형 인사조직 모델 구축과 발전 방안'을 제시하는 데 집중했다. 사원이 행복한 회사, 인간 존중을 몸소 실천하는 국내 회사 30개를 발굴했고, 결과적으로 미국에서 GWP 1, 2위 기업인 구글과 SAS, 일본의 미라이공업 그리고 요즘 화두가 되고 있는 사이보즈와 비교해도 손색이 없음을 확인했다.

기업 경영에 있어서 무엇을 최우선 순위에 두어야 할까? 창의와 열정 그리고 감성 같은 마음의 능력이 크게 요구되는 시대에는 더더욱 직원을 최우선 순위에 두어야 한다. 직원이 행복해야 고객을 행복하게 할 수 있고, 고객이 행복해야 이익이 많이 남아 주주를 행복하게 해줄 수 있기 때문이다. 직원이 행복하면 고객, 주주 모두 행복할 수 있으니 직원을 행복하게 하는 것을 최우선 과제로 두는 것은 당연하다. 그래서 훌륭한 일터 만들기GWP가 크게 대두되고, 사람이 중심이 되는 인본주의 경영, 위대한 기업을 넘어 사랑받는 기업이 요즘 화두로 등장

일하기 좋은 국내 기업 사례

회사	대표	주요 방향
1. 마이다스아이티	이형우	자연 인본주의 실천을 통한 직원 행복 추구
2. 휴넷	조영탁	일을 통해 자신의 꿈과 행복을 실현하는 기업
3. 서린바이오	황을문	마음 경영으로 100년 기업을 꿈꾸고 준비하는 회사
4. 여행박사	신창연	'한국의 미라이공업'을 목표로 행복을 파는 회사
5. 범우연합	김명원	직원을 위한 직원에 의한 직원 중심 인본 경영
6. 삼구아이앤씨	구자관	직원을 소중히 하고 직원이 주인인 회사
7. 한국콜마	윤동한	사람을 키우고 미래의 꿈을 키우는 유기농 경영
8. 유한킴벌리	최규복	인간 존중을 바탕으로 사람 냄새가 나는 착하고 강한 회사
9. 대정요양병원	이지원	직원이 행복해야 환자가 행복해지는 병원 구현
10. 네패스	이병구	감사 경영과 협업의 실천으로 직원 행복 경영 실현

하고 있다.

미국 캔자스주립대학교 경영학과 토마스 라이트Thomas Right 박사 팀은 근로자의 정신적 건강과 직업 만족도가 회사의 실적에 미치는 영향을 조사했다. 그 결과 행복하다고 느끼는 근로자가 있는 직장은 생산성이 10~25% 정도 높은 것으로 나타났다. 이는 직원의 행복이 결국 회사의 성공 또는 실패에 큰 영향을 미치는 것을 시사한다. 미국 GWP본부에서 발표한 자료에 따르면, 행복한 일터가 구현되면 구성원들의 이직률이 급격하게 낮아진다고 한다. 직무 몰입을 통하여 기업의 생산성과 수익률이 제고되며, 궁극적으로 고객 만족을 달성할 수 있다. 일하기 좋은 기업 Top 10 기업의 평균 이직률은 2%로, 포춘 글로벌 500(미국 경제 전문지 《포춘》이 매년 발표하는 매출액 순위 세계 최대 기업 500개 명단)보다 약 3배의 높은 성과를 창출하고 있다.

대한민국은 이제 경제 대국이 되어 반도체, 자동차, 휴대폰 등으로 세계 시장을 석권하고 있다. 사람 중심, 일과 삶의 조화 같은 자아실현이나 개인 행복이 중요한 이슈가 되고 있지만, 직원이 행복하다는 의미가 무조건적으로 잘해 주고 복리후생이 넉넉한 것만을 의미하지는 않는다. 잘나가는 회사에는 따뜻함과 함께 엄격함이 존재해야 한다. 개개인이 회사 일에 몰입함으로써 개인이 성장하고 회사도 같이 성장하여 지속 가능한 경영으로 연결되어야만 한다.

'사원 중심의 경영, 직원이 행복한 회사'는 우리나라에서는 아직 완성 단계가 아니며 실험 중에 있다. 그러나 연구회가 조사한 사례 중 하나인 제니퍼소프트 이원영 대표의 "직원들이 좀 놀면 안 되나요?"라는 한마디는, 창의와 창조가 요구되는 디지털 혁명 시대에 강한 울림을 주는 메시지임이 틀림없다.

"세상에 태어나서 남에게 작은 행복을 주었다면 그것이 성공이다."라는 미국의 시인 랄프 왈도 에머슨Ralph Waldo Emerson의 말처럼, 직원들은 자신이 하고 있는 일에 '왜'라는 의미를 알고 보람을 가질 때 스스로 행복감을 느낀다. 행복 바이러스는 강한 전염력이 있기 때문에 행복한 직원들은 환자들의 행복을 위해 진정한 마음과 사랑으로 자기 부모처럼 환자를 대하게 된다. 이제는 세상도 사람도 바뀌고 있다. 내가 일하는 곳이 힘들고 돈만 버는 직장이 아니라 꿈 터Dream, 비전 터

Vision, 행복 터Happiness, 놀이터Fun가 되어야 한다. 인공지능으로 인한 무인화, 노동이 필요 없는 완전 자동화가 이루어지는 사회에서 살아남기 위한 혁신이 필요한 때다. 발전적인 상상력과 창의력은 당연시되는 시대다. 상상력과 창의력을 끌어내기 위한 방법으로 필요한 것이 바로 개인의 자유와 여유다. 일사불란하게 업무를 지시받고 처리하던 시대에서 상상력으로 새로운 세상을 만들어 내는 착안이 필요한 시대가 된 것이다.

작은 실천자들이 경영의 변화를 선도하고 있다. 중국 베이징에 있는 작은 나비의 날갯짓이 미국 뉴욕에서는 허리케인을 일으킬 수 있다는 기상학자 에드워드 로렌츠Edward Lorenz의 '나비효과Butterfly effect'는 시사하는 바가 크다. 작은 실천자들의 날갯짓은 우리 기업들의 최고 경영자를 움직이게 하고, 직원이 행복한 회사로 탈바꿈해 나가는 데 매우 중요한 역할을 한다. 실천 기업들이 하나둘씩 늘어나 한류경영을 이룩하여 경영한류를 전파하는 불씨의 역할을 톡톡히 하고 있는 것이다.

디지털 실크로드와 한류노믹스

대한민국은 제3차 코로나 재난 지원금인 상생 지원금을 대상자 90%에게 2주 만에 지급했다. 이를 두고 2021년 9월 26일《니혼게이자이日本經濟신문》은 "2020년 봄 일본의 특별 정액급부금과 비교하면

5배의 속도"라고 보도했다. 또한 주민등록번호가 행정 시스템과 폭넓게 연동되고 개인 휴대폰 전화가 편리성이 높기 때문에 가능했다고 분석했다. 일본은 지금도 팩스로 행정하는 실정이다. 한때 첨단을 달리던 일본이지만, IT 분야나 행정 디지털 분야에서는 후진성을 면치 못하고 있다.

최근 구글, GE, 삼성 같은 초일류 기업들은 낡고 오래된 원칙들을 깨고, 그 자리에 새로운 제도나 시스템을 도입하고 있다. 심지어는 지금까지 세상에 없던 방식으로 경영은 물론 인사 제도와 문화를 파괴시키며, 이른바 '경영의 대이동'을 시도하고 있다. 특히 직원 만족과 행복 경영을 위해 직원 간에 과도한 내부 경쟁을 금지시키고, 단기 실적 평가마저 폐기하는 방향으로 변화시키고 있다.

한국 기업들은 한국형 경영 방식과 인사 제도를 어떻게 구축할지에 대해 고민해야 한다. 한국적인 정서가 담긴 기업 문화를 구축해야 한다. 다시 말해 한국 기업의 강점과 특성을 고려해 한국인의 강점을 살리고 약점을 보완할 수 있는 관리 방식을 설계하고, 지속 가능한 조직 문화로 정착시키려는 노력을 해야 한다. 또한 차별성 있는 경쟁력을 갖출 수 있도록 새로운 시스템을 구축해야 한다. 한국인의 빨리빨리 기질과 끈기 있게 지속하는 뚝배기 기질을 잘 살릴 기회다. 이 안에는 우리의 독특한 한국인의 고대 정신인 웅혼雄渾과 대담한 대인大人의 기질이 담겨 있기 때문이다.

#두레 정신

우리에게는 자치와 협동이라는 서로 다른 기질을 함께 가지고 있는 '두레 정신'이 있다. 다르면서 함께 서로 융합하는 기질을 가지고 있는 것이 한국인의 정신과 기질이다. 양극단을 수용하고 융합하면서 새로운 정신을 이해하고 받아들이는 연습이 필요하다. 문제 해결 능력과 창조 능력의 발원지는 한국 정신의 융합에 있다.

디지털 혁명의 핵심은 '융합'과 '초연결'이다. 여기에 필요한 상상력을 끌어내기 위해서는 창의와 새로운 발상이 필요한 경영 기법을 도입해야 한다. 한류가 가진 위대함이 디지털 혁명과 맞물려야 비로소 세계로 나아갈 수 있다. 한국인의 독특한 기질이 한국호를 지금까지 세계로 이끌어 왔고, 주춤했다가 다시 출발하는 한국호에 새로운 동력으로 작동하도록 해야 한다.

이제 한국인의 정신과 기질을 살려 나가는 한국형 경영이 필요하다. 한국에 그치지 않고 세계화 측면에서 보편성을 갖추어 낼 수 있는 한국화된 경영 기법으로 확대할 필요가 있다. 한국 이외의 나라에 적용되고 확산될 수 있어야 진정한 한류경영이라 말할 수 있다. 된장 냄새가 나는 우리식의 인사 제도나 경영 방식은 꼭 필요하지만, 여기에 그치지 않고 디지털 혁명이라는 파도를 타면서 세계화에 맞는 보편성과 정합성을 갖추어 나가야 한다. 개개인이 행복해지고 국가가 행복해지며 인류가 행복해지는 한류경영의 시대는 곧 다가올 것이다.

과거에는 실크로드가 동서양을 연결했다. 이제는 디지털 혁명과 AI 기술 혁명 시대에 걸맞게 한국인의 특수성을 살리고, 신바람을 일으켜 디지털 강국의 힘을 이용한 '한류 디지털 로드Hallyu Digital Road'를 개척하여 세계로 나가야 한다.

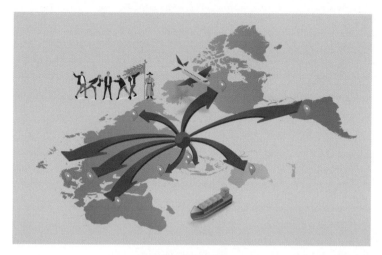

한류 디지털 로드

한류경영과
K-리더십

IV

성과를 부르는
K-리더십 구축 3단계

1

제1단계: 신바람 나는 조직 문화 구축

MZ세대의 강점이 발휘되는 조직

기업 경영의 화두 중 하나는 MZ세대와 기성세대 간의 조직 내 갈등이다. 인사 및 교육 담당자는 MZ세대의 조직 몰입을 위한 인사 제도와 조직 문화 재구축에 힘을 쏟고 있다. 업무 성과를 낼 수 있는 실행의 주체인 MZ세대의 비중이 50~60%를 차지하면서 지속 경영에 있어서 그들의 역할이 매우 중요한 화두가 되었기 때문이다. 가장 심각하게 우려하고 있는 것은 MZ세대의 조직 이탈 현상이다.

잡코리아와 알바몬이 20~30대 971명을 대상으로 '불합리한 조직 문화 경험 유무'에 관해 실시한 설문 조사 결과를 보면, 2030세대들은 불합리한 조직 문화를 경험했을 때 직접적으로 불만을 표현하기보다 퇴직 결심을 하는 경우가 많은 것으로 나타났다. 이러한 현상의 원인은 어디에 있을까? 응답자의 77.7%는 "일을 하면서 불합리한 조직 문화를 경험한 적이 있다."라고 응답했다. "단지 나이가 어리다는 이유로 허드렛일을 맡아야 했을 때"라는 답변은 무려 41.2%였다.

식당 아르바이트라고는 하지만 고객 응대부터 요리까지 할 수 있는 능력을 보유한 직원이라면, 고객의 몰려드는 상황에 따라 적절하게 직무를 배치하면 된다. 요리 종류에 따라서는 주방장보다 더 뛰어난 요리를 해낼 수 있는 세대가 MZ세대이다. 그럼에도 입사한 지 얼마 되지 않았다고 해서 복사 업무 같은 단순한 일을 지시하며 소위 '간'을 보려고 하는 건 그저 꼰대에 불과하다.

MZ세대의 퇴직 결심 사유는 다양하다. 자신이 노력한 만큼 공정한 보상을 받지 못했다고 느꼈을 때(37.0%), 업무를 지시받았는데 일에 대한 배경과 이유를 명쾌하게 듣지 못했을 때(33.0%), 선배나 상사가 반말 등을 하며 동료로 대우하지 않을 때(32.6%), 회사와 업무 스케줄 때문에 개인의 일정에 영향을 받을 때(21.8%) 등이었다. 인사 관련 측면도 있지만 대부분은 조직 문화 수준이 조직 이탈에 큰 영향을 주는 것으로 나타났다.

이 같은 문제점을 어떻게 대처해야 할까? MZ세대들의 특성상 문제점이 발견되면 보다 빠르게 해소해 주려 노력해야 한다. MZ세대들은 불합리한 조직 문화를 경험했을 때 무려 60.7%가 직접적으로 불만을 표현하기보다는 곧 그만둬야겠다고 생각하기 때문이다. 대부분의 MZ세대는 직접적인 불만을 토로하며 조직에 적응하기보다는 퇴직을 결심하는 경우가 많다. 입종과 기업 규모, 직무의 성향에 따른 차이는 있겠지만 대체로 30~60% 정도가 2년 이내에 조직에서 이탈한다. 그렇기 때문에 인사 및 교육 담당자의 역할이 더욱더 중요해지고 있다.

2021년 12월, 한국HR포럼이 개최한 제153회 KHR포럼에서는 'MZ세대의 조직 몰입을 위한 인사 제도와 조직 문화 재구축' 포럼을 개최하면서 참여 전 오프닝 설문에 88개사의 응답 내용을 분석하며 조금은 충격적인 내용을 확인할 수 있었다. HR 담당자들이 MZ세대를 채용하고 함께 일을 하면서 바라보는 시각은 대체로 긍정적이다. 특히 MZ세대의 강점에 대해서는 다음과 같이 응답했다.

Fact. 주요 응답 내용

- 능숙한 모바일 기기 사용을 통한 정보 습득 및 정보 공유
- 스마트폰이나 인터넷 등 디지털 환경에 친숙하다는 공통점
- 자신이 좋아하는 것에는 돈과 시간의 과감한 투자 성향이 강함
- 유연하고 창의적인 사고
- 목적이 명확하며 몰입하는 자세
- 발 빠른 시대에 맞는 트렌드 민감성
- 자유로운 의견 표출
- 기존 체제를 신경 쓰지 않는 담대한 직진과 소신
- 변화에 따른 빠른 이해 및 적응
- 다양성과 다름에 대한 존중

3~4년 전까지만 해도 MZ세대의 버릇없는 행동과 지나친 개인주의 성향에 대한 우려가 컸다. 하지만 이들과 조직 내에서 부딪치며 서로를 보다 이해하고 공감하면서 MZ세대에 대한 솔직한 감정이나 생각에 대해서는 다음과 같이 응답했다.

Think. 주요 응답 내용

- 기발한 아이디어 제시에 탁월함
- 기존 세대보다 경험이 많고 접근성도 뛰어남
- 아날로그부터 디지털까지 디지털 리터러시 역량이 뛰어남
- 메타버스 등 고차원적인 변화에 대한 빠른 적응과 생각의 폭이 넓음
- 새로운 것을 추구하고 흥미를 보이며 새로운 기술이나 프로그램에 쉽게 적응
- 솔직한 감정 표현
- 지시가 합리적인 경우 오히려 잘 따르며, 수용성이 강함
- 빠르게 변화하는 업무 툴 변화에 빠르게 적응
- 서로 다름을 이해하고 존중하며 각자의 개성을 표출하는 것을 선호
- 본인이 하고자 하는 일이 명확해서 그 일에 대한 꾸준한 성장을 위해 스스로 노력
- 상의하달식이 아닌 공유하고 참여하는 업무 수행 방식 선호
- 디지털 문화에 익숙하고 자신의 가치에 중점을 두는 마인드
- 트렌드에 민감하기 때문에 제품 개발 시에 디자인에 좋은 영향력을 발휘
- 공동체보다 자신이 먼저이고 자신의 일에 대해서는 실행이 빠름

서로 자라 온 환경이 다르기 때문에 상호 이해와 존중은 필수가 되었다. 기성세대는 MZ세대에게 장점이 있다면 인정하고, 단점이 있다면 적정 수준에서 이해하려고 노력해야 한다. 기업의 성과 창출과 지속 경영의 핵심은 결국 조직 상호 간의 신뢰를 기반으로 한 조직 몰입에 달려 있기 때문이다.

기성세대와 MZ세대 간의 끊임없는 상호 노력에도 불구하고, 코로나19 이후 높아진 이직률에 대해 해결해야 할 과제가 여전히 많다. 변

화에 민감하게 반응하고 이를 받아들이려는 기성세대의 노력은, 각 기업의 인사 제도와 조직 문화 혁신에 많은 변화를 주었다. MZ세대가 보다 조직에 몰입할 수 있도록 하기 위해 어떠한 노력을 해왔고, 향후 어떠한 계획을 가지고 있는지에 대한 응답은 아래와 같다.

Plan. 주요 응답 내용

- 구체적이고 빠른 피드백을 원하기 때문에 업무 지시에 대한 이유를 명확히 제시
- 채용, 인재 관리, 이탈에 대한 효율적인 업무와 인력 이탈 방지를 위한 업무 환경과 급여 재설정
- 일을 시작함에 있어서 어떤 기여와 어떠한 성과를 내는지를 명확하게 공유
- 업무 평가 과정에서 투명성과 공정성에 대한 접근 방법 모색
- 철저한 보상 체계 요구에 따른 성과 평가 제도 수정
- MZ세대의 핵심 인재 육성과 유지 관리에 집중
- MZ세대의 조직 몰입도 증진을 위한 근무 환경 개선
- 조직 목표나 지시 업무 관심 부족에 대한 대응 방안 모색
- MZ세대에 비해 느린 기성세대의 변화 속도 대응
- 조직 문화에 대한 불만이 즉각적인 이직으로 연결되는 문제 해결에 집중
- 가능한 한 다양한 업무를 접하게 하거나 업무 전 단계에서 개인의 판단을 수용하려고 노력
- MZ세대와의 원활한 소통을 위한 수평 문화 구축

MZ세대의 등장은 그동안 겪어 보지 못한 낯선 경험이다. 하지만 조금만 더 시행착오를 겪고 나면 우리는 분명 그 해결점을 찾아낼 수

있을 것이다. 서로를 존중해 주고 각자의 관심사에 대한 이해와 공감이 이루어진다면, 우리는 지금보다 더 몰입하며 꿈틀거리는 역량을 충분히 발휘할 수 있을 것이다.

탁월한 성과를 만들어 내는 MZ세대

MZ세대에 주목해야 하는 이유는 분명하다. 실제로 M세대와 Z세대는 그동안 기성세대가 해내지 못했던 일들을 해내고 있기 때문이다. 삼성을 비롯한 국내 글로벌 기업들이 기존 호칭을 버리고, 복잡한 임원 서열을 '경영 리더'로 통합한 데는 분명한 이유가 있다. 이제 경영자와 간부를 비롯한 기존 직원들은 MZ세대의 특성을 충분히 이해하고 수용할 수 있는 인사 제도를 새롭게 구축해야 한다. 젊은 인재와 적극적으로 소통하고 함께 일할 수 있는 조직 문화를 재구축해야만 한다.

한류가 세계인들에게 주목받고 있는 이유를 분석해 보면 왜 지금 MZ세대를 이해하고 공감해야 하는지 쉽게 알 수 있다. 골프는 LPGA를 넘어 전 세계를 강타하며 세계를 놀라게 하고 있다. BTS 등 MZ세대가 이끌어 가고 있는 한류 열풍은 오랜 기간 에너지를 축적하며 거대한 바람을 일으키고 있다. 이 때문에 M세대는 물론, 이제 막 직장의 구성원이 되기 시작한 Z세대에 대한 이해와 연구가 활발하게 진행되고 있다.

우리나라의 세대는 크게 네 가지 유형으로 분류된다. 1940년생부터 1954년생까지는 전통세대, 1955년생부터 1964년생까지는 베이비붐세대, 1965년생부터 1979년생까지는 X세대, 1980년생부터 2010년생까지를 MZ세대로 구분하고 있다. MZ세대는 그들만의 가치관이 뚜렷하며, 관심사에 대해서는 강한 몰입도와 도전하는 성향을 가지고 있다. 특히 새로운 디지털 미디어에 관심이 많고 디지털 도구 활용에 능숙하여 특정 업무에 대해서는 기존 세대보다 탁월한 업무 수행 역량을 가지고 있다. 실제로 이들은 새로운 디지털 기술 활용에 능숙하고 위기 상황에 대한 문제 해결 능력까지 뛰어나다는 평가를 받고 있다. 통계청에 따르면 MZ세대는 2020년 기준 약 1,700만 명으로, 국내 인구의 34%를 차지한다. 직장에서는 갓 입사하는 신입 사원부터 회사의 허리 역할을 담당하며 한참 일할 중견 사원과 초급 간부에 해당한다.

세대별 의식과 행동 유형

구 분	전통세대	베이비붐	X세대	MZ세대
출생 연도	1940~54	1955~64	1965~79	1980~2010
통신 수단	공식 서한	전화	문자, 이메일	문자, SNS
소통 방식	상명하복	신중한	연결	수평적
직업관	의무	생계 수단	어려운 도전	목표 수단
일과 삶	양립 불가	일 > 삶	일 = 삶	일 < 삶
이직에 대해	"지혜롭지 않아"	"다시 생각해 봐"	"할 수도 있지 뭐"	"하루에도 여러 번 생각"

MZ세대는 기업에서도 이미 회사 구성원의 절반 이상을 차지하고 있다. 이들의 사고나 행동 패턴은 기존 세대와 완전히 다르다. 이들 대부분은 행복과 성공의 기준을 자신에게 두고 있다. 또한 개인주의 성향이 강하며 집단의식이 약하다는 특징이 있기 때문에 불필요한 야근이나 과도한 회식에 대해서는 매우 부정적이다. 개인의 사생활을 침해당한다고 여기기 때문이다. 또한 일과 삶의 조화를 중시해 본인이 원할 때 눈치 보지 않고 쓸 수 있는 휴가 등을 원하며, 일과 노는 것을 동일시하는 성향이 강하다. 앞서 강조한 워라밸 현상이 가속화되고 있다.

#뭣이 중헌디

MZ세대는 가치나 의미를 더 중요하게 생각하기에 자신이 하는 일에 가치나 의미가 없다면 사직서를 내는 데 크게 고민하지 않는다. 반면 일의 가치나 의미를 인식하고 흥미를 느끼고 공감하면, 야근은 물론 주말도 반납할 만큼 자신이 하는 일에 대한 몰입력이 강하다. 이들은 수평적이고 자유로운 의사소통에 익숙해져 있기 때문에 일방적인 상사의 지시는 바람직하지 않다. 1년에 한 번으로 정례화된 평가 제도나 다단계를 거치는 의사 결정 방식, 일의 결과에 대한 수시 피드백이 없다는 사실에는 경악할 정도로 이해하지 못한다.

MZ세대는 뭔가에 하나 꽂히면 엄청난 몰입감을 발휘한다. 이런 MZ세대가 재미를 느끼고 몰입할 수 있는 조직 문화를 구축하는 것은 생산성을 올리는 최선의 방법이다. 몰입도가 좋기 때문에 본인이 스스로 주체성을 가지고 컨트롤할 수 있고, 직접 해낼 때의 성취감을 원하기 때문에 이러한 조직적 분위기 조성은 필수다. 이들은 자신의 역량을 마음껏 펼칠 수 있는 회사라고 믿는 순간, 기성세대 못지않게 열정적으로 참여하며 성과를 창출해 내는 특성이 강하다.

여전히 대다수의 조직 내부에서는 MZ세대와 기성세대 간의 잡음이 들린다. "사고방식이 달라서 그들과 일할 수 없다!"라고 하며 한탄하는 관리자들이 있다. 자신이 살아온 잣대와 눈으로만 보면 나와 다른 상대방의 모습에서 잘못된 부분만을 지적할 확률이 높다. 리더 스스로 자신의 편견을 내려놓는 데 집중하고 그들 입장에서 보려고 한다면, '틀린 게 아니라 다르다'는 사실에 좀 더 공감할 수 있다. 조직 내 대부분의 리더에게서 나타나는 '꼰대의 특징'을 세 가지로 정리해 보면 다음과 같다.

첫째, 일단 듣지 않는다(No listening). 고개를 끄덕이며 공감을 하는 듯하지만, 그저 다음에 이어서 어떠한 이야기를 할지를 정하고 있는 중이다.

둘째, 학습하지 않는다(No learning). 새뮤얼 아브스만Samuel Arbesman 의 『지식의 반감기』에서 강조하듯 지식의 효용성은 시간이 갈수록 짧아진다. 데이터 증가량은 지수 곡선을 그리며 늘어나고 있는 반면에 꼰대들의 학습량은 턱없이 부족하다.

셋째, 기존의 것들을 잘 내려놓지 않는다(No leaving). 지식의 양이 늘어나고 있음에도 본인이 알고 있는 수준에서 지나친 편식을 즐기고 있는 것이다. '아는 만큼 보인다'라는 말은 변화를 위해 끊임없이 노력하라는 의미를 담고 있다. 그냥 그만큼만 보고 있으라는 이야기가 아니다. 특히 중소나 중견기업의 라떼 문화는 MZ세대로 하여금 조직에 오래 머무를 수 있는 이유를 제공하지 못한다. 이는 기업 경영에 있어서 매우 심각한 위기가 될 수 있다. 조직 성과 전반의 주축이 되어야 할 MZ세대와 소통하지 못한다는 것은, 곧 이들의 지속적인 이탈로 인해 결국 고령화의 늪에 빠져 기업 생존에 위협을 줄 수 있다는 걸 의미한다.

그렇다면 어떻게 MZ세대와 공존해 나갈 것인가? MZ세대와 제대로 된 의사소통을 하기 위해서는, 그들이 가장 중요한 고객이며 우리 조직의 미래를 책임질 구성원이라는 사실을 먼저 인정해야 한다. 그들의 부족함을 들추는 것이 아니라 강점에 주목해야 한다. 문제 해결은 같이 일할 사람들을 먼저 인정하는 데서 출발한다. MZ세대를 대하는 태도부터 바꿔야 한다. 그들의 특성을 이해하고 세대 간의 차이를 오히려 성장 동력으로 활용하는 것이다.

지금 당장 무엇이 변화하고 있는지 그 '사실'에 집중하며 스스로 성찰의 시간을 가져 보자. 말단 사원이 선배나 고위 경영진의 멘토 역할을 하는, 소위 말하는 역멘토링Reverse Mentoring을 통해 젊은 사람들과의 소통 방식을 배우고, 그들의 패션 감각, 인터넷, SNS 등 최신 기술이나 트렌드를 접해 보는 것이다. 그러다 보면 어떠한 행동을 해야 하고, 어떻게 변화해야 하는지에 대한 해답을 찾을 수 있을 것이다.

미국의 경제경영 전문 월간지 《패스트컴퍼니Fast Company》에 의하면, 역멘토링을 실시하고 있는 미국 회사는 전체 기업에 40%를 넘는다고 한다. GE의 CEO 잭 웰치Jack Welch는 우연히 만난 젊은 엔지니어로부터 인터넷의 중요성에 대한 설명을 듣고 자신이 깨닫지 못한 놀라운 혜안을 보았다고 한다. 이후 GE 고위 중역들에게 각자 젊은이와 1대1로 붙어 인터넷에 대해서 배우라고 지시했다고 한다.

이렇게 시작된 역멘토링은, 고참들에게 페이스북 등의 SNS 사용법과 새로운 스마트 기기의 사용법을 멘토링해 주기 시작하면서 IT기업에 급속하게 확산되기 시작한 것이다. 역멘토링이 중요한 이유에는 소통도 있겠지만 사실 더 중요한 게 있다. 역멘토링을 하게 되면 디지털 시대에 필수로 요구되는 정보 이해 및 표현 능력을 갖출 수 있는 역량을 조직 전체가 보유하게 되는 것이다. 디지털 리터러시 역량을 전 직원이 갖추어 나감으로써, 조직의 경쟁력은 글로벌 시대에 기업의 경쟁력을 확보하고 강화해 나가는 게 핵심임을 인지할 수 있다.

롯데그룹 등의 국내 기업들도 세대 간 소통을 강화하고 문화적 가치관 차이를 극복하기 위한 방안으로 역멘토링 제도를 도입했다. 경영진과 선배들이 MZ세대들과 더욱 적극적으로 소통하며, 이들의 새로운 생각에 집중하면서 조직 문화에 변화를 시도해 나가는 것이다. 급격하게 조직 내에 도입되고 있는 디지털화에 빠르게 적응하는 방법은, MZ세대를 인정하고 이들과의 협력과 협업을 통해 보다 빠르게 디지털 역량을 키워 나가는 것이다.

MZ세대의 몰입을 위한 조직 문화 재구축

이제는 한국인 고유의 특질을 이끌어 내어 창의적인 힘을 발휘할 때다. 조직 문화의 진화는 한국인 특유의 잠재력이 깨어나고 있는 MZ세대의 특성을 담을 준비가 되고 있다. 우리의 고유한 사상과 정체성을 찾아 세계인 모두가 공감할 수 있는 시기가 도래했다. 세계인들은 한국인의 특징을 우리보다 더 잘 알고 있다. 한국은 매우 독특한 나라로서, 다른 나라와는 전혀 다른 한국인만의 고유한 특성을 가지고 한결같은 역사를 이어 왔다. 아시아 문화권을 대표하는 중국과 일본 역시 그들만의 특색을 가지고 있기에 이들과도 상호 이해와 협력을 이끌어 낼 리더로서 나설 때가 되었다. 힘과 격식에 치우쳐진 일본과 두 얼굴로 얼룩진 중국에 한국 고유의 사상을 전파하여 인류를 함께 이끌 수 있는 동반자로 육성할 때다. 그동안 억누르고 억눌렸던 한국인의 고유한 특성을 깨운다면 가능한 일이다.

다양성을 인정하고 존중하며 개인의 가치관을 중시하는 MZ세대는 SNS 등 다양한 매체를 통해서도 직간접적으로 매우 다양한 인적 네트워크를 유지하고 있다. 이들이 강조하는 공정성과 투명성, 유연성은 기성세대가 심도 있게 주목해야 하는 이슈다. 한국인의 특징에서 두드러지게 나타나는 현상은 '의미'와 재미'다. 〈오징어 게임〉이 한바탕 세계인들의 마음을 움직인 것은 재미 요소와 더불어 중요한 가치를 전달하고 있기 때문이다.

우수한 디자인은 창의력에서 나온다. 창의력은 곧 정신세계를 기본으로 한다. 21세기는 기존에 없던 독특한 상품 개발을 위한 창의력의 시대다. 또한 감성의 시대로서 제품의 성능에 국한하여 경쟁하던 시대에서 사람들의 감성을 자극하는 디자인 경쟁이 벌어지고 있다. 세계인들이 한국에 주목하는 건, 다양한 종교가 어우러질 수 있는 문화, 침략이 아닌 포용의 역사를 이어 온 한국인이 만들어 내는 창의적인 결과물이라고 볼 수 있다.

K-팝, K-드라마 등 다양한 분야에서 벌어지는 최근의 이슈들은 이제 시작일 뿐이다. 한국인들은 규칙이나 법에 의존하여 움직이지 않는다. 즉 짜인 각본대로만 움직이지 않는다는 말이다. 이러한 MZ세대가 보다 조직에 몰입할 수 있는 환경을 제공하기 위해서는 기존의 조직문화보다 큰 그림에서 혁신해야 한다.

MZ세대가 가치 중심의 사고와 선택의 자유로움을 통해 강점을 발휘하도록 하는 데 있어서 필자는 세 가지에 주목했다. 의미와 재미 그리고 인사 제도적 측면의 혁신이다.

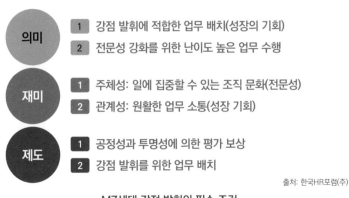

출처: 한국HR포럼(주)

MZ세대 강점 발휘의 필수 조건

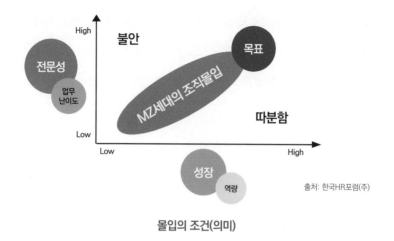

몰입의 조건(의미)

첫째, 의미는 가치와 연결되어 있다. 직무에 적합한 업무 배치를 통해 주어진 일에 스스로 가치를 부여해 강점을 발휘할 수 있도록 해야 한다. 또한 전문성을 키울 수 있도록 한층 더 높은 수준의 업무 수행이 이루어 지도록 해야 한다.

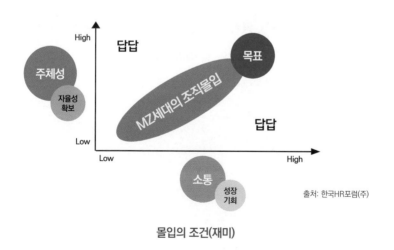

몰입의 조건(재미)

둘째, 재미를 통해 지속적으로 몰입할 수 있도록 해야 한다. 자유롭게 일에 집중할 수 있도록 자율성이 보장되는 조직 문화를 구축해야 한다. 또한 직원 간에 원활한 소통을 통해 스스로가 성장하고 있음을 자각할 수 있도록 해야 한다.

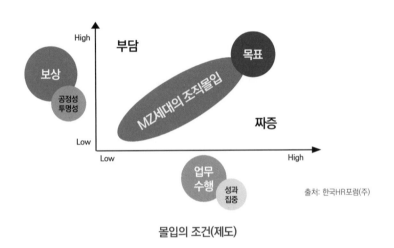

몰입의 조건(제도)

셋째, 인재 채용, 배치, 평가, 육성 등 인사 제도나 운영에 있어서는 공정성과 투명성에 의심의 여지가 없도록 해야 한다. 스스로 성과 창출에 집착하려면 공정성과 투명성에 불만이 생겨서는 안 된다. 직원 개인이 발휘되는 강점을 더욱더 면밀하게 파악하고, 업무 배치에 적절한 인사 시스템을 갖추어야 한다.

MZ세대 특유의 창의력

대한민국의 정치는 오로지 국민에 의해 운영되었을 때 그 의미가 있다. 국민이 있기에 위기를 극복해 내는 것이며, 그로 인해 현재까지도 큰 무리 없이 국가가 운영되고 있는 것이다. 바로 우리의 가슴속 깊은 곳에 자리 잡은 '혼마음'의 결과다. 한국인들에게는 본래 하늘 같은 존재라는 것이 잠재되어 있어서 현실과 조금은 괴리감이 있다. 이에 따라 공통적으로 나타나는 정서가 바로 '한'의 정서다. 이러한 한의 정서는 '혼마음'이 되면 해소된다.

한의 정서는 우리 고유의 에너지가 되었고, 우리 조상들은 차분하면서도 고요한 자연의 미를 음악과 서예 등으로 표현했다. 조선 시대의 백자에는 순박하고 순일한 것을 좋아하는 한국인의 예술 정신인 '선한 마음'이 그대로 담겨 있다. 일본에서 열광적인 인기를 끌었던 〈겨울연가〉나 대만에서 폭발적인 인기몰이를 했던 〈가을동화〉를 지나, 영화 〈기생충〉, 〈미나리〉 그리고 넷플릭스 드라마 〈오징어 게임〉 등의 한국 콘텐츠가 인기를 끌고 있는 건 바로 한국인의 고유 정서에 감동을 받았기 때문이다. 한국인의 고유 정서는 시간이 흐를수록 세계인들의 마음속에 퍼지고 있다.

중국과 일본, 서양에 이르기까지 영화나 드라마의 기본적인 스토리는 '복수'인 경우가 많다. 그러나 한국인의 정서는 복수를 하는 데 모든 것을 걸지는 않는다. 복수는 곧 또 다른 복수를 불러온다는 것을 잘 알고 있기 때문이기도 하고, 기본적으로 그러한 복수 정서는 한국인의 기질과는 어울리지 않기 때문이다. 한국인은 한 번 사랑하면 변치 않고 그 사랑을 지속하려는 마음이 지배적이다. 이러한 한국인의 특질은 드라마나 영화 그리고 심지어 음악에도 깊이 스며들어 있다. 세계인들이 BTS에 열광하는 이유는 이러한 스토리가 곡과 가사 전반에서 흘러나오기 때문이다.

일본이 조선을 침략하여 한민족을 개조하려고 지독하게 시도하고 수십 년을 통치하며 발버둥 쳤음에도 결국 패전한 전범국으로 낙인찍히게 된 것은 어찌 보면 당연한 결과다. 대부분의 강대국은 역사적으로 백성의 피를 통해 무언가를 이루거나 다른 나라를 침략하여 약탈한 물품과 자원을 토대로 유지해 왔다. 그러나 대한민국은 사익이나 집단의 이익을 얻기 위해 백성에게 피해를 주거나 다른 나라를 약탈하는 것을 좋아하지 않았다. 조선이 대마도를 점령했을 때도 땅을 소유하기보다는 오히려 대마도민들이 더욱 넉넉하게 살 수 있도록 지원했다. 한국인의 정서에 깔린 인내천 사상은 자신이 하늘같이 존귀한 존재로 인식하고 남 또한 존귀한 존재임을 자각하는 것을 중시하기 때문이다. 기성세대는 MZ세대가 기존 조직과 잘 어우러지도록 핵심 가치를 재정의하고 이에 따른 조직 문화를 새롭게 형성해 나가야 한다.

포스트 코로나는 21세기 변화 속도와 맞물려 상상을 초월하는 변화를 몰고 왔다. 멀리 떨어져 있던 외부의 변화들이 이젠 개인의 코앞에 직면하여 위협을 가하고 있다. 어제까지 해왔던 일 처리 방식이 당장 오늘부터 먹히지 않은 경우가 생긴다. 코로나19를 경험하면서 자신이 얼마나 무기력하고 부족한지를 실감하는 데는 채 2년이 걸리지 않았다. 물론 이전의 상황이 되기를 마냥 기다리는 경우도 있을 것이다. 하지만 이는 우물 안 개구리가 우물에서 뛰쳐나올 생각은 하지 않고 우물이 말라 가는 것만 한탄하고 있는 꼴과 같다. 그저 무의식적으로 다람쥐가 쳇바퀴 굴리듯 열심히 굴리고만 있는 자신을 발견하면서도, 반복적인 고민과 갈등 속에서 아무런 변화도 시도하지 못하고 있는 형국이다.

해가 바뀌면 가장 북적거리는 곳 중 하나는 헬스장이다. 하지만 가장 먼저 시들해지는 곳도 그곳이다. 문제는 무엇일까. 단순히 신체의 근육만을 키우려 하기 때문이다. 이 시대에 정작 키워야 할 것은 몸의 근육이 아닌 생각 근육이다. 즉 '뇌의 근력'을 키워야 한다. 새로움을 추구하기 위해서도 생각하는 연습이 필요하다. 신체의 근력을 만들기 위해 매주 몇 번씩 헬스장에 가려고 노력하듯이 생각하는 힘, 즉 '뇌력'을 키우는 연습도 꾸준히 지속해야 한다.

처음 인터넷이 등장했을 때는 새로운 변화에 적응할 수 있는 충분한 시간이 있었다. 하지만 스마트폰의 등장은 짧은 시간에 생활의 패턴을 바꾸었다. 지금 시작되고 있는 디지털 혁명의 변화는 매우 빠르다. 코로나19는 주변 환경 대부분에 변화를 주며 위기와 기회를 제공했다. 코로나가 지속된 지 2년이 지났지만 여전히 이전의 상황으로 돌아가기는 쉽지 않다.

빠른 변화의 시대에 어떻게 적응할 것인가? 다양하고 빠른 변화에 적응할 수 있는 방법 중 하나는 바로 '창의력'이다. 창의력은 디지털 혁명의 변화를 인식할 수 있는 매우 중요한 역량이기 때문이다. 과거 속에 갇힌 고정관념에 현재의 변화를 담기에는 그 그릇이 너무 작고 성격도 맞지 않다. 기업들은 현재 채용에서부터 인사 제도, 창의적 인재 육성을 위해 기존의 고착화된 교육 방식을 탈피하고, 스타트 기업 발굴을 위해 내부와 외부에서 다양한 시도를 하고 있다. 그중 가장 중요하게 생각하고 있는 것은 창의적 인재의 채용과 육성이다. 그리고 이들을 통해 창의적 조직 문화를 형성하는 데 투자하고 있다.

창의력에 주목하는 이유는 무엇일까? 코닥은 과거 자사의 비즈니스를 카메라와 필름을 만드는 것에만 집중했다. 이 때문에 기회를 놓쳤다. 과거의 성공 가도에서 벗어나는 것은 좀처럼 쉽지 않다. 안타까운 것은 코닥 내부적으로 이미 디지털카메라 개발에 키를 쥐고 있음에도 제대로 된 의사 결정이 이루어지지 않았다는 점이다. 자사의 비즈니스에 새로운 기술을 포함시키는 프레임을 짜지 못한 것이다. 반면 DVD 배달 사업을 했던 넷플릭스는 영화 배달 사업에 뛰어들며 원대한 목표를 세우고 자사의 비즈니스를 보다 넓게 프레이밍했다. 아마존 역시 종이책 배송에 한정하지 않고 과감하게 전자책 판매를 수용하고 확장했다. 지금의 아마존은 어떠한가? 디지털 혁명을 이끌어 가는 주체가 되었다.

공감이 만들어 내는 MZ세대의 리더십

"전쟁 중에는 사람을 어떻게 관리할지 생각하지 않는다. 그저 이끌 뿐이다."

하버드대학교 명예교수인 존 코터John Kotter의 말이다. 평상시 군대는 행정 조직과 위계질서를 기반으로 한 리더십에 의해 굴러간다. 하지만 전시에는 직책별로 경쟁력 있는 리더십이 필요하다. 또한 리더십은 카리스마나 개성과도 무관하며, 선택된 소수만이 얻을 수 있는 것도 아니다. 좋은 기업은 리더십 자질을 갖춘 사람을 적극적으로 찾아내 그의 커리어에서 그 자질을 발휘하고 발전시킬 기회를 만들어 준다.

비즈니스 세계는 포스트 코로나 이후 점점 더 경쟁적이고 변덕스럽게 변하고 있다. 기술의 빠른 진보와 치열한 국제 경쟁, 시장 규제 완화, 자본 집약 산업의 과도한 투자, 불안정한 석유 카르텔cartel, 노동 인구 구조의 빠른 변화는 변덕스러운 흐름을 만들어 내고 있다. 어제보다 5% 나은 실적을 내는 일은 더 이상 성공의 공식이 아니다. 그 이상의 혁신을 이루어 내야 생존할 수 있다. 급변하는 환경에서 생존하기 위한 효과적인 경쟁을 위해서 리더의 역할은 더욱더 중요해지고 있다. 리더는 필요한 일이 무엇인지를 스스로 결정하고, 목표를 달성할 수 있는 사람들의 네트워크를 구축해야 한다. 또한 목표에 대한 공감대를 형성하고, 활력을 끌어내 신바람을 일으켜야 한다.

조직이 신이 나면 리더는 냉철하게 올바른 방향을 설정하고 나아갈 길을 명확히 찾아낸다. 위대한 비전을 달성하려면 에너지가 넘쳐야 한다. 자극과 영감을 통해 사람들에게 활력을 불어넣고, 직원들이 성취감과 소속감을 느낄 수 있도록 해야 한다. 조직에서 인정받는다는 느낌, 자신의 인생을 스스로 헤쳐 나가는 기분, 자신의 꿈을 위해 일하고 있다는 기분을 느끼게 해줘야 한다. 그런 느낌은 사람을 움직이는 강력한 힘이 된다.

신바람 나는 조직 문화를 구축하기 위해서 리더가 가장 먼저 해야 할 일은 '직원들 스스로 문제를 발견하도록 하는 것'이다. 스스로 문제를 인식해 해결책을 제시할 수 있는 조직적 분위기를 만들어 가야 한다. 조직원들에게 자신감을 불어넣어 그들이 리스크와 책임을 기꺼이 감당할 수 있도록 해줘야 한다. 또한 실수를 저질러도 격려하고 지지해 줘야 한다. 문제 제기는 필요한 변화가 무엇인지 알려 줄 수 있기 때문에 조직을 이끌어 가는 데 있어서는 등대와도 같다. 리더는 현재 트렌드를 분석하고 회사의 핵심 경쟁력은 무엇인지, 그리고 경쟁에서 어떤 위치에 서고 어떤 기회를 잡을 수 있는지 전략을 세워야 한다. 필요한 변화가 무엇인지를 찾아내 핵심적인 문제를 제시하고, 조직이 버틸 수 있는 수준에서 외부의 압력을 느끼도록 관리하고, 현재의 역할을 구분해서 새로운 역할을 부여하고 조절할 수 있도록 해야 한다.

변화는 모두에게 어려운 일이다. 더욱이 지금처럼 요구되는 빠른 변화는 따라가는 것 자체가 버거울 정도다. 생존을 위해서는 변화해야만 한다. 새로운 환경에 익숙하지 않은 업무와 책임을 맡아야 하고, 새로운 가치관과 업무 수행 방식을 받아들여야 한다. 이러한 상황은 누구에게나 힘들고 고통스러울 수밖에 없다. 하지만 그럼에도 불구하고 늘 그렇듯 극복해야만 한다. 변화에 대한 적응은 이제 일상이 되었다. 급변하는 지금의 세상엔 사실 선택의 여지가 없다.

표범이 침팬지 무리를 사냥할 경우 성공할 확률이 매우 낮다고 한다. 침팬지는 표범의 위협에 대응하는 법을 알기 때문이다. 하지만 총을 든 사람이 오면 이런 통상적인 방법은 쉽게 깨지고 만다. 그 위협의 정도를 잘 알지 못하기 때문이다. 우리는 지금 변화에 어떠한 인식과 대응을 하고 있는가? 자신이 생각하는 것보다 더 많은 것을 버리고, 무언가 새로운 것에 대해 당장 실행하고 있는 자신을 발견해야만 한다.

2

제2단계: 디지털 혁명으로 창출되는 성과

디지털 혁명에 집중하는 인재

위대한 경영자들이 갖는 특징 중 하나는 올바른 일에 올바른 사람을 찾아 훈련시키고 일을 성공하게 만드는 능력이라고 한다. 미국 하버드 비즈니스스쿨 석좌교수인 클레이튼 크리스텐슨Clayton Christensen과 마이클 오버도프Michael Overdorf 는 조직의 역량을 결정하는 세 가지 요인에 대해 연구한 바 있다. 바로 조직의 프로세스와 가치, 자원이다.

여기서 자원은 유형 및 무형의 자원 모두를 의미한다. 연구 결과는 흥미롭다. 혁신의 상황에 따라 무엇을 할 수 있고 해서는 안 되는지에 대한 가이드가 명확하다. 직원들이 프로세스와 우선순위를 매번 의식적으로 선택하는 것이 아니라 그저 믿고 따르기 시작하면 이때부터 조직의 문화를 형성하게 된다. 이때가 되면 조직이 비슷한 문제에 맞닥뜨릴 때마다 프로세스와 가치의 차원에서 해결하려고 노력하기만 하면 된다.

그러나 문제는 여기에서부터 시작된다. 프로세스와 가치는 동전의 양면처럼 조직이 할 수 없는 것을 결정해 버리기도 한다는 것이다. 기존의 프로세스와 가치는 새로운 문제를 해결하는 데 역부족이기 때문이다. 조직의 역량이 주로 인적 자원에 있는 경우 새로운 문제를 해결하기 위해 역량을 변화시키는 것은 상대적으로 간단하다. 그러나 역량이 프로세스와 가치관, 특히 문화에 있는 경우 역량에 변화를 주기란 대단히 어렵다.

대기업이 신흥 시장에서 패배하는 이유는 무엇일까? 대부분은 조직의 민첩성이 떨어지기 때문이라고 이야기한다. 그래서인지 벤처기업 또는 스타트업의 조직 구조를 벤치마킹하여 적용해 보려고 시도하고 있다. 하지만 대기업은 구조적으로 이러한 변화를 만들어 가기가 쉽지 않다. 이미 효율화 시스템으로 구축되어 있는 프로세스는 자원만큼 유연하지도 않고 응용하기도 쉽지 않다. 이미 내재화되어 있는 습관에 변화를 주는 것은 결코 쉬운 일이 아니다. 업무 수행 및 의사 결정 시스템에 녹아들어 있는 가치에 변화를 준다는 것은 대단히 어려운 작업이다.

농부는 심는 씨앗의 종자가 바뀌면 '골타기'를 달리한다. 골타기란 작물을 심기 전에 두둑을 만드는 작업을 말한다. 배추를 심기 위해서 골타기로 얇고 평평한 두둑을 만들어야 한다. 고구마를 심는다면 두둑을 높게 만드는 골타기를 해야 한다. 즉 종자의 특성에 따라 골타기를 달리해야 한다. 만약 배추를 심기 위한 골타기에 고구마를 심게 되면, 고구마는 땅의 압력으로 인해 잘 자라지 못한다. 마찬가지로 종자마다 토양 성질이나 형태를 달리해 주어야 최고의 수확을 얻을 수 있다. 동일한 접근 방식으로는 뻔한 결과를 만들어 낸다. 농부는 이러한 이치를 너무도 잘 알고 있다.

디지털 혁명은 이전과는 매우 다른 양상을 보이고 있다. 다양한 분야에서 변화를 이끌고 있고 그 속도 또한 시간이 지날수록 예상을 뛰어넘고 있다. 문제는 이러한 변화를 심각하게 받아들이지 않고 있다는 점이다. 손에 쥔 씨앗이 분명 바뀌었는데도 그동안 해왔던 방식을 유지하려 한다. 이전에 증명되었던 효율적인 조직 프로세스이고 이미 습관화되어 있기 때문이다. 역시 문제는 여기서부터 시작된다. 효율적 시스템의 우월성은 점차 이전에만 국한되어 적용되고 있다.

예전과 같은 효율성은 더 이상 기대하기 어렵다. 대기업들은 새로운 아이템을 찾기 위해 자체적으로 혁신적인 아이템을 찾으려 노력한다. 하지만 신흥 시장에서 성공한 사례는 그다지 많지 않다. 그래서 대부분은 기업 인수를 통해 돌파구를 찾고 있다. 문제는 그룹의 매출은 일정 수준 유지되고 있으나, 영업 이익은 거의 반토막 수준이라는 점이다. 이는 인수된 기업의 기대 수익 창출이 생각보다 더디기 때문이다. 또한 과연 어느 시점에 기대하는 수익이 창출될지에 대해서도 예측하기 어렵다. 문제는 여기서 다시 시작된다. 인수한 기업에 기존의 조직 시스템을 도입시키는 것에 이러한 문제들이 발생하고 있다고 전문가들은 지적한다.

클레이튼 크리스텐슨과 마이클 오버도프 교수는 기업 인수를 통해 조직의 역량을 개발함에 있어 명쾌한 방법을 제시하고 있다. 인수한 회사의 어떤 가치에 대해 대가를 지불했는지 구체화하는 것이다. 자원을 얻기 위함인지, 조직의 프로세스와 가치를 얻기 위함인지에 대해 명확성을 가지라고 그들은 조언한다. 만약 돈을 주고 산 역량이 인수한 회사의 프로세스와 가치관에 있다면, 경영자가 절대로 하지 말아야 할 행동은 인수한 회사를 기존의 조직과 합치는 것이다. 그렇게 하면 인수한 회사의 프로세스와 가치관이 증발한다. 인수 주체의 사업 방식을 강요하면 인수당한 회사의 역량은 모두 사라지기 때문이다. 이런 경우에 보다 나은 전략은 인수한 조직을 그대로 두고, 기존 회사의 자원을 인수한 회사의 프로세스와 가치관에 투입하는 것이다. 이렇게 접근한다면 회사는 새로운 역량을 얻게 된다. 그만큼 조직 시스템을 다루는 문제는 매우 예민하고 중요하다.

대기업이 혁신에 취약한 것처럼 보이는 이유는, 매우 유능한 인력을 고용해 놓고 개인의 직접적인 업무와 맞지 않는 프로세스와 가치를 요구하는 기존의 조직 구조 내에 가두어 두기 때문이다. 유능한 인재를 그와 어울리는 유연한 조직에 배치해 주는 것이야말로 요즘 같은 변혁의 시대를 이끄는 경영자가 지고 가야 할 가장 중대한 책임이다. 변화의 시작점은 여기서 찾아볼 수 있다. 개인의 역량이 좀 더 발휘될 수 있도록 조직의 시스템이 바뀌어야 한다. 작은 변화에서 시작해서 점차 큰 변화를 만들어 가는 것이다. 다만 다수의 조직에서 그리고 많은 분야에서 변화가 일어나야 한다.

	성과주의 평가 제도	디지털 시대 평가 제도
목적	구별 짓기와 서열화	절대적 가치 창출, 인재 육성
시기	주기적	수시(리얼타임)
방법	상대평가(서열)	절대평가
평가자	공식적 상사	이해관계자 다수
평가 요소	KPIs	과제별, 평판, 과정 관리 등
동기 부여	금전 보상과의 연계	공유 가치, 내재적 동기

디지털 혁명 시대의 평가 제도 변화

변화는 작은 것에서부터 시작된다. 개인 스스로 공감이 가는 부분에 집중함으로써 미약하더라도 주도성을 가지고 시도할 수 있도록 해야 한다. 조직 프로세스와 가치의 변화는 개개인의 역량이 좀 더 발휘되고 스스로 향상될 수 있도록 변화해야 한다. 조직 프로세스에 유연성을 두어 개인이 주도적으로 이끌어 갈 수 있도록 변화해야만 한다. 조직은 이러한 개인들의 방향이 올바르게 제시될 수 있도록 이끌어 주면 된다.

앞으로는 개인 주도적 학습 환경을 만들어 주고 주도적인 목표 설정이 이루어질 수 있도록 노력해야 한다. 이유는 간단하다. 개인의 목표 설정은 목표 달성 의지를 내포하고 있기 때문에 가속화를 기대할 수 있다. 인재를 채용하여 육성하고 있다면 그들 스스로 업무에 몰입할 수 있는 업무 환경을 조성해 주고, 스스로 충분히 역량을 발휘할 수 있도록 디지털 업무 시스템을 제공해 주어야 한다.

디지털 혁명 시대에는 성과 관리 방식이나 평가 방식도 달라져야 한다. MZ세대의 등장으로 과거 전통적인 경영 방식에 한계점이 드러났다. 관리와 통제의 방식은 역효과가 날 수 있다. 그들의 강점을 충분히 발휘할 수 있는 방식으로 조직 문화를 바꾸고, 이를 관리하고 동기를 유발하는 인사 제도의 변화가 반드시 뒤따라야만 한다. 그중의 하나가 평가 제도의 변화다. 공정하고 납득이 가는 평가를 통해 일에 몰입하도록 해 성과를 내도록 유도하며, 이를 통해 우수한 인재로 육성해야 하기 때문이다.

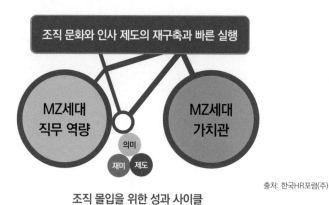

출처: 한국HR포럼(주)

조직 몰입을 위한 성과 사이클

21세기의 속도 전쟁에서 살아남으려면 발 빠르게 디지털 혁명을 적용하고 정착시켜야 한다. 그러기 위해서는 적절한 시기에 적합한 인재를 확보하고, 창의력을 발휘해 주도적인 실행이 가능하도록 조직 문화를 새롭게 구축해야 한다.

첫째, 인재 채용의 승리다. MZ세대는 성장의 기회가 없다면 바로 이 직해 버리는 성향이 강하다. 그렇기 때문에 채용도 중요하지만 입사 이후에 MZ세대가 스스로 선택한 직무 역량을 수행하는 데 어떠한 강점을 가지고 있는지를 명확하고 구체적으로 파악할 수 있도록 해야 한다. 기업은 비전을 바로 세우고 이를 가치화하고 내재화함으로써 새로운 조직 문화를 구축하려고 노력해야 한다. 이러한 노력이 곧 그 기업의 가치를 만들어 내고 브랜드를 인식하게 한다. 인재들은 이러한 가치에 주목하고 있다. 따라서 인재 채용에 있어서 선행되어야 할 것은, 올바른 기업으로서의 모습이 눈에 띌 수 있도록 브랜드 가치에도 신경 써야 한다는 점이다.

둘째, 창의적 인재의 육성이다. 창의적 사고에 기반을 두고 교육의 방향을 재정립하는 것이다. 창의성은 자율적 사고의 결과다. 자기 주도성에 의한 학습 시스템의 구축은 가장 기본이다. 더군다나 정보의 양은 과거와는 전혀 다른 상상 이상의 속도로 증가하고 있다. 이전의 학습 방법으로 접근한다는 것은 질주하고 있는 열차에 대책 없이 올라타는 것과 같다.

셋째, 실행력을 끌어낼 수 있는 환경을 조성해야 한다. 인재 육성의 방향은 자기 주도성에 의한 실행력이 과감하게 표출되도록 해야 한다. 스스로의 문제 제기와 대안 설정 그리고 실행 과정이 상호 공유되고 공감이 이루어지도록 해야 한다. 아울러 자율적 학습 기반의 환경 조성을 통해 자기 주도적 학습에 집중하게 하고, 조직 내 상호 간 보완적 관계의 협력 분위기를 이끌어 감으로써 탁월한 성과를 창출해 나가도록 지원해야 한다. 의미에 집중하고, 재미를 지속적으로 느끼도록 하며, 몰입을 이끌어 내기 위한 조직 시스템을 구축해야 한다. 지금 당장 과감한 선택 없이는 어떠한 변화도 일어나지 않는다.

데이터 기반의 의사 결정

직원 만족 경영에 막대한 투자를 하고도 왜 생산성은 오르지 않을까? 구글은 빅데이터를 활용해서 생산성의 수수께끼Productivity Puzzle의 답을 찾았다. 구글은 수년간 일하기 좋은 기업 상위권을 유지하고 있다. 하지만 직원의 생산성에는 별다른 영향을 주지 않는 것에 대해 고심했다. 2006~2008년 3년 연속으로 생산성이 하락했고 2008년, 구글은 그 해답을 찾기 위해 '옥시젠 프로젝트Project Oxygen'를 실행했다. 이 프로젝트는 '좋은 리더는 조직의 산소와도 같다'는 뜻에서 시작되었다. 우선 인사 관련 데이터 수집에 집중했다. 구글의 인사혁신연구소 내부에 구성된 옥시젠 팀은 1년 내내 직무 평가, 직원 설문 조사, 관리자 평가 등 여러 자료를 수집했다.

최고의 점수를 받은 관리자들과 최저의 점수를 받은 관리자 사이의 차이가 무엇인지도 분석했다. 100개가 넘는 항목에 수집한 데이터 분석 결과, 상위 25%에 드는 사람들과 하위 25%인 사람들을 구분 짓는 결정적인 요인이 바로 '훌륭한 리더십'에 달렸다는 결론을 내렸다. 이는 무려 1만 건이 넘는 관리자들에 대한 통계자료 분석 결과다. 400쪽이 넘는 보고서는 성공적인 리더들의 8가지 특성을 제시한다.

우수 관리자의 8가지 특성

- 좋은 코치가 된다
- 직원에게 권한을 넘기고 시시콜콜 간섭하지 않는다
- 직원의 성공과 개인 복지에 관심이 많다
- 매우 생산적이며 결과 지향적이다
- 소통을 잘한다. 즉 정보를 청취하고 공유한다
- 직원이 경력을 개발할 수 있도록 돕는다
- 팀이 나아갈 방향에 대해 명확한 전망과 전략을 가진다
- 팀과 직원에게 도움이 될 조언을 할 수 있는 직무상의 기술 능력을 갖춘다

구글은 여기에 그치지 않고 2012년부터 2016년까지 4년간 사내 조직 문화 개선 프로젝트를 통해 그룹 간 생산성 차이를 해결하는 방법을 연구했다. 이 프로젝트는 "전체는 부분의 합보다 크다."라고 말했던 고대 그리스 철학자 아리스토텔레스로부터 그 이름을 따왔다. 일명 '아리스토텔레스 프로젝트'를 발족했다. 엔지니어, 통계 전문가, 심리학자, 사회학자 등의 전문가들이 모여 구글 내 180개가 넘는 팀을 분석해 생산성이 좋은 팀의 비결을 찾는 데 주력했다. 생산성 높은 팀원들이 '불문율'로 묘사했거나 '팀 문화'의 일부라고 설명했던 사례를 추려 냈다.

2015년 말 연구 결과 발표에서 '생산성을 높이는 데 업무량이나 물리적인 공간은 크게 중요하지 않다'는 것을 발견하고, '중요한 것은 타인에 대한 배려 발언권과 사회적 공감'이라는 결론을 내렸다. 데이터 수집에 충분한 시간을 투자하고, 방대한 데이터 분석을 통해 신뢰성 있는 결론을 얻어 냈다. '직원이 행복해야 생산성이 극대화되고 최고의 제품과 아이디어를 낼 수 있다'는 것에 확신을 얻은 것이다.

국외 상당수 기업들은 인사 데이터를 분석하여 자사의 채용 방식이나 직원들의 성과 및 역량 관리에 필요한 의사 결정에 활용하고 있다. 미국의 대표적인 프린트 기업인 제록스는, 자사 콜센터 직원들의 높은 조기 이직률을 줄이기 위해 성과가 우수하고 장기 근속하는 직원들을 대상으로 설문 조사를 수행했다. 그 결과 근속 기간 및 성과에 가장 큰 요인은 '이전 직장에서의 근무 경험'이 아니라 '성격'에 있다는 것을 찾아냈다. 이를 바탕으로 채용 방식에 다양한 시나리오에 기반한 성격 테스트를 시행해 조기 이직률을 이전의 20% 수준으로 낮출 수 있었다.

이러한 채용 방식에 국내에서 가장 선두에서 서 있는 회사는 마이다스아이티다. 이미 오래전부터 AI 면접을 통해 직원을 뽑고 역량 분석에 따른 인사 관리에 앞장서고 있다. 미국의 은행 및 금융 지주 회사인 PNC파이낸셜도 인사 데이터 분석 결과, 내부 승진자의 성과가 외부 경력자보다 지속적으로 우월하다는 것을 찾아냈다. 이러한 데이터 분석 결과를 통해 사내 공석 발생 시 거액의 비용을 들여 외부 경력자를 채용하기보다는, 내부 구성원의 승진을 통해 인력을 충원하고 재배치하는 방식을 채택하고 있다.

이처럼 쏟아지는 대량의 인사 데이터를 그냥 방치하는 것이 아니라, 다각적인 분석을 통해 조직 성장 및 성과 창출에 필요한 데이터 분석 결과를 토대로 조직 내 전략적인 의사 결정에 반영해야 한다. 아울러 수평적 조직 문화 구축과 업무 몰입 촉진, 경영 혁신 등에 관련한 조직 역량도 강화할 수 있다.

'시간 융합화FTP'에 의한 실행력 강화

변화를 갖기 위해 어떠한 시도를 할 수 있을까? 이전에 시도해 보지 않은 새로운 접근 방식이어야 한다. 변화의 시점은 과거와 현재 그리고 미래와 연결되어 있다. 과거의 경험에 대한 성찰이 있었다면, 지금 이 순간 변화의 계기를 직면할 확률은 높아진다. 여기에 성찰의 정도나 강한 목표 의식이 생긴다면, 미래에 변화한 모습을 발견할 확률은 당연히 더욱 높아질 것이다.

시간의 융합. 다소 생소하지만 생각의 변화를 가속화하기 위한 혁신적인 방법이다. '융합'이란 A와 B를 통해 새로운 C를 창조해 내는 것을 말한다. 여기에는 당연히 화학적 결합이 일어나야 한다. 그렇지 않으면 새로운 C를 창조해 내기 어렵다. 새롭게 창조해 내는 습관을 갖게 되면 스스로의 사고 변화는 보다 용이해진다. 일반적으로 사고의 변화에 어려움을 겪는 이유는 습관화된 행동 때문이다. 무언가 명확히 보이는 것이 있어야 그것을 바꿀 수 있을 텐데, 인간의 뇌는 무의식적 행동에 최적화되어 있다. 그러한 특성이 있기에 일상적인 생활이 가능하다. 이러한 특성이 강하다 보니 변화를 주는 것은 어려울 수밖에 없다.

#생각 변화에 집중

'생각이 바뀌면 행동이 바뀌고, 행동이 바뀌면 습관이 바뀌고, 습관이 바뀌면 운명이 바뀐다'는 말이 있다. 공감 가는 이야기다. 하지만 이는 생각이 바뀌어야 가능한 이야기다. 결국 현실성이 부족하다고 할 수 있다. 생각이 바뀌지 않으니 행동이 바뀌는 것은 기대하기 어렵다.

'습관'에 대한 저서는 수백 권이 넘는다. 대부분 습관 변화를 통해 인생 역전의 기회를 노려 보라는 이야기를 한다. 하지만 생각이 바뀌지 않은 이상, 이 역시 의미 없는 이야기에 지나지 않는다. 그렇기 때문에 무엇보다 '생각 변화'에 집중해야 한다. 과거의 경험을 통해 자신이 어떠한 생각을 하고 있고 어떠한 느낌을 받고 있는지에 대해 충분한 시간을 가져 볼 필요가 있다. 생각의 변화 포인트만 명확하게 찾아낼 수 있다면 이전과 다른 행동을 기대할 수 있기 때문이다.

시간이 흐른 뒤, 우리는 행동의 변화에 대해 묻는다. "혹시 어떠한 계기로 그런 일을 하게 되었나요?" 과거 경험에 대해 매우 강한 성찰이 일어날 때 운이 좋으면 '계기'를 경험하게 된다. 그렇다면 계기란 무슨 뜻일까? 필자는 여기서 '계기'란 지속적인 행동을 유발할 수 있는 그 무엇으로 정의하고자 한다. 그만큼 미래를 향해 달려가고자 하는 실행 에너지가 상당한 수준에 이른 상태를 말한다. 이러한 상태에 이르게 되면 우리는 그 목표를 더 명확히 하고 힘차게 달린다. 미래를 예측하고 이를 향해 한층 더 구체적인 실행 계획을 고민하게 된다.

시간에 단순하게 접근해 보면 과거와 현재 그리고 미래로 구분할 수 있다. 뇌의 활동은 순간순간 과거와 현재 그리고 미래를 오간다. 과거는 분명하게 존재하고 현재와 미래 역시 존재한다. 다만 이를 명확하게 구분하려고 노력하지 않으면 기억은 쉽게 얽히고 만다. '시간을 융합한다'는 것은, 시점과 시점을 구분하고 이를 융합하는 것을 의미한다. 다시 말해 과거와 현재 시점을 융합해 본다거나 현재 시점과 미래 시점을 융합해 내는 것이다.

첫째, 과거에 일어난 모든 상황을 '사실Fact'로 정의한다.

둘째, 현재 살아있는 주체로서 생각하고 있는 상태를 '생각Think'로 정의한다.

셋째, 미래 구상과 실행에 계획의 상태는 '계획Plan'으로 정의했다. 무엇을 할 것인지, 향후 어떠한 일들이 벌어질 것인지에 대한 모든 것을 의미한다.

과거 시점Fact과 현재 시점Think을 명확히 구분하고 이 두 가지 시점을 의도적으로 융합해 얻어내는 과정이 바로 '성찰Reflection'이다. 현재 시점과 미래 시점을 명확히 구분하고 이 두 가지 시점을 의도적으로 융합해 얻어내는 과정은 '실행Execution'으로 정의했다. 즉 과거에 일어난 사실에 대한 자신만의 느낌이나 생각을 보다 주도적으로 표현해 내는 자기 관점 영역이 '성찰'이다.

현재 시점과 미래 시점을 융합한다는 것은 좀 더 깊은 생각을 통해 멀리 내다보는 것을 말한다. 과거의 사실에 대한 성찰이 있었다면 이를 해소하기 위해 향후 무엇에 집중할 것인지에 대해 목표를 세우고 구체적인 실행 계획에 대해 고민하는 영역이 바로 '실행' 영역이다. 'Fact'는 이미 일어난 일들에 대해 과거에 이미 만들어 놓은 결과물을 말한다. 이미 발생한 모든 사건을 의미한다. 자신이 인지하고 있는 과거의 사실적 요소를 의미하며, 학습과 경험을 통해 확장할 수 있는 지식이다. 'Think'는 살아 있는 주체로 감성과 이성을 통해 생각하고 있는 상태다. 'Plan'은 향후 무언가를 계획하고 대응해야만 하는 미래 시점을 의미한다.

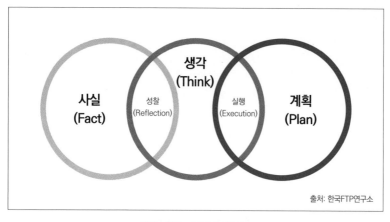

사실-생각-계획의 사이클

혁신적 사고는 과거와 현재 그리고 미래의 예측 상황에 대해 상호 융합의 과정에서 일어난다. 성찰은 'F&T=성찰Reflection' 반복 사이클을 통해 생각하는 힘을 키울 수 있다. 실행력은 미래에 대한 분명한 목적과 목표를 구체화하고, 이를 달성하고자 하는 자신의 실행 의지가 키워진다. 'T&P=실행Execution' 사이클 반복을 통해 실행력을 키워 나갈 수 있다. 이러한 'FTP 사고혁신'은 흥미로운 반복에 의해 성찰과 실행을 통해 자연스럽게 몰입하고, 성장의 기회를 잡게 한다.

그렇다면 성찰F&T 영역을 확보하기 위해 무엇에 집중해야 할까? 우선 매일매일 습득되는 지식, 상황의 사실을 정리하고 이에 대해 자신만의 생각을 구체적으로 기록하고 접근함으로써 자기 관점 영역을 넓히는 것이다. 과거의 학습 방법으로는 쏟아지는 지식의 양을 감당할 수 없다. 스스로 지식을 생산할 수 있는 주체가 되지 않는 이상 방대한 지식을 학습하는 것은 거의 불가능하다. 성찰을 통해 자신만의 콘텐츠를 재생산해 내는 패턴을 습관화한다면 쏟아지는 지식의 양을 충분히 소화해 낼 수 있다.

실행T&P 영역은 어떻게 확대해야 할까? 성과 창출을 위한 과제 수행 활동이 제대로 이루어지지 않은 이유는 간단하다. 관리 감독을 철저히 함에도 불구하고 기대했던 성과가 만들어지지 않은 이유도 마찬가지다. 21세기 경쟁 환경에서는 이전의 조직 관리 방식을 통해서 성과를 창출해 내는 데 한계가 있다. 이미 변화 속도가 과거와는 달라 개인에게 좀 더 많은 권한과 책임이 부여되지 않는다면 성과 창출은 어렵다. 개인의 역량에 집중하고 개인 스스로 성과 창출에 몰입할 수 있도록 조직 운영 시스템과 조직 문화를 바꾸어야 한다. 통제적인 관리 하에서는 개인의 주도성이 발휘되지 않는다. 제한된 사고를 할 수밖에 없고 결국 한정된 행동에서 벗어날 수 없게 된다.

실행 영역의 확대는 더욱더 높은 성과를 만들어 낼 수 있다. 주도성에 의해 도출된 과제는 이미 그 실행 의지를 내포하고 있다. 개인 스스로 목적을 명확히 정의해 내고 이에 도달하기 위한 목표를 구체화하는 것은 성과 창출의 기반이 된다. 21세기 생존 해법은 성찰과 실행력의 사고 영역 확대를 통해 찾아보기 바란다. 어렵게만 느껴졌던 '통찰'은 'FTP 사고법'으로 접근이 가능하다. 통찰은 바로 성찰과 실행의 반복적인 융합의 결과에서 키워 낼 수 있기 때문이다.

MZ세대가 발휘하는 통찰력

'통찰'이란 특정 맥락 내에서 특정 원인과 효과를 이해하는 것을 말한다. 이러한 통찰력은 정도의 차이는 있지만 누구나 발휘할 수 있는 역량이다. 다만 매우 예민한 상황에서 발휘되는 만큼 주변 환경과 더불어 스스로 몰입할 수 있는 최적의 환경과 시간이 지속적으로 유지되어야 한다. 21세기에 들어서면서 높아진 한국의 위상을 보면 그 이유를 알 수 있다. 박항서 감독의 리더십이 선수들의 잠재력을 끌어내고, 이를 충분히 발휘하도록 환경을 만들어 준 결과는 이미 모두가 알고 있다.

베트남 하노이의 미딘 국립경기장에서 열린 2022 카타르 월드컵 아시아 최종 예선 B조 8차전 홈경기에서 베트남은 중국을 상대로 3:1

로 완파했다. 박항서 감독이 베트남 축구 대표 팀을 이끌고 또 한 번 역사를 썼다. 베트남 월드컵 최종 예선전 사상 첫 승리를 거둔 것이다. '박항서 매직'의 핵심은 어디에 있을까? 그는 철저하게 개인의 역량을 최대한 끌어내고, 서로 간의 협력을 통해 경기에 몰입하게 하는 K-리더십을 발휘했다.

통찰력은 누구나 발휘할 수 있다. 통찰은 수준으로 평가되는 것이 아니라 정도의 차이가 있을 뿐이다. 어떠한 것이든 통찰적 시각으로 무언가를 창출해 냈다면 그 자체로서 의미가 깊다. 특히 이러한 통찰은 쉽게 사라지지 않기에 통찰을 통한 실행의 반복으로 보다 거대한 의사 결정을 해낼 수 있기 때문이다.

MZ세대는 그동안 기성세대가 접하지 못했던 다양한 경험을 소화하고 있다. 그들은 빠른 변화에 대처하는 유연한 마인드와 디지털 기기의 능숙한 사용으로 일의 효율성을 높이는 데 탁월하다. 특히 자신의 관심 분야에는 과감한 투자를 해 본인의 역량을 키우는 데도 탁월하다. 어찌 보면 기성세대 입장에서는 다행이다. 기성세대는 변화를 감지하기도 어렵고 어떻게 대처해야 할지도 몰라 불안해하고 있다. 방법은 있다. 바로 MZ세대가 보유하고 있는 강점에 관심을 두고 서로 소통하며 학습의 속도를 높이면 된다.

급변하는 환경에서는 기존의 것을 버리고 변화하는 세상에 적응하는 것이 바람직하다. 매년 의미 없거나 잘못된 정보로 확인되어 사라지는 지식의 양은 30%에 달한다고 한다. 특히 전문 지식일수록 이러한 현상이 더 심할 수 있다. 만약 최근 3~5년 동안의 새로운 지식을 습득하지 않았다면 어떨까? 의료 분야의 경우라면 잘못된 처방이나 잘못된 수술로 환자들에게 심각한 부작용을 전가시킬 수 있다. 과거 10시간 동안 몰입해야 해낼 수 있는 일들이 지금은 불과 10분 만에 처리할 수 있는 일이 허다하다. 과장이 3일 밤을 새워 작업한 보고서를 신입 1년 차가 3시간 만에 끝내는 게 현실이다. 기업의 생존과도 직결되기 때문에 30대 임원이 탄생하는 건 당연한 현상인 듯하다.

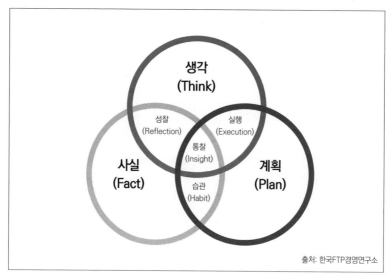

습관-통찰의 사이클

최근에 쏟아지는 지식은 무엇인지, 최근에 새롭게 경험하고 있는 것은 무엇인지, 이에 대한 본인만의 성찰은 별도로 정리해 둘 필요가 있다. 최근 들어 성찰했던 내용은 무엇인지? 여기까지만 정리해 두어도 우리는 이것이 무엇을 의미하고 앞으로 어떠한 결과를 만들어 낼 수 있을지 충분히 예측해 낼 수 있다.

  이것을 통해 어떠한 결과를 만들어 낼 수 있을지를 구체적으로 상상해 본다. 그 결과에 어떠한 의미가 있는지를 작성해 보라. 그러면 내면에 꿈틀거리는 무언가를 경험할 수 있다. 이때 내면 깊숙한 곳에서 떠밀려 올라오는 것이 바로 실행력이다. 아마 누구라도 일이든 여행이든 간에 설렘을 느껴 본 적이 있을 것이다. 미래를 보다 구체적으로 상상하고 계획하면 마치 이루어질 수 있는 현실이라고 여긴다.

  MZ세대를 강조하는 이유는, 이들은 변화에 자연스럽게 적응하며 나름대로 자신만의 대처법을 지니고 있기 때문이다. 이들은 그러한 환경에서 자라 왔기 때문에 가능한 일이다. 물론 기성세대도 마찬가지다. 조직은 이미 수직에서 수평적 조직으로 급속하게 변화해 가고 있다. 긍정적인 측면에서는 개인의 주도성을 발휘함으로써 더욱더 창의적인 의사 결정을 할 수 있는 환경이 조성되고 있다. 세대를 구분하고 특징을 규정화하려는 노력은 필요하지만, 일반화에 모든 것을 적용해서는 안 된다. MZ세대는 출생 연도가 아닌 개인의 성향과 생각으로 구분해야 한다. 기성세대 중에서도 MZ세대의 특성을 갖는 경우가 있고, 반대로 MZ세대 중에서도 여전히 기성세대의 꼰대 같은 성향을 갖는 경우도 있다. 이처럼 성향이나 생각은 개인마다 차이가 있을 수 있다.

  자기 주도성은 스스로 성찰하게 만들고 강한 실행력을 갖게 한다. 이러한 경험이 반복되고 누적되면, 어느 순간 스스로 통찰하는 경험을 갖는다. 그동안 통찰이 중요하다고 강조는 하고 있었지만, 이러한 통찰력을 어떻게 길러야 하는지에 대해서는 명확하지 않았다. 통찰은

MZ세대의 특징 주의보

나이로 하는 세대 구분 자체가 문제

출처: 한국HR포럼(주)

누구나 발휘할 수 있다. 주관적 시각과 객관적 시각에서 보는 것은 그리 중요치 않다. 매일매일 일을 처리하는 과정에서 다양한 경험을 통해 수많은 의사 결정을 하기 때문에 자기도 모르게 발휘하는 경우가 많기 때문이다. 경우에 따라서는 기대 이상의 결과를 만들어 내기도 한다. 그러한 결과에 대해 주변의 평판이 이어지지만, 통찰은 평가의 대상이 아니기 때문에 주변의 시각은 중요하지 않다. 통찰은 인간이 갖는 고유의 영역이다.

통찰은 좋은 습관을 만들어 낸다. 좋은 습관이 유지되는 이유는 경험을 통해 끊임없이 통찰을 반복하면서 좋은 에너지를 만들어 내기 때문이다. 습관은 새롭게 만들기도 어렵지만 쉽게 사라지지도 않는다. 누구나 개인만의 생활 패턴이 있기 때문에 쉽게 형성되거나 버려지는 것이 아니다. 일상생활에서 통찰을 하는 데 더욱 집중한다면 상황은 달라질 수 있다. 꾸준한 연습을 통해 새로운 습관을 만들어 낼 수 있다.

좋은 습관은 결국 시간이 지남에 따라 성공의 문턱에 올라가게 하는 힘을 가진다. 이러한 습관을 형성하는 핵심이 바로 통찰이다.

통찰은 FTP 사고법의 반복적인 연습의 결과다. 자신의 경험이나 학습 내용에 대해 구체화된 내용을 정리하고, 이에 대해 느끼는 생각과 이를 해결해 내려는 과정이 반복되면서 자연스럽게 얻어지는 것이 바로 통찰이다.

첫째, 사실 Fact**에 집중하라.** 새로운 지식과 경험에 대해 구체적으로 정리하는 습관을 갖는다. 자신의 추측이나 생각이 아닌 사실만을 작성하는 것이다.

둘째, 성찰 Reflection**에 집중하라.** 환경 변화를 주시하며 적응을 위한 새로운 경험을 통한 성찰로 사고의 범위를 넓히는 것이다.

셋째, 계획 Plan**에 집중하라.** 성찰에 의한 계획 세우기를 반복하는 것이다. 관심사에 대해 다양하게 접근하는 방법에 집중하는 것이다.

넷째, 실행 Execution**에 집중하라.** 주도적으로 수립한 계획의 결과를 상상하며 실행력을 높이는 데 집중한다. 실행력은 일의 목적과 목표를 명확히 하는 데서부터 시작된다. 그리고 이에 대한 구체적인 계획을 수립하는 과정에 더욱 강한 실행력을 이끌어 낼 수 있다. 가능성에 대해 믿음을 갖기 때문이다.

#MZ 경험

통찰은 단계별 접근과 반복에 의한 동시성Fact-Reflection-Plan-Execution 으로 형성된다. 이렇게 키워진 통찰은 자연스럽게 성공을 향한 좋은 습관으로 이어진다. MZ세대가 원하는 것에 관심을 갖고 이들 스스로 새로운 경험을 할 수 있는 환경을 조성해 주는 것만으로도 기대 이상의 결과를 만들어 낼 수 있다.

몰입에 의한 MZ세대의 성과 창출

기성세대들이 보여 주는 관심에 대해 MZ세대들은 어떠한 반응을 보일까? 그 생각의 차이는 생각보다 심각한 수준이다. 기성세대가 진정성을 가지며 걱정해 주고 조언해 주는 행위들이 어느 순간 전부 꼰대의 지적이 되어 버렸다. 반대로 조직 내에서 MZ세대가 표현하는 방식에 대해 기성세대는 '버릇없다'로 치부해 버리는 경우도 많다. 무엇이 문제일까? 이는 상호 간 이해의 차이에서 비롯된다. 생각은 하지만 습관화된 행동이 먼저 나오기 때문에 빈번하게 부딪치는 것이다. 하지만 해결책은 의외로 간단하다.

서로를 좀 더 이해하고 공감하는 연습을 통해 이러한 문제를 해결할 수 있다. 이를 통해 서로 간에 믿음을 갖는다면, 상호 소통에 자신감을 느끼게 되고 목표 달성을 위해 최선을 다할 수 있다. 2022년 1월 KHR포럼에서는 'XYZ 함께라서'라는 주제를 다루면서 기업에서 고민하고 있는 다양한 이슈에 대해 상호 토론한 바 있다.

응답 기업(46개사): 경성대학교, 경신, 고대의료원, 네패스, 노벨리스, 농협중앙회 창녕교육원, 다이킨코리아, 데상트코리아, 덴츠플라이시로나코리아, 동덕여자대학교, 동원 F&B, 미원화학, 미코, 상신브레이크, 서울도시가스, 서울아산병원, 세정, 솔브레인, 신라스테이, 아워홈, 알앤에프코리아, 한국엡손, 임팩트리, 전남대학교, 전한, 코오롱제약, 코웨이, 쿠퍼코리아, 크린토피아, 파라다이스세가사미, 한국고용노동교육원, 한국석유공사, 한화투자증권, 한화H&R, 현대그룹 인재개발센터, 현대무벡스, 현대삼호중공업, 현대자동차, AK아이에스, DA Group, EY한영, KT, OCI 등

첫째, XYZ세대와 관련하여 조직 내에서 중요하게 다루고 있는 이슈는 다음과 같다.

주요 응답 내용

- 조직 내 비전 약화와 신입 사원의 이직 문제
- MZ세대와 기성세대 간 소통의 갭Gap 확인과 분석
- 명확한 목표 공유 및 의사소통을 통한 성과 창출 방법
- XYZ세대 간 상이한 사고방식, 조직 및 업무에 대한 가치관, 세대 간의 소통과 이해 부족에 의한 조직 내 갈등 심화
- MZ세대 이해와 상호 존중의 문화 형성 방법
- 공정한 업무 분장, 공정한 평가 보상, 개인 역량 개발 지원

당장에 해결해야 할 문제도 있고, 상호 간 소통을 위한 조직 문화 재구축의 필요성에도 수많은 기업이 공감했다. 무엇보다 강조되었던 것은 바로 '공정성'이다. 업무 분장과 평가 보상 등에 대해 기성세대와는 다르게 구체적인 근거를 요구하고 있다.

둘째, XYZ세대와 관련된 주요 이슈와 영향은 무엇인지에 대해서 다음과 같이 응답했다. 조직 내 핵심 이슈는 당연히 '성과 창출'이다. 구성원들이 일의 목적성에 대해 이해하고 목표를 달성해 내는 데 있어 최적의 환경을 제공하여 최상의 성과를 이루게 하는 것이다. 당장 해결해야만 하는 이슈는 '갈등 해결'이다. 이러한 갈등이 지속되면 조직은 상호 신뢰가 무너져 성과 창출이 쉽지 않다. 더욱 심각한 것은 조직

이탈 현상이 가속화되는 것이다.

주요 응답 내용

- 조직 내 갈등으로 생산성 저감 문제
- 업무 조율 문제, 새 업무(작은 수준조차)에는 보상을 요구하는 문제
- 결원에 따른 업무 과중과 이로 인한 퇴사 영향
- 소속감 결여, 현상황에 대한 불만
- 일하는 방식의 차이
- 상호 가치관 갭으로 인한 협업 문제
- 팀 문화에 대한 부정적 시각
- 세대 간 생각과 문화의 갭이 갈수록 커져 가는 현상
- 구성원 간의 능력 차이 및 업무의 비효율적 운영 문제
- 업무 보고 및 회의 방식에 대한 갭 차이의 심화
- 조직 문화 적응에 어려움 호소

각 세대 간의 입장 차이는 무엇인지, 구체적으로 어떠한 부분에 어느 정도의 갭이 발생하고 있는지 파악해야 한다. 그리고 그 갭의 원인과 해결 대안을 제시해야만 한다.

셋째, XYZ세대 간 원활한 소통을 위해 어떠한 대응을 하고 있는지에 대한 응답은 충격적이다. 문제의 심각성은 인지하고 있지만 어떻게 대응해야 할지 방향을 잡거나 어떠한 대응을 해야 할지에 대해 갈피를 잡지 못하고 있다는 응답이 무려 30%에 달했다.

주요 응답 내용

- 아직은 없음(중복 응답자 30%)
- 전반적인 조직 진단 및 개선 시급
- 조직 문화 프로그램 운영 및 보상과 처우 개선
- 주간 공감 회의 실시, 일 잘하는 방법과 관련 매뉴얼 제작 절실
- 계층별 교육에 세대 간 갭을 줄이고, 상호 이해를 위한 교육 계획 수립

필요

- 지속적인 디지털 마인드셋 교육과 조직 내 리더들의 디지털 역량 강화
- FGI(표적집단면접법)를 통한 니즈 파악 및 분석에 의한 시사점 도출과
  즉각 대응
- 어떠한 부분에서 XYZ세대 간에 갭이 발생하는지에 대한 조사와 분석을
  통한 대응

출처: 한국HR포럼(주)

전반적인 의견은 각 세대 간의 갭을 먼저 조사하고, 분석 결과를 토대로 구체적인 대안을 찾아가는 노력이 필요함을 강조하고 있다. 사실 상호 간에 조율해야 할 이슈가 워낙 많기에 이 부분에 대한 매뉴얼 제작도 주요 이슈가 되고 있다.

세대 간 소통에서 중시해야 하는 것은 바로 '믿음'이다. 서로에게 믿음을 주기 위해서는 상호 간 존중이 기본이다. 서로를 먼저 인정하고 존중하는 마음이 있으면 각자 가치관의 갭과 행동의 갭을 이해하는 데 도움이 된다. 이러한 믿음은 상호 소통에 자신감을 느끼게 하고 꼰대라는 생각에 얽매이지 않고 더욱더 자유로운 소통을 할 수 있다. MZ 세대는 자신의 그 어느 세대보다 관심사에 관한 몰입도가 높다. 자신이 선택한 일에 대해서는 투자를 아끼지 않는 세대다. 이들의 특징이 잘 드러날 수 있도록 조직 내 환경을 조성하고, 기성세대는 이들로부터 무엇을 배울지에 대해 관심을 가져야 하며, 역멘토링을 과감하게 실행해야 한다.

3

제3단계: 코칭형 K-리더십 발휘

주도적 경험에 집중하는 코칭

경영의 방향은 이미 이전과는 크게 달라졌다. 외형을 키워 가며 성장에만 급급했던 운 좋은 시절은 이미 오래전 이야기가 되었다. 미래 먹거리 창출을 위해 인수했던 기업의 매출 대부분은 유지된 듯하지만, 수익 악화로 회사가 휘청거리거나 딜레마에 빠져 또 다른 탈출구를 찾느라 고심하고 있는 형국이다. 이러한 경영 환경에서 인재 발굴과 육성은 그 어느 때보다 중요하다.

모든 일이 그렇듯 결국 해결책은 사람이다. 직원 교육에 있어서 좀 더 명확하고 구체적인 솔루션을 제시하고, 가시적인 성과를 창출할 수 있는 방법이 무엇인지 함께 고민해야 한다. 그렇다면 무엇에 집중해야 할까? 바로 생산성 혁신과 창의적인 혁신이다. 생산성 혁신은 조직 전반의 문제이면서 개인의 문제이기도 하다. 경영의 핵심이며 이를 위한 실행은 개인의 의지에 달려 있기 때문이다. 창의적 혁신 역시 조직의 문제이면서 개인의 문제이기도 하다. 모두의 참여 없이 무언가를 새롭게 이루어 내기란 불가능하기 때문이다.

창의성이 발휘될 수 있도록 조직 문화를 좀 더 빠르게 바꾸어야 하며, 개인 역시 마인드 변화와 자발성에 의한 꾸준하면서도 자발적인 노력이 필요하다. 이는 결국 조직과 개인 모두의 혁신이 이루어지지 않는다면 생산성 향상은 물론 창의성 발휘는 기대하기 어렵다는 말이다. 경영자는 이전과 다른 과감한 선택에 집중해야 한다. 환경도 급변하고, 직원의 성향 역시 이전과는 많이 다르기 때문이다. 조직 운영이 여전히 수직형에 갇혀 있다면 신속한 변화를 위한 조직 분권화가 필요하다.

이는 각 단위 조직별 자생력을 키우기 위한 조치다. '아메바 조직'은 회사 전체를 구성하는 하나의 기능을 담당하면서도 그 각각이 자주적인 독립 채산 조직의 단위다. 회사 전체의 목적과 방침을 수행할 수 있는 단위 조직으로 구성하는 것이 핵심이다. 시장에 직결된 부문별 채산 제도를 확립하고, 투철한 주인 의식을 가진 인재를 육성하며, 전원 참가형 경영을 실현해야 한다. 전 직원이 한마음으로 움직이지 않는다면 아메바 조직은 실패할 확률이 높다.

수직적이고 통제적인 관리 시스템이 가져다준 한계점을 인식하고 있다면, 이를 극복하기 위해 더욱더 수평적이고 협력적인 조직 문화를 구축하는 데 주력해야 한다. 이미 많은 기업이 인사 체계를 직급 위주에서 직책 위주로 전환했다. 이는 부장의 적체 현상을 탈피하기 위한 조치이기도 하지만, 성과가 우수한 직원이라면 과장이라도 팀장으로 선임하고 차장·부장을 팀원으로 둘 수 있도록 하여 성과를 창출할 수 있는 조직으로 만들어 가기 위함이다.

이러한 조직 변화는 보다 자율적이며 내실을 다질 수 있도록 하고, 새로운 아이템을 찾아내 사업화하는 데 주력할 수 있도록 한다. 급박하게 진행되는 경영 환경과 복잡하고 다양한 곳에서 발생하는 예측 불가의 환경에 좀 더 유연하고 빠르게 적응할 수 있는 인재를 보유하고 있는 것은 매우 중요하며 행운이기도 하다. 운 좋게 탁월한 인재를 채용한다 해도 조직 문화에 뿌리를 내리지 못하면 의미가 없다. 그렇기 때문에 내부 직원의 인재 육성에 힘을 실어야 한다. 작든 크든 교육을 통해 결과를 만들어 내는 연습을 하게 하고, 결과를 만드는 습관을 들이고 제대로 된 과제 도출과 수행을 통해 의미 있는 결과를 만들 기회를 제공해야 한다.

조직 구조의 형태도 더욱 수평적이고 유기적으로 변화하고 있다. 글로벌 기업일수록 한 방향으로 정렬하는 식의 핵심 가치를 강조하는 것이 아니라 단위 조직의 조직 문화에 집중한다. 각 직무의 특성이나 구성원들의 특이성에 따라서 조직 문화는 미세하게 달라질 수 있다. 중요한 것은 서로 상호 존중하며 함께 무언가를 만들어 내는 데 어떠한 형태의 조직 문화가 적합한지를 스스로 찾아가는 것이다.

각 기업의 교육에도 수많은 변화가 시도되고 있다. 이론 중심에 집중했던 교육은, 차츰 실습 시간을 늘리면서 롤 플레이 등 현장감 있는 교육으로 진화해 왔다. 하지만 이런 방법들에 이전에 하고 있는 업무를 익히거나 좀 더 원활하게 업무를 수행하는 것 이상을 기대하기는 어렵다. 이를 극복하기 위해 현장 중심의 다양한 교육 방법을 시도하고 있지만 이 역시 한계는 있다. 주어진 일을 좀 더 잘 수행하는 것 이상은 기대하기 어렵기 때문이다. 따라서 인재 육성 방법 자체를 혁신해야 한다. 위기의 경영 환경에 대응하기 위해서는 기존의 것이 아닌 다른 무언가를 시도해야 한다. 이전과 동일한 방식의 교육 방법은 아무리 콘텐츠가 좋아도 교육생들의 관심도가 떨어질 수밖에 없다. 콘텐츠의 변화, 제공 방법의 변화, 교육 운영 방식의 혁신적 변화가 시도되어야 한다.

교육은 직원들이 현업에 더 집중하게 하고 새로운 대안을 스스로 찾아내 실행할 수 있도록 해야 한다. 다시 말해 무언가 새롭고, 필요하고, 하고 싶은 것이 있다는 것을 느끼도록 해주어 자발적 참여를 이끌어 내고 의미 있는 결과를 만들어 낼 수 있도록 제대로 된 교육 프로그램을 제공해 주어야 한다. 교육 방식의 혁신이 필요한 이유는 현업에 적용할 수 있는 교육이 되어야 하기 때문이다. 교육을 했다면 뭔가 하나라도 가져가서 현업에서 적용할 수 있어야 한다. 다양한 툴을 이해하는 데 집중하는 것이 아니라 단순한 툴이라도 제대로 배우고 연습해 현업에서 사용할 수 있도록 해야 한다.

쉽고 단순한 적용은 반복을 용이하게 한다. 이처럼 현업 적용은 현장의 또 다른 변화를 의미하며 가시적인 성과를 낼 수 있는 유일한 방법이다. 교육을 통해 새롭고 필요하고 하고픈 것을 느끼게 하는 이유는 바로 현업에서 스스로 적용할 수 있게 하기 위함이다. 그렇다면 교육 방식에 어떠한 변화를 주어야 할까? 곰곰이 생각해 보면 현업 적용은 '경험'이다. 즉 경험하게 해야 한다. 경험의 핵심은 반복이다. 스스로 도전하게 하고 반복을 통해 자신의 기량을 더욱 향상시키면서 변화하는 자신을 발견할 수 있도록 해야 한다.

직원이 무언가를 자발적으로 현업에 적용하는 것이 자유롭게 이루어지도록 해야 한다. 어떻게 하면 현업 적용도를 높일 수 있을까? 우리는 개인의 경험에 주목해야 한다. 현업 적용은 일회성이 아닌 지속성을 의미하며, 구체적인 결과물을 만들어 내고 그것이 성과와 연계될 수 있도록 해야 한다. 하지만 직원들의 이러한 변화는 스스로 발현되지 않는다. 꽃이 피고 열매가 맺는 과정의 시작은 씨앗에 있다. 씨앗을 심고 물을 주어 뿌리를 내리고 싹을 틔울 수 있는 최초의 환경이 만들어지지 않고서는 아무런 변화도 일어나지 않는다.

직원들의 잠재된 역량은 상상을 초월한다. 다만 조직의 환경이 이를 발현시키지 못할 뿐이다. 이 때문에 인사 제도, 근무 환경 등 수많은 부분에 변화를 주어야 한다. 21세기 인재 육성의 핵심은 개인에 집중하고 그들로 하여금 스스로 경험할 수 있는 환경을 마련해 주는 것이다. 또한 자신만의 경험을 상호 교환하고 공감함으로써 새로운 관점을 만들도록 환경을 제공해 주어야 한다. 이것이 현업 적용의 핵심이며 변화의 시작이다.

왜 변해야만 하는가? 2~3세대에 걸쳐서 경험하는 변화를 지금은 한 세대에서 모두 경험할 정도로 변화의 속도가 매우 빠르다. 즉, 각 세대에서 접해야 할 이슈들이 현재는 복합적으로 동시에 쏟아지고 있다. 이러한 변화는 그동안 어떠한 세대도 경험하지 않았다. 결국 그 변화의 방법마저도 이전의 방식에선 찾기 어렵다. 분명한 것은 그 변화의 속도에 적응하지 않으면 조직에는 즉시 생존의 위협이 닥쳐온다는 사실이다. 이때 경영자나 리더의 역할 변화는 분명해 보인다. 리더의 선임에 좀 더 신중한 선택이 필요하다. 이전과 달라진 것은 리더의 후보를 선정하고 이에 대한 교육의 비중이 높아지고 있다는 점이다. 리더의 후보군 선정에서부터 교육과 선발이 매우 까다롭게 진행된다. 이는 자칫 리더의 선임에 문제점이 발견되는 순간 많은 것을 놓칠 수 있기 때문이다. 이러한 변화는 리더뿐만 아니라 사실상 조직원 전체의 문제다.

궁극의 방향과 속도는 조직 전체의 움직임을 말한다. 디지털 혁명에 대한 변화는 모두의 문제이기에 함께 고민하고 대응해야만 한다. 21세기에 접어든 지 22년이 지나고 있는 시점에서 앞으로는 우리가 겪어 보지 않은 상황에 직면해야 한다. 이에 적응하기 위해서는 보다 빠른 움직임을 가지고, 변화의 흐름과 다양성에 집중해야 한다.

첫째, 궁극의 방향은 조직 전체가 '민첩성'을 가지고 조직에 좀 더 몰입함을 의미한다. 조직 전체가 유기적 관계를 형성하고 구성원 능력을 극대화함으로써 가고자 하는 방향에 속도를 내는 기초가 된다. 이렇게 해야만 성과를 낼 수 있는 기회를 포착할 수 있고, 이에 대한 대응력도 이끌 수 있다.

둘째, 궁극의 방향은 '미래의 변화'에 좀 더 관심을 두는 것이다. 과거 기반의 성장이 아닌 미래에 초점을 두고 현재 시점에서부터 새롭게 접근한다. 미래에 지향점을 두고 현재를 이끌도록 새로운 게임의 룰을 만든다.

셋째, 궁극의 방향은 '다양성'을 의미한다. 그만큼 다양한 네트워크를 구축해야 한다. 조직 내부에서는 수평적·수직적 네트워크를 넓혀 가고, 조직 외부에서는 다양한 업종과 계층 그리고 경쟁사와의 파트너십 관계를 구축해 때로는 변화에 공동 대응할 필요가 있다. 특히 외부적 네트워크 구축은, 스스로 주체가 되어 외부 집단을 형성하고 이끌어 가는 것이 중요하다. 네트워크의 다양성과 형성 속도가 빨라지기 때문이다.

자신의 변화에 집중하는 코칭

개인 스스로 변화하기 위해서는 어떠한 접근을 해야 할까? 새로운 변화를 준다는 것은 이전과는 다르다는 이야기다. 다른 생각과 행동을 기대한다. 그러기 위해서는 먼저 길들고 굳어진 이전의 습관에서 벗어나야 한다. 습관이란 무의식 상태에서 이루어지는 사고와 행동을 말한다. 무엇을 의미하는가? 의식적 활동으로는 이전의 습관에 변화를 기대하기는 어렵다. 결국 습관을 바꾼다는 것은 이전의 것이 아닌 새로운 것을 습관으로 형성하는 것이다.

새로운 습관을 형성하기 위해서는 다음의 세 가지가 필요하다.

첫째, 쉽게 접근할 수 있어야 한다. 접근성이 떨어지면 반복하기 어렵다. 스마트폰을 손에서 놓지 못하는 이유와 같다. 쉬운 접근성은 새로운 시도를 할 때 덜 고민하게 한다. 새로운 행동이 반복적으로 일어나기 위해서는 손쉽게 접근하고 바로바로 결과에 접근할 수 있어야 한다. 중독의 패턴과 유사하다.

둘째, 반복함에 있어서 지루함이 없어야 한다. 단순 반복은 관심도를 떨어뜨리고 인지적 장애에 의해 지루함을 갖게 한다. 조직에서 새로운 가치를 전달하면서 쉽게 범하는 오류는 지루한 활동을 반복하는 것에 있다. 무조건 반복한다고 해서 직원의 생각이 바뀌는 것은 아니다. 반복적으로 하는 행위에 지루함이 없어야 한다. 어떠한 형태로든 반복 행동에 대한 가변적 보상이 주어져야만 자발적 행동을 이끌어 낼 수 있다. 스스로 몰입을 통해 무언가 향상되고 있음을 인지할 수 있도록 해주어야 한다.

셋째, 일정 기간 지속해야 한다. 뇌는 쉽게 망각한다. 특히 습관화된 생각과 행동은 새로운 것을 거부하고 원점으로 되돌리려는 힘이 강하다. 그렇기 때문에 일시적인 변화 활동으로는 기존의 습관에서 벗어나기 어렵다. 일단 재미가 있어야만 지속적인 몰입이 가능하다. 새롭게 시도하는 변화에 대해 지속적으로 노력하고 있는 경우에는, 본인 스스로 도전을 통해 의미를 찾고 이를 통해 흥미를 느끼도록 해주어야 한다. 쉽게 접근하되, 지루함이 없도록 이끌면 일정 기간 몰입할 수 있는 확률이 높아진다. 그 시점이 지나면 무언가 변화한 자신을 발견하게 되고, 그때쯤이면 주변 사람들의 얼굴엔 '뭐지?' 하는 놀라움을 안겨줄 것이다. 타인의 시선은 스스로 변화한 모습을 인지하는 것 이상을 볼 수 있기 때문에 주변에서는 그동안 자신이 얼마나 성장했는지를 분명하게 인지할 수 있을 것이다.

FTP Fact-Think-Plan에 집중하는 코칭

"인생의 가장 큰 실패는 실행의 실패가 아니라 상상력의 실패다. 누구나 창의적이고 혁신적인 사람이 될 수 있다."라는 스탠퍼드대학교 티나 실리그Tina Seelig 교수의 주장은 21세기 위기 시대에 무엇에 집중해야 할지에 대해 답을 제시하고 있다. 무조건 실행만 해서는 답을 찾을 수 없다. 이제는 경쟁사와의 경쟁 관계를 넘어 고객이 궁극적으로 무엇을 원하는지에 대해 집중하고 자사만의 차별적 대안을 제시하지 않으면 안 된다. 그러기 위해서는 고객 전반에 대한 빅데이터의 수집과 분석은 기본이다. 이는 곧 이전의 접근 방식으로는 답을 찾는 데 한계가 있음을 의미한다.

#과거의 저주

고객이 구체적으로 무엇을 원하는지는 사실상 고객 스스로 인식하기 어려운 경우가 많다. 전혀 다른 방법으로 고객의 니즈를 파악하고 때에 따라서는 고객의 니즈를 창출할 수도 있어야 한다. 이러한 변화와 시대적 흐름을 인식하고 이해하는 것은 매우 중요하다. 그리고 스스로 인정하는 순간 이전의 실행 전략들이 최선이 아니었음을 깨닫게 된다. 이제는 변화의 핵심이 무엇인지 명확하게 인지하는 연습이 필요하다.

첫째, 무엇이 달라지고 있는가에 집중하라. 바뀌어 버린 환경이 무엇인지 인지하지 못한다면 어떠한 것도 결정할 수 없다. 그동안 경험하지 못한 것에 머물러 있는 게 아니라 환경 변화에 따라 반드시 새롭게 경험해야 할 것이 무엇인지를 찾아내야 한다.

임원들과 신입 사원들이 역멘토링을 통해 새로운 경험을 하는 이유는, 변화된 환경에 적응하고 이에 맞는 전략을 수립하는 데 도움을 받기 위해서다. 일부 기업들은 회의실, 테이블, 심지어는 건물 층마다 카페 형식의 회의실을 갖추어 근무 환경의 혁신에 주력하며 직원 간의 소통이 원활하도록 하는 데 주력하고 있다. 하지만 이러한 노력은 조직 내 소통을 통해 갈등을 해결하고 창의성을 끌어내기 위한 일부 행동에 지나지 않는다. 그러다 보니 일정 시간이 지나면 그냥 방치해 두는 경우도 많다. 환경을 활용한 프로그램이 없기 때문이다.

출퇴근길에 지하철을 탈 때 거슬렸던 잡음이 어느 순간 들리지 않을 때가 있을 것이다. 매번 이용하는 엘리베이터에 붙은 포스터는 3일만 지나도 뭐가 붙어 있는지 서서히 기억에서 사라지고 만다. 인지 기능이 제대로 작동하지 못한다. 즉, 주변 환경 변화에 투자했다면 이를 어떻게 활용할지에 대한 아이디어가 필요하다는 것이다. 지금 당장 바꿀 수 있는 것 중 하나를 예로 들자면 회의 문화를 꼽을 수 있다. 그 파급 효과가 기대할 만하기 때문이다. 또 직원 간 소통의 공간으로서 적당한 프로그램을 지속적으로 운영해 보는 것도 좋은 방법이다.

둘째, 행동 패턴의 변화로 다른 생각을 하게 하라. 다른 생각을 하기 위해서는 아주 색다른 경험을 해야 한다. 마치 낯선 장소, 낯선 환경에 홀로 서 있을 때 느끼는 감정과 같다. 이런 것을 경험할 때면 주변 환경에 주의를 기울이고 관심을 가질 수밖에 없다.

가장 좋은 방법 중 하나는 바로 여행이다. 장기간 여행을 하면 자신을 좀 더 자세히 들여다볼 수 있다. 하지만 현실적으로 장기 여행을 하는 것은 쉽지 않다. 그렇기 때문에 직접 여행을 가는 것이 아니라 간접적으로 여행을 떠나는 것을 추천한다. 그중 가장 탁월한 선택이 바로 '책 읽기'다. 물론 꾸준히 지속함을 전제로 한다. 책 한 권에는 저자의 고뇌와 삶이 고스란히 담겨 있다. 운이 좋으면 저자만의 통찰력이 눈에 들어오기도 한다. 그때가 자신의 잠재력이 가장 크게 자극받는 때다. 독서는 직원들의 창의력을 향상시키는 데 매우 중요한 역할을 하기 때문에 상호 간 의견 교환이 충분하고 자유롭게 일어날 수 있도록 하는 데 지원을 충분히 해주어야 한다.

셋째, 이전과 다른 방법을 시도하라. 토론을 통해 지식을 보강하고, 서로 다른 관점을 이해하고, 무언가 새로운 것을 현업에 적용할 수 있도록 해본다. 조직 문화에 따라 용이하게 접근할 수 있는 방법이다. 생각보다 큰 효과를 경험하게 된다. 이는 바로 '정보 공유에 의한 2차 학습'이 용이하게 일어나기 때문이다.

동일한 도서를 읽고 각자의 관심 분야에 따른 핵심 내용과 이에 대한 자신만의 생각 그리고 무언가 새로운 대응책에 대해 고민한 내용을 상호 공유하는 것은 매우 중요한 학습 방법이다. 이는 개인 코칭을 받는 것 이상의 효과를 기대할 수 있다. 개인 간 공유된 정보가 집단 정보를 형성하게 되고, 집단 지성의 결과물을 개개인이 접하기 때문이다. 집단 지성이 각자에게 코칭을 해주는 것과 같다. 문제의 본질이 무엇인지 스스로 집중할 수 있도록 하는 것이다.

아래는 단기간에 높은 수준의 통찰에 접근할 수 있는 방법이다. 결국 핵심은 연습이다. 주어진 상황의 사실에 집중하고, 놓친 것은 없는지 확인하는 습관이 필요하다. 또한 주변의 네트워크를 통해 인지하지 못했던 사실을 챙길 수 있어야 한다. 무엇보다 이전의 매몰된 사고가 새로운 관점을 얻기 위해 조금은 다른 생각을 할 수 있어야 한다. 그렇지 않으면 상황이 바뀌어도 이전의 대응책을 반복하는 악순환에서 벗어나기 힘들기 때문이다.

사실Fact**에 집중하라.** 뇌는 패턴에 의해 움직인다. 패턴은 익숙함이다. 익숙한 길을 걷거나 운전할 때를 떠올려 보라. 반복적인 행동을 하면 뇌는 무의식 상태가 된다. 들리던 소리가 갑자기 들리지 않게 되거나 늘 인식되었던 사진, 간판, 건물 등 대다수의 사물이 어느 날 갑자기 인식되지 않는 것과 같다. 따라서 새로운 생각을 하기 위해서는 먼저 주변 사물에 대해 관심을 두는 연습이 필요하다. 일상에서 일어나는 일에 좀 더 주의를 기울이고 관찰하는 것이다. 책 읽기도 마찬가지다. 안다는 사실을 잠시 멈추고 좀 더 주의 깊게 책을 읽어 내려가 보자. 최소 한 페이지에서 한 가지 사실Fact을 잡아내는 것이다. 이미 알고 있었던 내용이거나 새롭게 알게 된 사실을 구체적으로 작성하면 더욱더 효과적이다.

생각Think**하기에 집중하라.** 이는 사실 정보에 대해 좀 더 깊이 있게 생각하는 것이다. 소위 '관점 이동'을 연습한다. 지나가는 길에 멋진 건축물을 발견했을 때 정면에서 사진을 찍고 왼쪽 또는 오른쪽에서 사진을 찍어 보는 것과 같다. 이처럼 사물을 바라보는 관점을 달리해 보는 것이다. 이러한 활동은 일상생활에서 틈틈이 관심을 가지고 지속적인 연습이 필요하다. 자신의 관심사에 따라 다양한 방법으로 다양한 시각을 가져 보는 연습이 필요하다. 이러한 노력이 없다면 이전에 해왔던 생각의 패턴에서 벗어나기가 쉽지 않다. '관점 이동'을 위한 의식적 활동을 하는 생활이 필요하다.

계획Plan**에 집중하라.** 주어진 문제에 대해 이전과는 다른 계획을 수립하는 데 집중해야 한다. 만약 이전과 동일한 계획 수립과 대응을 하고 있다면, 이것이 최상의 대응이 아닐 수 있음에 의문을 가져야 한다. 새로운 방법 제시에 대해 의도적인 노력을 하지 않으면 결과 역시 이전과 다를 바가 없다. 급변하는 21세기에서 발생하는 문제는 이전에 겪었던 것들과는 매우 다르다. 문제의 원인이 매우 복합적인 경우도 있고, 전혀 다른 곳에서 발생하기도 한다. 문제는 이러한 상황을 인지하지 못하고 있다는 것이다. 설사 인지하고 있다 해도 문제 해결에 대한 대응책을 보면 이전과 매우 유사한 대안을 적용한다. 변화의 과정 자체만을 놓고 보면 서서히 움직이기 때문에 굉장히 예민함을 가지고 관찰하는 습관이 필요하다. 그 미묘한 차이를 인식하기만 한다면 전혀 다른 대안을 찾을 수 있는 확률은 높아진다.

쉽게 추측하여 행동하는 것을 멈춰라. 대부분은 편리성에 의해 추측의 상황을 마치 사실인 것처럼 믿으려고 한다. 이는 경험에서 오는 착각이다. 고장 난 에스컬레이터에 타는 순간 어정쩡함을 느껴 본 적이 있는가? 고장 나서 멈춰 있는 에스컬레이터를 눈으로 확인했지만, 몸은 여전히 움직이는 에스컬레이터에 탄 것처럼 익숙한 반응을 하려고 한다. 이는 무의식중에 작동되는 뇌의 반응이다. 상황을 판단하고 문제 해결을 위한 대안을 제시할 때 좀 더 의식적으로 다른 대안 찾기에 노력하지 않는 이상은 과거의 행동 습관에서 벗어나기 어렵다. 또한 현재의 선택이 최선책인지, 그 외 차선책은 없는지, 차선책이 최선책은 아닌지 재확인해 봐야 한다. 추측에 의한 행동이 반복되면 이 또한 습관이 될 수 있으며, 결국엔 추측하고 있는 것 자체를 인식하지 못하고 사실로 규정하는 심각한 오류에 빠질 수 있다.

다르게 생각하는 것을 습관화해 보자. 무언가 이전과는 다른 것에 공감하는 것을 연습해 본다. 빠르게 접근하는 방법은 바로 타인에 대한 공감이다. 동일한 상황에 대해 타인의 생각을 묻는 말을 던지고 이를 통해 미처 자신이 생각하지 못했던 사실들에 대해 의도적으로 공감하며 자신을 노출시킨다. S사의 경우 직원들에게 매월 한 권의 책을 읽게 하고 매주 직원 간 'FTP 한 줄' 프로젝트를 진행한다. 독서를 하는 동안 자신이 관심 있거나 공감하는 내용에 대해 '사실Fact 한 줄'을 쓰고 이에 대한 자신의 생각이나 느낌을 '생각Think 한 줄'로 표현하고, 마지막으로 '계획Plan 한 줄'로 최선의 대응책을 제시한다. 이러한 'FTP 한 줄'은 온라인상에서 자연스럽게 공유할 수 있도록 한다.

직원 상호 간 'FTP 한 줄' 공유 활동은 기대 이상의 시너지를 창출했다. 이는 '자발적 정보 공유에 의한 2차 학습'의 결과다. 그냥 단순히 공유만 될 것 같지만 상상 이상의 효력이 발생한다. 동일한 내용에 대해 서로가 작성한 내용(사실 한 줄)이 다르거나 같을 수 있다는 그 자체를 경험하게 되기 때문이다. 또한 같은 사실Fact이든 그렇지 않든 이에 대한 생각Think 역시 차이가 나거나 같은 생각을 하고 있음에 놀란다. 더 주목할 만한 것은 바로 대응책Plan이다. 계획Plan은 궁극적으로 이전과는 다른 행동에 대한 자신만의 아이디어를 도출한다. 이러한 'FTP 한 줄'은 누구나 쉽게 접근할 수 있고 지속할 수 있다는 큰 장점이 있으며, 시간이 지날수록 생각의 변화를 경험할 수 있다. 즉 이전과는 다르게 실행하게 될 가능성이 커진다.

갭마인드GAP-Mind에 집중하는 코칭

갭GAP이 발생하는 것은 자연의 이치다. 공기의 흐름은 기압의 차이에서 비롯된다. 물의 흐름은 온도의 차이에서 비롯된다. 갭에 의한 순환의 과정이 있기 때문에 지구의 생명체가 유지된다. 만약 이러한 흐름이 멈추면 지구에는 더 이상 생물이 존재할 수 없을 것이다. 조직도 이러한 흐름이 있기에 성장하면서 지속적으로 경영할 수 있다. 자연이 그러하듯 갭에 대해 적응하며 흐름을 거부하지 않고 자연스럽게 받아들일 필요가 있다. 꼰대를 가만히 살펴보면 그 안은 '감정'으로 가득 차 있다. 기성세대가 아무리 MZ세대에게 진심 어린 말을 한다고 하지만,

그 말에는 어느 정도 억누르고 있는 '감정 덩어리'가 있다. 이러한 불편한 감정은 고스란히 MZ세대에게 전달된다. 일단 듣고 나면 기분부터 좋지 않은 경우가 많다. 소통을 하기 위해 노력하지만 오히려 부작용만 생길 뿐이다.

갭은 그 자체의 원인과 이를 해결하기 위한 방법을 모색하는 것이 중요하다. 하지만 이보다 먼저 선행해야 할 중요한 마음가짐이 있다. 바로 발생 갭에 대해 스스로 어떠한 태도를 보일지 선택하는 것이다. 대부분의 사람은 갭이 생기면 의식적이든 무의식적이든 과거의 경험과 비교한다. 이때 대부분은 좋지 않은 감정을 떠올린다. 갭의 대부분은 기대를 충족하지 못할 때 생기기 때문이다. 기대 이상의 것은 사실 신경 쓸 필요가 없다. 그냥 기분이 좋기 때문이다. 문제는 충족되지 못하는 상황에 대해 스스로 어떠한 마음 관리를 해야 하는지가 중요하다. 필자는 이를 'GAP-Mind(갭마인드)'로 정의한다.

#GAP-Mind

갭이 발생하는 순간 감정적 대응을 의도적으로 조절한다. 자연의 법칙이 그러하듯 사회가 형성되고 조직을 운영하는 과정에는 반드시 갭이 발생하기 마련이다. 이러한 갭이 있기에 조직도 성장할 수 있다. 회사를 경영할 때는 그 존재 이유를 기반으로 한다. 바로 '목적'이다. 조직 운영의 목적을 분명히 하고, 이를 이루기 위한 비전을 설정하고, 이를 보다 빠르고 안정적으로 이루기 위해 조직 문화를 형성해 나간다. 조직 문화 형성에는 나름의 '핵심 가치'를 설정하고, 이를 조직 내에 내재화함으로써 바람직한 조직 문화를 만든다. 이러한 과정에서 갭이 생긴다. 이러한 갭을 채우기 위해 조직, 팀, 개인이 어떤 자세를 갖느냐가 그 회사의 조직 문화를 대변하게 된다.

필자는 갭GAP에 대해 다음과 같이 조작적인 정의를 통한 실행으로 많은 변화를 시도했다.

- G는 목표Goal를 의미한다. 누구나 목표가 있고, 기대하는 것이 있다. 특히 주도적 성향이 강한 한국인의 경우, 본인만의 뚜렷한 가치관이 있기 때문에 타인과의 갭이 발생한다. 공기나 물이 흐르는 현상처럼 자연은 갭의 발생에 의해 순환된다. 사람의 관계나 자신의 내면에서 발생하는 갭은 당연하게 나타나는 현상이다.

- A는 태도Attitude를 의미한다. 발생한 갭에 대해 스스로 어떠한 태도를 가질 것인지, 단순히 그 선택에 따라 과정과 결과는 달라질 수 있다. 어떠한 상황이든 다양한 관점에서 바라볼 수 있기 때문에 결국 스스로 무엇을 바라보며, 무엇을 취할 것인지에 따라 결과는 달라질 수 있다.

- P는 계획Plan을 의미한다. 발생한 갭에 대해 스스로 어떠한 태도를 보이느냐에 따라 행동은 달라진다. 현재의 모습은 그동안 주어진 상황마다 스스로가 선택한 태도의 결과다. 부정적인 선택의 반복이 습관화된 상태라면 현재의 모습은 어떠할지 충분히 상상이 된다. 이는 바꾸기 쉽지 않다. 반대로 긍정의 선택이 반복되는 경우는 선택 조건이나 상황에 따라 주도적인 본인의 행동을 유발하기 때문에 크든 작든 성취감을 통해 스스로를 성장하게 만든다. 결국 어떠한 선택을 어떻게 실천해 왔는지가 현재의 모습이며, 이러한 패턴만으로도 미래의 모습을 어느 정도 예측할 수 있다.

가장 쉬운 선택은 주어진 상황에 대해 감정을 드러내는 것이다. 어떠한 상황에서 쉽게 화를 내는 건, 화가 가장 쉽게 선택할 수 있는 행동이기 때문이다. 조직 생활에서 심각하게 발생하는 갈등의 대부분은 바로 자신이 선택한 '태도'의 결과다. 이는 이성적 판단이 아닌 과거부터 습관화된 부정적 태도의 결과이기도 하다. 극명하게 드러나고 있는 세대 간 소통의 문제는, 결국 각자가 선택한 태도에서 나타난다. 어쩌면 심각한 이슈로 치부되었던 문제의 대부분은 의외로 손쉽게 해결될 수 있을지도 모른다. 갭이 발생하면 이를 다스릴 수 있는 '마음Mind' 관리를 통해 스스로 긍정을 선택할 수 있는 기회가 주어진다. 다만, 그 선택을 할 수 있는 힘은 스스로 키워 나가야 한다. 갭마인드GAP-Mind의 시도는 마치 주문과 같아서, 어떤 경우든 자아 인식을 통해 스스로 통제할 수 있는 힘을 갖게 한다. 주어진 상황에서 자신이 주체가 되어 선택하고 있음을 자각하고 있는 것만으로도 감정은 충분히 통제될 수 있기 때문이다.

한국HR포럼에서는 일상적인 대화나 회의를 할 때마다 갭마인드 GAP-Mind를 적용한다. 상대방의 의견을 경청하거나 자신의 의견을 제시할 때마다 어떠한 태도를 가지고 임하는지를 스스로 자각하는 연습을 반복하는 것이다. 이는 이성적이고 객관적인 판단을 유지할 수 있을 뿐만 아니라, 힘든 상황에서도 최소한 기대하는 목표의 순간까지는 도달하기 위해 매 순간 최선을 다하고 있는 자신을 인식하게 된다.

일반적인 토론이나 중요한 회의가 진행될 때마다 자신의 감정 상태에 집중하며 어떠한 태도로 임할 것인지를 스스로 통제하며 선택하기 때문에 일에 대한 집중도와 실행력도 향상한다. 문제 해결에 대한 회의를 진행할 때, 대안을 먼저 정해 놓고 쉬운 결정만을 하려는 태도를 경험한 적이 있을 것이다. 이는 수년간 몸에 익힌 태도이기 때문에 쉽게 바뀌지 않는다. 갭마인드는 스스로 통제력을 강화하는 주문과도 같다. 어떠한 상황이든 자신의 기대했던 갭GAP을 느끼는 순간에 감정을 먼저 조절하고, 바람직한 태도가 무엇인지를 이성적으로 판단하여 스스로 선택하는 것이다. 이러한 방법을 통해 자신의 통제력을 강화하고, 자신의 통제권 내에서 최적의 의사 결정을 내릴 수 있는 힘을 키워가길 바란다.

믿음을 이끌어 내는 코칭

철학의 인식론 분야에서 보면 믿음은 사실적으로 확실한 경험적 증거의 존재 유무와는 상관없이 그 자체를 믿는 것을 의미한다. 즉 자신의 심적 표상이나 태도를 뜻한다. 이는 과거 경험에서 기억하고 있는 부정적 이미지나 좋지 않은 습관에서 오는 부정적 태도를 갖는 경우가 많다. 심지어 잘 컨트롤되지 않는 자신만의 편견은 자기도 모르게 사물이나 상황에 대해 부정적 이미지를 만들어 낸다. 이처럼 갭은 의식적으로 관리하지 않으면 함정에 빠지기 쉽다. 서로를 이해하며 공감하고 상호 믿음을 갖는 것은 쉽지 않다. 평소 그런 연습을 하지 않았기 때문이다. 조직 내 갈등을 해소하고 세대 간 소통의 어려움을 극복하기 위해서 가장 먼저 시도해야 할 것은 바로 '상호 간 믿음'이다.

어떠한 일이나 자신에 대해 믿음을 갖는 순간 '자신감Self-confidence'을 가져 본 기억이 있을 것이다. 세대 간 소통에 있어서 상호 간에 믿음을 갖는다는 것은 상호 소통에 자신감을 가질 수 있음을 의미한다. 과거 경험에서 최선을 다했던 때를 상기시켜 보라. 개인의 근성에 따른 차이는 있겠지만 대부분은 그 일에 대해 스스로 자신감을 가지고 있는 경우가 많다. '최선'이란 자신이 목표했던 일을 이루기 위해 포기하지 않고 고민하고 시도하는 것을 의미한다. 집중력을 발휘하고 몰입을 통해 스스로 최선의 방법을 찾아내는 것이 바로 최선인 것이다.

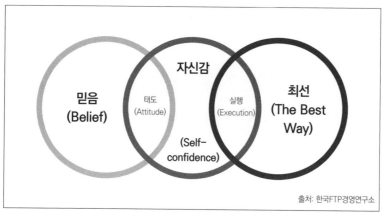

믿음-자신감-최선의 사이클

회사에 대한 믿음, 팀에 대한 믿음, 동료에 대한 믿음, 자신에 대한 믿음은 모두 자신의 선택에 달려 있다. 관계를 형성하고 있는 동료에 대해 특히 이슈가 되고 있는 MZ세대에 대해서 어떠한 믿음을 가질 수 있을지는 온전히 자신의 태도에 달려 있다. 자신이나 동료, 팀 그리고 회사가 성장할 수 있다는 믿음을 가지고 스스로 무언가 할 수 있다는 자신감을 느끼는 것은 매우 중요하다. 몰입이란 바로 이러한 자신감의 결과이며 실행력의 원천이 될 수 있다.

언제나 최선을 다한다는 것은 목표를 향해 달려갈 때 포기하지 않고, 자신감을 가지고 끊임없이 새로운 방법을 찾아 나서는 것이다. 팬데믹 상황이 길어지면서 기존에 가졌던 믿음이 흔들리고 있는 것도 사실이다. 하지만 어려움에 직면하고 어려움이 지속될수록, 스스로 할 수 있다는 믿음과 자신감을 가지고 목표를 이룰 수 있도록 최적의 방법을 찾아내고 시도하는 것을 멈추지 말아야 한다.

성과를 부르는 신바람 K-코칭

K-코칭은 개인의 관점 혁신을 통해 탁월한 성과를 낼 수 있는 코칭 기법이다. 미처 인식하지 못했던 고정관념을 찾아내고 이를 과감히 제거함으로써 새로운 시각에 접근할 기회를 포착하여 스스로 창의적 대안을 만들 수 있도록 하는 것이다. K-코칭 기법은 사고 혁신의 기본 패턴인 '계기-행동-가변적 보상'의 메커니즘을 기본 모델을 적용해, 스스로 학습 몰입도를 높이고 지속화하여 더욱 혁신적인 대안 마련과 실행력을 강화시킬 수 있다.

첫째, 공유 연습 K-코칭에 집중하라. 이를 위해 가장 먼저 준비해야 할 것은 지식 쌓기다. 개인 또는 조직에 당장 필요로 하는 사실이 무엇인지 고민하고, 이에 대한 관련 도서 및 내부 정보에 대한 목록 확보와 학습이 이루어져야 한다. 포스트 코로나 이후에는 우리가 그동안 접하지 못했던 상황에 직면할 수밖에 없다. 새로운 지식에 대한 습득 과정이 이루어지지 않으면 적응하기 어렵고, 그 결과 역시 뻔하게 예측할 수 있기 때문에 주도적 학습 역량을 키우는 것은 매우 중요한 문제가 되었다.

대부분이 경험했겠지만 도서 또는 온라인 콘텐츠 등의 학습 과정이 원활하게 이루어지지 않는 것이 문제다. 개인의 학습에 치중하는 것이 아니라 함께 진행하는 학습이 되어야 한다. '공유 연습 K-코칭'는 조직 내에서 한 가지 주제에 대한 학습 과정과 각자가 학습하고 있는 내용에 대해 핵심 사실을 정리하고, 본인이 정리한 사실에 대한 생각과 이를 어떻게 적용해 볼 것인지에 대한 계획을 수립한 후 서로 공유한다. 관련 내용은 클라우드를 통해 공유하면 보다 손쉽다. 필자는 구글 드라이브를 사용하고 있으며, 안정성과 보안성이 뛰어나 기업 컨설팅과 1대1 코칭에 자주 활용하고 있다.

지난 2020년도에는 'A=B시'라는 시의 장르를 새롭게 만들어, 사원부터 CEO 등 다양한 직급의 직장인 20명이 100일 동안 매일 한 편의 시를 써서 총 1,129편의 시를 모았다. 이후 시 낭송 대회도 개최하며 120편의 시를 선정해 『하루하루 시작 詩作』이라는 시집을 냈다. 일반인이 갑자기 매일 한 편의 시를 100일 동안 쓴다는 것이 가능할까? 선일다이파스의 김지훈 사장은 유럽에 출장을 다니면서도 125편의 시를 썼다. 'A=B시'는 비유법을 통해 우리가 일상에서 사용하는 단어를 더욱 명확하게 이해하고 공감하는 능력을 키우기 위한 기법이다. 이러한 활동이 가능했던 것은 각자의 고민을 FTP로 작성해서 동시성을 가지고 공유했기 때문이다. 마치 멀쩡한 집을 놔두고 굳이 헬스장까지 가서 운동하는 이유와 비슷하다. 혼자서는 지속하기 힘들지만 누군가와 함께한다면 지속은 물론 몰입의 정도가 차원이 다르다. 만약 회사에서 'A=B시' 기법을 통해 1년에 한 권씩 시집을 출간한다면 그 회사의 분위기는 어떻게 변할까? 상상만 해도 설레는 일이다.

또한 공유 연습 K-코칭은 양적 승부가 필요하다. 사실을 공유하는 데 있어서 책이든 일과 관련된 주제이든 상관없이, 매일 FTP를 활용하여 사실-생각-계획에 대해 각각 한 줄 쓰기를 생활화한다. 한 줄 쓰기는 부담이 없다. 앞서 강조한 바와 같이 가시적인 변화에는 '쉬운 접근성', '지루함 없는 반복', '지속성'이 전제되어만 한다. 예를 들어 팀원 10명이 함께할 때, 한 달이면 300개의 이슈Fact와 이에 대한 각각의 생각Think 300개 그리고 또 각각의 계획Plan 300개가 모이게 된다. 이렇게만 되면 아마도 굉장히 놀라운 일이 벌어질 것이다.

둘째, 한 달간의 실행 K-코칭에 집중하라. 한 달만 연습해도 사실 어마어마한 수준의 코칭 데이터를 모을 수 있다. 실제로 진행해 보면 처음에는 개인적 관심사에 대해 작성했던 코칭 시간이 점차 조직적 차원의 관심사로 변하게 된다. 이는 매우 중요한 포인트이다. 어느 순간 성과를 만들어 내는 계획이 작성되기 때문이다. 이때 작성되는 계획은 실행을 전제로 하지는 않는다. 개인에 따라서는 부담될 수 있는데, 부담감을 느끼면 결국에는 수동적으로 계획을 짜기 때문이다. 처음에 시작하는 K-코칭은 단순히 흥미 유발을 위한 '공유 연습 K-코칭'에 집중하면 된다.

셋째, 과제 도출 K-코칭에 집중하라. 팀 내 또는 본부 단위의 워크숍으로 진행하는 것이 좋다. 이때 집중해야 할 것은 개인별로 그동안 작성했던 FTP(사실-생각-계획)의 내용을 토대로 무엇을 정리했고, 그 핵심이 무엇이었는지에 대해 공유 연습 K-코칭의 결과로 이야기하는 것이다. 이미 지난 일에 대한 연습 결과는 사실에 해당한다. 정리된 사실에 대해 본인의 성찰은 무엇인지, 왜 그렇게 생각하는지를 공유하고, 이후 무엇에 관심을 두고 실행해 볼 것인지에 대해 계획을 공유하도록 한다.

각각의 FTP 공유가 끝났다면 이에 대한 각자의 생각을 공유하도록 한다. 여기서 워크숍 진행 팀장의 회의 스킬이 어느 정도 요구된다. 각자의 생각을 충분히 공유했다면 성과를 창출할 수 있는 거리에 대해 토론하고, 이후 각자가 실행할 과제를 선정하여 계획을 수립한다. 워크숍 진행 시 팀의 구성은 조직의 주요 이슈에 따라 나누거나 서로 다른 팀원을 적절하게 배치하면 된다. 이때 각 팀의 회의 주관자는 팀원들이 작성한 실행 계획Action Plan의 가능성 유무에 대해 서로 의견을 주고받도록 진행하는 것이 중요하다.

넷째, 성과 집중 K-코칭에 집중하라. 개인의 주도성을 가지고 도출한 실행 계획에 집중하는 것이다. 도출한 실행 계획은 왜 실행해야만 하는지에 대해 그 이유를 명확히 알고 있어야 한다. 이렇게 수립한 실행 계획은 매주 그 실행의 정도에 대해 팀원끼리 실시간으로 공유한다. 팀장은 실시간으로 공유되는 FTP에 대한 사실 분석을 통해 무엇이 중요한지를 찾아내고, 생각 분석을 통해 예민성을 발휘해야 한다. 마지막으로 계획 분석을 통해 무엇을 어떻게 지원해야 할지를 간파해 내고 적극적으로 지원해 주면 된다. 코칭의 기본은 기록된 내용에 누락이 없는지 사실 파악에 집중하는 것이다. 생각과 계획 분석을 통해 더욱 구체적인 코칭 포인트를 잡아내고, 생각에 어필하는 감성적 정보에 예민함을 가지고 코칭에 임해야 한다.

과제 수행 과정에 직원들의 사기나 몰입도가 떨어지지 않도록 일정 수준의 상태를 유지하기 위해서는, 각 팀원이 작성하고 있는 FTP 분석에 집중하여 성과 창출에 몰입할 수 있도록 지원해야 한다. 그동안 코칭에 실패했던 사례의 대부분은, 한정된 사실을 가지고 필요 이상으로 논쟁하고 거기서 끝난 경우였다. 팀원이 어떤 생각과 어떤 감정 상태인지를 살펴보며 그러한 감정이 부정인지, 긍정인지를 파악해야 한다. 만약 감정이 부정적 상태에 있다면 우선적으로 이를 해결해야 한다. 실행력의 에너지는 부정적인 상태에서는 발현되기 어렵기 때문이다. 팀원의 생각에 집중하고 계획을 실행하는 데 있어 지원할 것이 무엇인지를 명확히 파악해야 한다.

다섯째, 자율 실행 K-코칭에 집중하라. 매 순간 팀원들이 스스로 자기 주도성을 발휘하여 일에 몰입하게 한다. K-코칭을 통해 의미 있는 결과를 만들어 냈다면, 상호 공유를 통해 사실에 대한 명확한 정보 전달과 각자의 생각 그리고 실행 결과에 대해 깊이 있게 이야기를 나눌 수 있는 시간을 갖는다. 이때 무엇보다 중요한 것은 그동안의 실행 결과에 대한 사실을 공유한 후에 그러한 결과를 어떻게 만들어 낼 수 있었는지, 진행 과정에 본인은 어떤 생각 또는 느낌이 들었는지에 대해 공감을 이끌도록 하는 것이다.

이러한 활동은 결국 팀원 각자가 스스로 무엇에 집중할 것인지에 대해 고민하게 하고, 성과를 창출할 수 있는 과제 역시 스스로 도출할 수 있는 분위기를 만든다. 성과 평가를 위한 수동적 자세로 만들어지는 과제가 아닌 진정으로 본인이 이루고자 하는 목표를 설정하고 이를 달성할 수 있는 과제에 집중한다.

과제에 집중한다는 것은 일의 결과를 만드는 데 최적의 방법이 무엇인지 몰입하여 생각하는 것이다. 스스로 목표를 세우고 이를 달성할 수 있는 최선의 방법에 대해 끊임없이 고민하는 상태를 말한다. K-코칭이 중요한 이유는 직원 스스로 믿음을 갖도록 지원하기 때문이다. 할 수 있다는 자신감을 심어 주고 최선의 결과를 만드는 데 집중하도록 지원을 받을 수 있다는 믿음을 느끼게 해주어야 한다. 자신에 대한 믿음은 곧 스스로 할 수 있다는 자신감을 느끼게 하기 때문이다.

우리는 이미 경험했다. 자신감이 생기는 순간 자신도 모르게 최선을 다한다. 일에 대한 목표가 명확하고 이를 수행할 수 있는 기술을 충분히 발휘할 수 있기 때문이다. 당연히 목표를 달성할 때까지 최선을 다하며 몰입의 상태를 유지하게 된다. 직원 스스로 변화에 관심을 갖게 하고 스스로 집중할 수 있는 조직 문화를 조성해 주는 것이 중요하다.

- 주도적으로 갭을 발견하도록 지원하라
- 갭을 채우는 최선의 방법을 찾도록 지원하라
- 실행에 집중하도록 환경을 조성하라

여기서 중요한 것은 지원 그 자체도 스스로 찾아내 환경을 만들거나 요청하도록 하는 것이다. 주어진 상황을 주도적으로 파악해 무엇을 기대해야 하는지, 무엇을 목표로 할지 등의 방법에 집중하고 최선을 다하도록 자율 실행 K-코칭을 실행해야 한다. 코칭을 하다 보면 선을 넘는 경우가 종종 있다. 흔한 말로 '꼰대 취급'을 받는 것에 주의해야 한다. K-코칭이 성공하려면 3무無에 주의해야 한다.

- NO 피드백
- NO 질문
- NO 지시

언뜻 보면 이해가 안 될 수도 있다. 피드백도 질문도 하지 말고 심지어 지시조차 하지 않고 어떻게 조직을 이끌 수 있단 말인가?

'NO 피드백'은 구체적인 피드백을 하지 않아도 이해할 수 있도록 하는 것이다. 직접적인 피드백은 오히려 감정을 상하게 할 수 있기 때문이다. 아무리 피드백 내용이 좋다고 해도 피드백을 받는 사람 입장에서는 다소 기분이 나쁘거나 마음의 상처를 받는 경우가 있다.

그렇다면 'NO 질문'은 어떨까? 질문을 하는 사람 입장에서 '이것도 모르고 있지?' 하는 식의 질문은 피해야 한다. 상급자 입장에서 무언가 확인하려 한다거나 생각할 기회를 주기 위해 묻는 질문 역시 상대방의 기분을 상하게 할 수 있기 때문이다.

'NO 지시'는 어떨까? 지시를 하지 않고, 어떻게 일을 시킬 수 있는지 의문이 들 것이다. 지시는 상대가 '딱 그만큼'만 하면 되는 수준이 될 수 있다.

NO 피드백, NO 질문, NO 지시가 아닌 다른 방법은 없을까? 피드백과 질문, 지시마저 직접적으로 하지 않는 방법은 무엇일까?

- OK 피드백
- OK 질문
- OK 지시

긍정적인 피드백이 진행되고 질문을 통해 상호 간 원활한 소통이 진행되고, 기분 좋게 지시를 하고 받아들일 수 있도록 하려면 어떻게 해야 할까? 해답은 '공감'이다. 한국인은 강압적인 상태에서는 쉽게 움직이지 않는다. 반대로 공감이 되어 마음이 열리면 어떤 경우라도 해법을 찾아내고, 실행 에너지를 발산하여 근성 있게 도전해 결과를 만들어 낸다. 흥에 차면 마음이 들뜨고 신명이 저절로 나는 독특한 민족성을 살리는 것이다. 리더가 먼저 흥에 차고, 목표를 이룰 수 있다는 믿음으로 마음이 들떠 자신감으로 K-코칭에 집중하면 된다. 공감은 서로 소통하는 과정에서 일어난다. 리더의 흥은 직원들에게 그대로 전이된다.

K-코칭은 리더가 먼저 긍정적인 자세로 상대방이 긍정적으로 받아들일 수 있는 질문과 수긍이 되는 지시를 해야 한다. 이 세 가지 열쇠를 쉽게 풀 수 있는 것은 '존중'이다. 상대를 먼저 존중해 주는 것은 소통의 기본이다. 상대의 관심사에 집중하고 어떤 강점이 있는지를 찾아 인정하고 칭찬해 주며, 주어진 일에 대한 기대감을 심어 주어야 한다. 관점의 변화는 상상 이상의 결과를 만들 수 있다. 기존의 관점이 아닌 새로운 관점을 갖는 데 집중해 보라. 진정으로 우리가 서로에게 원하는 것이 무엇인지 관심을 갖고 서로를 인정하며 존중하는 모습이 자신이 될 수 있도록 하라.

한국호가 세계를 누비는 날이 다가왔다

이 책은 한국인의 DNA와 MZ세대의 특성을 고려한 새로운 리더십 모형을 기반으로 만든 한국 최초의 한국형 리더십 모델K-Leadership Model 활용서다. 최근 한국형 경영이나 기법이 전 세계적인 관심과 이슈로 대두되고 있으나, 관련 연구나 발간된 책자는 극소수에 불과하다. 특히 K-리더십 분야는 최근 자료는 백기복 교수의 『한국형 리더십 연구』가 유일할 정도다. 한국의 경제적 위상이나 기업들이 일구어 낸 성과에 걸맞은 우리식의 리더십 연구나 모델이 거의 존재하지 않는다는 사실에 놀라지 않을 수 없다.

지금 적용하고 있는 리더십과 인사 제도의 대부분은 해외에서 수입된 모델이다. 해방 이후 도입된 일본식 경영 모델과 IMF 이후에 주도적으로 도입한 성과주의 미국식 모델은 기업 성장에 많은 기여를 했다. 하지만 21세기 기업 경영에서 그 한계점이 드러나면서 한국형 인사 제도와 한국인 특성에 적합한 리더십 연구가 요구되고 있다. 한류를 이끌며 세계 무대를 석권하고 있는 BTS의 사례에서 확인된 바와 같이, 최근 20여 년 동안 한류는 전 세계적으로 수많은 영역에서 확산되고 있다.

또한 전문가들은 대한민국이 향후 아시아의 중심이자 세계의 중심될 수 있다고 예측하고 있다. 즉 '가장 한국적인 것이 세계적인 것'이라는 믿음을 갖기 시작했다. K-리더십 모델은 한국인이 갖는 '공감 능력'과 '흥마음'이 오롯이 담긴 우리 고유의 문화에서 탄생되었다. 한국 고유의 정신에 뿌리내린 홍익인간 정신을 바탕으로, 경영자와 구성원이 하나 되어 '신바람 경영'이 실현되도록 해야 한다.

이런 기대를 현실화하기 위해서는 한국인의 의식과 강점을 살린 한국형 인사 제도나 리더십 모델을 반드시 구축해야 한다. 한국은 경제 강국이자 디지털 강국이라는 위상에 걸맞게 한국형 경영과 리더십 모델에 대한 지속적인 연구와 저변 확대에 주력해야 한다. 이제 디지털 혁명과 한류의 도도한 흐름 속에 아시아를 넘어 세계의 중심에 서서 인류를 이끌어 갈 K-리더십을 발휘하도록 치밀한 계획과 노력을 해야만 한다.

지금까지 두 공저자가 시도한 노력들은 나비의 작은 날갯짓에 불과하다. 앞으로 한국 위상에 걸맞은 한류경영과 K-리더십 모델 구축이 계기가 되어, 학계나 경영계에서 지속적인 관심과 노력이 이어지기를 간절히 소망한다. 그러한 의미에서 본서가 앞으로 확산되어야 할 한류

경영과 K-리더십의 지속적인 연구와 발전에 작은 불씨가 되기를 기대한다.

공저자 가재산 씀

References
참고문헌

가재산·신광철, 『경영한류』, 학현사(2017)

가재산 외, 『왜 행복경영인가』, 행복에너지(2016)

가재산 외, 『직원이 행복한 회사』, 행복에너지(2015)

가재산·장동익, 『스마트 워라밸』, 당신의 서재(2018)

가재산·장동익, 『일하는 방식의 혁명』, 노드미디어(2019)

가재산·장동익, 『스마트 업무혁신과 성과관리』, 학현사(2017)

가재산·임창희, 『한국형 팀제』, 삼성경제 연구소(1995)

가재산 외, 『한국형 성과주의 사례』 1~3집, 한국형 인사조직 연구회(2015)

강정모, 『홍익 국부론』, 율곡 출판사(2016)

고정민, 『한류와 경영』, 푸른길(2016)

김기진, 『아하 나도 줌(Zoom) 마스터』, 흔들의자(2020)

김기진, 『하루하루 시작詩作』, 흔들의자(2020)

김덕수·정현애, 『한국형 리더와 리더십』, 이코북(2006)

김열규, 『한맥원류(恨脈怨流)』, 주우사(1981)

김열규, 『한국문학의 두 문제 – 원한(怨恨)과 가계(家系)』, 학연사(1975)

김영대, 『BTS The Review』, 알에이치코리아(2019)

김영한 외, 『킹피셔』, 넥서스BIZ(2009)

김용섭, 『언컨택트』, 퍼블리온(2020)

김용숙, 「조선조여류문학의 연구」, 숙명여자대학교 출판부(1979)

김일섭 외, 『이제 한국형 경영이다』, Weekly BIZ Books(2017)

김정희 외, 『역사 속의 한류』(아시아학술연구총서 12), 역락(2021)

김지홍, 『내 삶을 바꾸는 공감』, 맑은 나루(2017)

김진하, 「제4차 산업혁명 시대, 미래사회 변화에 대한 전략적 대응 방안 모색」,
     KISTEP(2016)

노정호, 『BTS는 어떻게 세계를 품었나』, 뿌브아르(2021)

데이비드 버커스 지음, 장진원 옮김, 『데이비드 버커스 경영의 이동』, 한국경제
     신문사(한경비피)(2016)

리처드 도킨스 지음, 홍영남·이상임 옮김, 『이기적 유전자』, 을유문화사(2018)

리처드 보이애치스 지음, 정준희 옮김, 『공감 리더십』, 에코의서재(2007)

마우로 기옌 지음, 우진하 옮김, 『2030 축의 전환』, 리더스북(2020)

문순태, 「한(恨)이란 무엇인가」, 『민족과 문학』 제1권, 세종출판사(1983)

메건 댈러커미나·미셸 맥퀘이드 지음, 문수혜 옮김, 『공감이 이끄는 조직』, 다
     산북스(2020)

박광기, 『산업한류 혁명』, 한국경제신문(2018)

백기복, 『한국형 리더십』, 북코리아(2017)

비피기술거래, 『박항서 감독이 몰고 온 베트남 바람』, 비피기술거래(2018)

서성교, 『한국형 리더십을 말한다』, 원앤원북스(2011)

스티븐 데닝 지음, 박설영 지음, 『애자일, 민첩하고 유연한 조직의 비밀』, 어크
     로스(2019)

신광철,『극단의 한국인, 극단의 창조성』, 쌤앤파커스(2013)

심종언,『정한(情恨)의 미학』, 전남대학교 출판부(1979)

오재영,『홍익 유토피아 일자리 복지국가 만들기(하)』, 지식과감성(2020)

이기동,『한마음의 나라 한국』, 동인서원(2009)

이동규,『한국인의 경영 코드』, 21세기북스(2012)

이두현 외,『한국민속학개설』, 보성문화사(1980)

이민화·이장우,『한경영』, 김영사(1994)

이태우,『박항서 매직』, 북스타(2019)

이형우,『사람이 답이다』, 자인 연구소(2017)

이철현,「미래사회를 위한 정보교육 프레임워크 설계」,『학습자중심교과교육
　　　연구』 제19권 12호, 학습자중심교과교육학회(2019)

이철현·전종호,「4차 산업혁명 시대의 디지털 역량 탐구」,『학습자중심교과교
　　　육연구』 제20권 14호, 학습자중심교과교육학회(2020)

이철현,「AI 시대 역량 함양을 위한 실과 소프트웨어교육의 방향」, 실과교육연
　　　구 제26권 2호, 한국실과교육연구학회(2020)

채지영,『한류 20년, 성과와 미래전략』, 한국관광문화연구원(2020)

최숙영,「제4차 산업혁명 시대의 디지털 역량에 관한 고찰」,『컴퓨터교육학회
　　　논문지』 제21권 5호, 한국컴퓨터교육학회(2018)

최인,『신인본주의』, 여협사(1960)

한국민속학회,『한국속담집』(1972)

허두영,『세대 공존의 기술』, 넥서스BIZ(2019)

김필수,「신한류, 지속 가능한가?」,『VIP REPORT』 제476호, 현대경제연구원
　　　(2011)

홍대순,『한국인 에너지』, 쌤앤파커스(2021)

홍석경,『BTS 길 위에서』, 어크로스(2020)